越南 心適代

OA̍T-LÂM SIM-SEK-TĀI

THE X-FILES ON VIETNAMESE HISTORY AND CULTURE

越南歷史文化解密

Nam Quốc Văn 著

越南 心適代

THE X-FILES ON VIETNAMESE
HISTORY AND CULTURE

越南歷史文化解密

OA̍T-LÂM SIM-SEK-TĀI

國家圖書館出版品預行編目（ＣＩＰ）資料

越南心適代：越南歷史文化解密 = OA̍T-LÂM SIM-SEK-TĀI =
The X-files on Vietnamese history and culture / 南國文 (Nam Quốc Văn) 作 . --
初版 . --
[臺南市]：亞細亞國際傳播社，2021.09
面；　公分
ISBN 978-986-98887-6-9(精裝)
1. 文化 2. 歷史 3. 越南

738.33   110013866

作　者／南國文 (Nam Quốc Văn)
策　劃／國立成功大學越南研究中心・台越文化協會
編　輯／鄭智程・呂越雄
校　對／鄭智程・穆伊莉・蔣為文・林美雪
出　版／亞細亞國際傳播社
　　　　http://www.atsiu.com
　　　　TEL: 06-2349881

公元 2022 年 1 月 1 日初版 Copyright © 2022 by Asian Atsiu International
ISBN ／ 978-986-98887-6-9

BÓK-LIÓK

越南 心適代

THE X-FILES ON VIETNAMESE
HISTORY AND CULTURE

越南歷史文化解密

OA̍T-LÂM SIM-SEK-TĀI

Chhiau-chhōe
越南心適代

Nam Quốc Văn

「心適代」是指「趣味、khah 無人 chai ê 代誌 iàh-sī 秘密」。這本冊 ê 目的就是 beh 紹介越南歷史 hām 文化當中，khah 少人知 ê 心適代，thang hō͘ 讀者 ē-tàng 全面 tek 認捌越南。

我 teh 讀大學 hit chām 對越南 ê 印象 kan-taⁿ 是越南東家羊肉爐 hām 路邊攤真 siòk ê 越南製 hiû-á。Hit chūn 越南 tú 改革開放無 kúi 年，經濟發展 iáu teh 試驗時期。有一 ê chhiàng-suh，我 chai-iáⁿ 越南 bat 用漢字二千外冬，路尾 in 為 tiòh「脫漢」soah tī 二次大戰 liáu 廢除漢字改用羅馬字。Hit chūn 我擔任淡江大學台語文社 ê 創社社長。我 chai-iáⁿ chit-ê 消息 liáu sûi 對越南有 kui 腹肚 ê 好奇 kap 興趣。是按怎越南人有才調拍贏美國、法國 hām 中國 koh 達成政治上 ê 民族獨立？是按怎越南 ē-tàng 推翻殖民者 ê 語言 hām 文字 koh 恢復家己 ê 母語兼改用越南式羅馬字？

可惜 hit chūn 台灣社會真欠缺有關越南 ê 上新資訊。到 kah 我大學畢業 liáu 到美國德州大學讀語言學研究所，chiah 有機會真正接觸越南人。Hit 時美國德州有 bē 少越南移民，in 大多數是 1975 年南北越統一 liáu 因為政治因素 chiah 走離開越南 ê 越僑。Hit 時我開始利用

德州大學方便 ê 圖書查詢系統調閱有關越南 ê 冊。後來，想講 kan-taⁿ 看冊，khah 輸去越南現場看 māi。Tō án-ne 我利用 1997 年歇熱 ê sî-chūn 頭擺去西貢 (胡志明市)。Hit 時 iáu 無利便 ê Google Map，mā 無網路訂旅館 ê 服務。Ka-chài hit chūn 透過朋友 ê 台商朋友 tàu saⁿ-kāng 訂當地旅館 koh 提供一份西貢地圖 chiah 順利出發。就 án-ne，一 khoˑ 人 chah kha-mé-lah hām kha-báng 坐長榮航空來到欣羨真久 ê 越南。

頭一擺拜訪西貢 kan-taⁿ 短短 ê 三 kang，m̄-koh 伊 hōˑ 我 ê 印象 iáu tī kì-tî 內底。我 chit 入去旅社，旅社 ê 服務人員就問我 kám 是 beh 來娶越南 bóˑ iah-sī 公司派來出差。Hiàng 時 ê 越南，雖罔已經離戰爭二十冬，m̄-koh iáu sì-kè 是戰爭破碎 ê 景致。街 á 路 tiāⁿ tiāⁿ khoàiⁿ 乞食 iah-sī chián-liú-á。是講，另外一方面，mā 看 tiȯh 在地人 kut-la̍t 把握每一个趁錢个機會。一个 chhit 皮鞋 ê 少年家 ē-tàng 利用你食一碗粿仔條 ê 時間 kā 你 ê 皮鞋 chhit kah 金 sih-sih。Oˑ-tóˑ-bái 阿伯 ē-sái 變更伊原底 beh tńg--khì ê 行程換載你去你 beh 去 ê 所在 thang thàn 寡小費。Che lóng 出現 tī 越南詩人陳潤明 ê 詩選《戰火人生》lāi-té。Tō 算 hit 時 ê 越南看起來舊 àu 舊臭 koh 亂 chhau-chhau，m̄-koh soah 充滿性命 ê

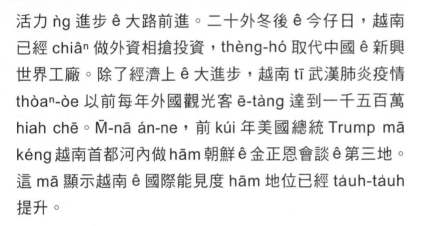

活力 ǹg 進步 ê 大路前進。二十外冬後 ê 今仔日,越南
已經 chiaⁿ 做外資相搶投資,thèng-hó 取代中國 ê 新興
世界工廠。除了經濟上 ê 大進步,越南 tī 武漢肺炎疫情
thòaⁿ-òe 以前每年外國觀光客 ē-tàng 達到一千五百萬
hiah chē。Ḿ-nā án-ne,前 kúi 年美國總統 Trump mā
kéng 越南首都河內做 hām 朝鮮 ê 金正恩會談 ê 第三地。
這 mā 顯示越南 ê 國際能見度 hām 地位已經 tàuh-tàuh
提升。

　　Hit 年 1997 tú-hó 是李登輝總統執政 ê sî-chūn。
當時李總統提出南向政策提醒台商 m̄-thang kā 中國當作
唯一 ê 市場。雖罔西進 ê 台商對 chit-ê 政策有意見,
m̄-koh 時間路尾證明李總統 ê 遠見是對 ê。可惜 hit 時 ê
南向政策以經貿為主,欠缺以人文雙向交流 ê 機制,
mā 無政府對學生 ê 補助方案。我 hit 時 tī 西貢為 tio̍h
chhōe 有教越南語 ê 學校,特別租一台越南三輪車載我
sì-kè se̍h。後來 khai 一 kang ê 時間總算 chhōe tio̍h 當
地有名 ê 社會人文大學 ê 越南語中心。The̍h tio̍h 中心
ê 聯絡方式 liáu,我 tī 隔 tńg 年歇熱 koh 去拜訪 hit-ê
中心兼正式報名讀二個月 ê 越南語密集課程。後 sòa,
差不多逐年歇熱 lóng 會去越南各地 kiâⁿ 踏。

　　到 kah 2001 年歇熱，我為 tioh 寫博士論文，koh 去越南進行田野調查一冬。感謝美國陳文成基金會對我博士論文 ê 獎助，hō͘ 我有 koh khah 充分 ê 資金做台越比較研究。Hit 年我主要 tī 河內 long stay，m̄-nā 學越南語、進行田調，交陪越南朋友，mā 到越南各地 chhiau-chhōe 心適代。對我來講，tī 越南 ê 每一 kang lóng 是心適 ê 一 kang，tak-kang lóng 有心適 ê 發現。算講有時 mā 會 tú tioh khí-mo͘ bē giang ê 代誌，像講 tī 公園 tú tioh chián-liú-á。咱 mā 會 o-ló hit kóa chián-liú-á 跤手 thái ē hiah mé-liah，莫怪美軍無法度 tī 樹林 lāi-té 拍贏越共。

　　我一直感覺，學越南語、誠懇 hām 越南人交陪 chiah ē-tàng hō͘ 咱認捌正港 ê 越南。傳統中文冊 lāi-té 有 siuⁿ chē 對越南充滿偏見 iah-sī 歧視 ê 觀點。這本冊以無仝 ê 視野 hām 觀點來紹介越南，ǹg-bāng 讀者 ē-tàng 對越南有全新 ê 認捌。感謝小英教育基金會「想想論壇」主編許建榮博士 ê 支持，hō͘ 我長期 tī 想想論壇發表有關越南 ê 心適代。Mā 感謝台灣亞洲交流基金會董事長蕭新煌教授長期以來對我從事越南研究 ê 肯定 hām 支持。當然，mā 真感謝買這本冊 ê 讀者，願意開錢來認捌無仝款 ê 越南。

探索越南
心適代

Nam Quốc Văn

「心適代」是台語，意指「新鮮、有趣、不為人知的事或秘密」。本書的目的就是要介紹越南歷史及文化當中，較不為人知的心適代，以便讀者可以更加全面地認識越南。

筆者於就讀大學期間對越南的印象僅是越南東家羊肉爐及路邊攤便宜的越南製外套。那時越南剛改革開放沒幾年，經濟發展還處於摸索時期。在一次偶然機會裡，我得知越南曾經使用漢字達二千年之久，最後他們為了「脫漢」而於二次大戰後廢除漢字改用羅馬字。當時我擔任淡江大學台語文社的創社社長。我得知這個信息後第一時間就對越南充滿了好奇與興趣。為何越南人能夠打贏美國、法國及中國而達成政治上的民族獨立？為何越南能夠推翻殖民者的語言及文字而恢復自己的母語並改用越南式羅馬字？

可惜當時台灣社會相當缺乏關於越南的最新資訊。直到我大學畢業後到美國德州大學讀語言學研究所，才有機會真正接觸越南人。當時美國德州有不少越南移民，他們大多數是 1975 年南北越統一後因政治因素而

逃離越南的越僑。那時我開始利用德州大學方便的圖書查詢系統調閱關於越南的書籍。後來，想說與其看書不如到越南現場去看看。於是我就利用 1997 年暑假的期間第一次到訪西貢（胡志明市）。當時還沒有便利的 Google Map，也沒有網路訂旅館的服務。還好當時透過朋友的台商朋友幫忙訂了一間當地旅館並提供一份西貢地圖才能順利成行。就這樣，一個人帶著相機與行李搭乘長榮航空前往仰慕已久的越南。

第一次在西貢停留的時間只有短短的三天，但卻印象畢生難忘。我一進到旅館，旅館的服務人員就問我是要來娶越南老婆還是公司派來出差。當時的越南，雖已遠離戰爭二十年，但仍處處可見戰爭殘破的景象。街上時時可見許多乞討的流浪漢或扒手。但另一方面，也可看到當地人民勤奮地把握每一個賺錢的工作機會。一個擦皮鞋的少年家可以利用你吃一碗河粉的時間幫你擦亮皮鞋。機車阿伯可以變更他原本的回家行程改載你到你要去的地方以便賺取一筆小費。這些景象都出現在越南詩人陳潤明的詩選《戰火人生》當中。儘管當時的越南看似破舊混亂，但卻充滿生機朝著進步的大道前進。

二十多年後今日的越南已成為外資競相投資，足以取代
中國的新興世界工廠。除了經濟上的大幅進步，越南在
武漢肺炎疫情蔓延以前每年外國觀光客可達一千五百萬
之多。此外，前幾年美國總統川普也選擇在越南首都河內
與朝鮮的金正恩會談。這也顯示越南的國際能見度與地位
正逐漸提升當中。

　　當年 1997 正是李登輝總統執政之際。當時李總統
提出南向政策提醒台商切勿將中國當成唯一的市場。儘管
西進的台商對此政策有所怨言，但時間終究證明李總統的
遠見是對的。可惜當時的南向政策以經貿為主，缺乏以
人文雙向交流的機制，也沒有政府對學生的補助方案。

　　我當時在西貢為了找尋有教越南語的學校，特地租了
一台越南三輪車載我四處詢問。後來花一天的時間總算
找到當地知名的社會人文大學的越南語中心。拿到該中心
的聯絡方式後，我於隔年暑假再度拜訪該中心並正式報名
就讀二個月的越南語密集課程。之後，幾乎每年暑假都
會去越南各地踏查。

　　至 2001 年暑假，我為了撰寫博士論文，再度到越南
進行田野調查一年。感謝美國陳文成基金會對我博士
論文的獎助，讓我有更充分的資金做台越比較研究。
那一年我主要在河內 long stay，除了學越南語、進行
田調之外，廣交越南朋友、也到越南各地探索心適代。
對我而言，在越南的每一天都是心適的一天，天天都有
驚奇的發現。儘管有時也會遇到不如意的事情，譬如在
公園遇到扒手。但我們也會讚嘆那些扒手怎麼手腳那麼
敏捷，難怪美軍無法在叢林中打贏越共。

　　我總是認為，學越南語、真誠與越南人交朋友才能
讓我們認識真正的越南。傳統中文書籍裡面有太多對越南
充滿偏見或歧視的觀點。本書以不同的視野及觀點介紹
越南，期待讀者能對越南有全新的認識。感謝小英教育
基金會「想想論壇」主編許建榮博士的支持，讓我能長
期在想想論壇發表關於越南的心適代。也感謝台灣亞洲
交流基金會董事長蕭新煌教授長期以來對我從事越南研究
的肯定與支持。當然，也非常感謝購買此書的讀者，願意
花錢來認識不一樣的越南。

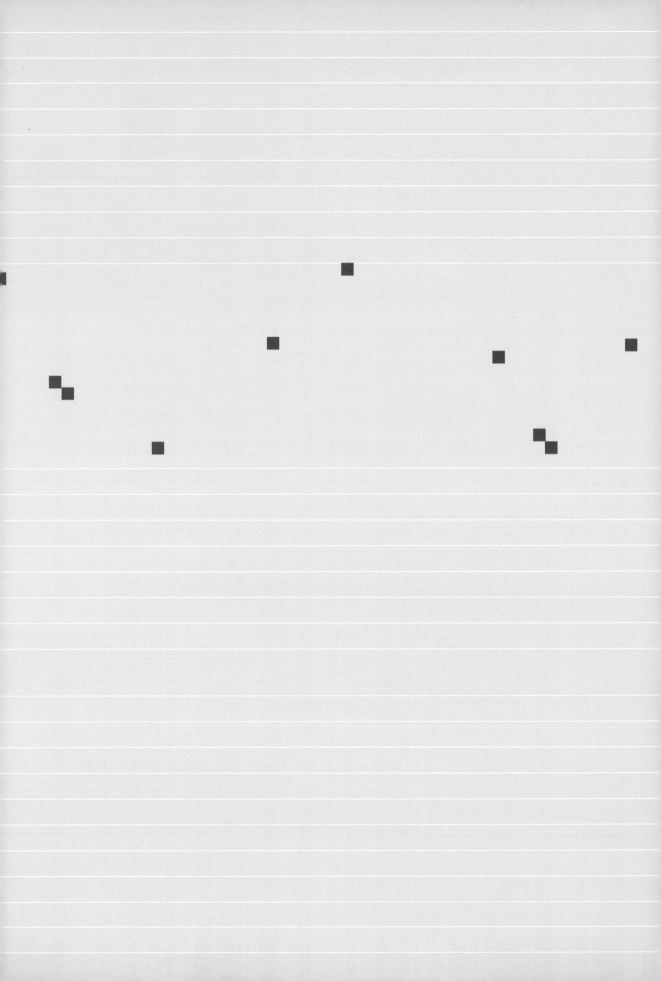

中文版
Chinese edition

越南灶神竟騎它飛上天庭

╱ 越南灶神騎鯉魚飛上天庭的動漫。（圖片來源：TÁO LÊN CHÀU TRỜI 動漫）

　　越南人的傳統節日中最盛大的算是農曆正月初一的過年
(Tết Nguyên Đán)。越南人過農曆年的氣氛大致從農曆 12 月
23 日送灶神開始，到農曆正月 15 上元節 (Rằm tháng Giêng)
之後才逐漸恢復平淡。

　　台灣的送神日通常是農曆 12 月 24 日，但越南的送神日
則是農曆 12 月 23 日，且只送灶神上天庭。越南的灶神 (Táo
Quân) 共有三位，二男一女。依據越南陳玉添教授於《探索越
南文化本色》(中文版，亞細亞國際傳播社 2019 年 10 月出版)
的記載，越南灶神的民間傳說如下：

　　古時候有一對夫妻經常不和。有一天，妻子離家出走並
改嫁給一個比較富裕的丈夫。某一天，有一位乞丐到家裡來
乞討。當那個妻子拿米出來施捨給乞丐時才發現原來這個乞丐
就是她的前夫。她怕她富裕的丈夫回來時會誤會，就叫她前夫
先到後院的稻草堆暫時躲一下。她的丈夫回家時進了廚房找灰
肥要拿去田地施肥，但他找許久都找不到，便將後院的稻草堆
點火燒了。見到前夫在乾草堆裡被燒死，妻子極為傷心，她便

投進火裡與前夫一起死去。這時，她的富裕丈夫看
見了，雖然不知道發生什麼事，但因他很愛他妻子，
所以也投進火裡與妻子一起死了。老天爺覺得這三個
人有情有義，就把他們封為灶神。其中由丈夫化身
的「土公」(Thổ Công) 管轄廚房裡的事，前夫化身
的「土地」(Thổ Địa) 管轄家裡的事，妻子化身的「土
祇」(Thổ Kỳ) 管轄市場店舖炊事。

傳說中的越南灶神會於農曆 12 月 23 日騎鯉
魚飛上天庭向玉皇大帝稟告這戶人家一年來的所作
所為。因此，越南人會於 12 月 23 日準備供品送三
位灶神上天庭。為了讓灶神順利上天，有些越南人
也會準備鯉魚放生象徵協助灶神升天。至除夕日，
越南人會再將灶神及家中的祖先接回家裡過年，初
三時則再送祖先回陰間。

送神之後，傳統上，越南家庭會準備粽子及麻糬
以過年。此民間習俗源自雄王的傳說。雄王是傳說
中古代越南人的先祖，他育有 22 個孩子。有一天他
想測試看哪位孩子最聰明以便將王位傳給他。
他便要求所有的孩子去尋找珍奇的寶物以便祭祖。

結果第十八位王子所呈現的
供品最獲得雄王的欣賞並得以
繼承王位。他所呈現的寶物就
是粽子和麻糬。粽子係由糯
米、豬肉和綠豆組成再用綠
葉包起來做成方形象徵大地
山林。麻糬由糯米搗爛後做
成隆起的圓形，象徵蒼天。
因此，粽子和麻糬表示天地養
育萬眾，子女以此回報父母
之恩。

／越南的二種粽子。

左／製作中的越南粽子。
右／已煮熟的越南方形粽。

左／越南的桃花及黃梅花過年布置。
右／北部人喜歡的桃花。

　　過年期間的布置少不了花。越南過年常見的花為桃花、黃
梅花及金桔。越南北部人喜好粉紅桃花，中部及南部則偏好黃
梅花。結有金黃色果實的金桔樹象徵豐收的一年則全國討喜。
過年期間幾乎家家戶戶都會布置金桔、桃花或黃梅花。此外，
南部人過年時常擺著一盤五種水果來祭拜神佛祖先。這水果
盆就是「mãng cầu」（釋迦，代表請求之意）、「sung」（無花
果，代表充滿、富足）、「dừa」（椰子，代表剛好之意）、「đu
đủ」（木瓜，代表足夠之意）、「xoài」（芒果，代表花費之意）；這
就是說家家戶戶都希望新一年來臨，可以賺到足夠的金錢來過
日子（參閱陳玉添《探索越南文化本色》）。

／西貢過年期間飯店大廳的布置。

在台灣，元宵夜有「偷挽蔥，嫁好翁；跳菜股，娶好某」(Thau bán chhang, kè hó-ang; thiàu chhài-kó͘, chhōa hó bó͘)的民俗。在越南則有在除夕日「祈祿」的習俗，透過摘取樹枝的嫩葉以祈求升官發財。

大年初一，許多人會去廟寺或教堂以祈求一年的平安好運勢。家裡面也會由大人提供紅包給小孩子。在越南，壓歲錢未必會用紅色的紙袋包裝，也些人也會用白色的信封。所以，讀者若拿到越南人給的白色壓歲錢也不要太在意。越南南北狹長，人口接近一億，各地過年的風俗民情未必完全一樣。基本上，過年期間也有一些常見民俗信仰及禁忌。譬如，不能掃家裡的垃圾。不能向別人借火以避免興旺被分走。不能縫衣服、吵架、借錢、討債、打破東西等。大年初二，越南人並沒有特別要回娘家的習俗。大年初三則有到老師家拜年的習俗，特別是年輕學生通常都會相約去老師家裡拜年。在河內「文廟」（在台灣常稱為孔廟）過年期間常辦一些文教活動。

越南的農曆十五日為上元節，和台灣的元宵節不完全一樣。越南上元節的重要節日行事是到廟寺參加法會祈求平安。近年來，在越南作家協會 (Hội Nhà văn Việt Nam) 的推廣下上元節則逐漸形成越南吟詩節的潮流，許多單位都會在上元節舉辦吟詩的活動。譬如，越南作家協會每年都會在文廟辦理吟詩節，每四年則擴大辦理國際吟詩活動。去年 (2019) 2 月16~20 日越南作家協會舉辦第四屆越南文學國際推廣盛會暨第三屆國際詩人大會，共計有來自 46 個國家，二百多位各國作家代表出席，台文筆會也有十多名作家代表台灣出席。越南作家協會為配合吟詩活動，特別出版了《Sông núi trên vai》越英雙語版詩集，精選越南 45 位作家的作品。台文筆會於第一時間也

取得授權將該詩集翻譯成台文及中文於當年年底在台灣出版。
這顯示，在新南向政策下台越雙方的文學、文化交流已取得許
多進步的發展。

上‧下／越南作家協會 2019 年在文廟辦理吟詩節活動。

● 蔣為文（主編譯）‧陳玉添原著 2019《探索越南文化本色》台南：亞細亞國際傳播社。

延伸閱讀

越南春聯竟然這樣寫!?

／ 河內文廟周邊的翁徒文化市集。

　　台灣和越南都有過農曆年的習俗。越南的農曆年在越南語裡稱為 Tết Nguyên Đán，或簡稱為 Tết。傳統上，越南人有過年前上街請「翁徒」(Ông Đồ) 寫春聯的習俗。

　　所謂的「翁徒」，係類似台灣早期私塾教育的「漢學仔仙」(Hàn-òh-á sian)。台語諺語說，「漢字 beh 讀會捌，喙鬚就打死結 (Hàn-jī beh thàk ē bat , chhùi-chhiu tō phah sí-kat)」。在尚無國民義務教育的封建時代，因教育不普及，多數人為不識漢字的文盲。漢學仔仙及翁徒乃擔任傳授漢字、扮演初階私塾教師的角色。越南於 1919 年廢除科舉制度，並於 1945 年正式廢除漢字後，翁徒不再扮演私塾教師的角色而逐漸成為歷史名詞及文化遺產。

　　越南因有使用漢字二千多年的歷史，早期的翁徒均懂用漢字 (chữ Hán) 或字喃 (chữ Nôm) 寫書法。但當代的翁徒則未必懂漢字或字喃，且改用越南羅馬字 (chữ Quốc ngữ)。目前，有些地方會於過年前以文化市集的方式辦理現代翁徒寫春聯或字畫的活動。譬如，河內市常於文廟周邊，胡志明市則於青年文

中心 (Nhà Văn hóa Thanh Niên) 旁的范玉石街 (Phạm Ngọc Thạch) 辦理翁徒寫春聯迎新春的活動。

台灣春聯一定是以紅色為底色，但越南則未必是紅色，甚至常以白色為底來寫字。此外，越南春聯依消費者的需求有羅馬字、字喃或漢字的寫法。羅馬字未必是線性由左到右的排列法，也有可能配合漢字外型而排列成方塊型。傳統台灣會於門口貼對聯，但越南不太流行於門口貼對聯。

漢字在古代中國統治越南的北屬時期傳入越南。當時的漢字主要是用於行政與官員的文教訓練。而當時推行漢字文教上有名的、類似台灣文學史上「沈光文」或者「陳永華」這樣的角色的人，是交趾太守「士燮」(Sĩ Nhiếp)。士燮的祖先是魯國人，因為當年為了躲避「王莽」造反的戰亂而逃到廣西省蒼梧縣的「廣信」附近。士燮因為傳授漢字有功所以越南人尊稱他為「士王」(Sĩ Vương)。

上／河內文廟周邊的翁徒文化市集。
下／國立成功大學台文系辦理的羅馬字春聯活動。

在北屬時期的起初兩百年，越南人就算較懂漢字、較會讀書的人也無法當官、分享政治權力。這種情形就如同蔣介石政權統治台灣時期一樣。一直到東漢末年「靈帝」在位 (公元 168-189) 之時才有交趾 (古代越南之稱呼) 本地人「李進」(Lý Tiên) 被提名做交趾刺史。

　　公元 939 年越南脫離古代中國直接統治的一千多年以來，越南模仿封建中國建立自己的封建社會制度與王朝。越南李朝 (公元 1010-1225) 和陳朝 (公元 1225-1400) 期間從中國引進各式政治、文物制度，特別是「科舉制度」以及「儒家思想」。換句話說，雖然越南不再受中國直接統治，但是越南受中國的影響依舊很大。這也難怪越南有名的歷史學家陳仲金 (Trần Trọng Kim 1882-1953) 感慨的說：「不管大人、小孩，去到學校學的都非越南史，只學中國史。詩賦文章也都取材字中國、一切都參照中國價值觀 …」。回想台灣，中華民國政權統治台灣時期又何嘗不是如此？當時只有大中國教育，毫無台灣本土教育。即便公元 2000 年以後國小每周有一節台灣本土語言課程，但相較宛如滿漢大餐、必修的中國語言與文學，台灣課程猶如清粥一碗。

　　一般來說，漢字用於行政、教育 (科舉)、學術著作以及古典文學創作。古代越南人使用漢字寫作的時候，書面是用文言文的方式書寫，口語則用越南話中的「漢越音」(âm Hán Việt) 發音。台語當中有所謂的文言音與白話音的差別，例如「三」的文言音是 /sam/、白話音是 /sanⁿ/。越南語裡也有類似文、白音的差別，例如「三」的文言音是 /tam/、白話音則是 /ba/。越南話的文言音俗稱「漢越音」。這種情形類似早期台灣人到私塾學四書五經時用台語文言音來讀文言文教材。以下以李白的《靜夜思》為例，來說明越南人是如何用漢越音來讀唐詩：

床前明月光
Sàng tiền minh nguyệt quang
疑是地上霜
Nghi thị địa thượng sương

舉頭望明月
Cử đầu vọng minh nguyệt
低頭思故鄉
Đê đầu tư cố hương

　　許多人誤認以台語來讀唐詩相當順口且最具有台灣味。用上文舉例可以看出越南話也能夠讓唐詩唸起來相當順暢更充滿韻味。但事實上，用文言音來讀漢詩、漢文是漢字文化圈中的共同特色，甚至可以說是封建時期受支那文化殖民的語言烙印，並無法突顯台灣特色。

左／ 用越南羅馬字寫的對聯。
右／ 用越南羅馬字寫的「福祿壽」。

　　若從發展民族文學特色、突顯越南民族意識的角度來看，越南的漢字作品大概分做二種：第一種是中國漢字作品之延伸，並無法突顯越南民族精神特色，像講「姜公輔」的白雲照春海賦》等。另外一種是強烈突顯越南民族意識或者特色的作品，像「李常傑」的《南國山河》，「黎文休」的《大越史記》，「張漢超」的《白滕江賦》，「阮廌」的《平吳大誥》、《抑齋詩集》，「阮秉謙」的《白雲音詩集》，「阮嶼」的《傳奇漫錄》，「阮攸」的《十類眾生祭文》、《清軒詩集》等。這些作者的共同特色就是他們同時擁有用漢字或字喃字寫作的能力，以阮攸為例，他著作當中最有名的是字喃故事詩《翹傳》。

／用漢字、字喃及羅馬字書寫的翁徒詩。

　　越南人擁有長久使用漢字的歷史，他們是如何看待漢字及漢字文學作品的呢？

　　即便越南人曾使用漢字二千餘年，但當代越南人仍認定漢字是中國文字。他們認為字喃字與現今使用的越南羅馬字才是真正的越南文字。若以漢字文學作品來說，越南學者曾有過爭論。過去有人主張因為漢字是外國文字，所以用漢字寫的作品不能算是越南文學。但也有人認為，雖然漢字是外國文字，不過只要作品是「越南人用越南話寫的」就算是越南文學。目前主流的看法是如何呢？一般來說，抱持第二種看法的人較多，也就是說，越南人一方面認為漢字是外國文字，不過他們也認為用漢字寫的作品有條件能夠作為當作越南文學的一部分。這看來似乎充滿矛盾，其實不然。因為越南人認為他們是在不得不的狀況之下才使用外國文字；雖然用漢字，不過卻還是堅持作者一定要是越南人而且作品本身需用越南話來發音。所以像「四書五經」這種中國人寫的漢文書雖然對越南文學具有影響力，但越南人未曾將這些列入越南文學當中。越南人不只以「越南人用越南

話書寫」這種標準來認定越南文學，還有一個有趣現象：大多數較有權威的越南文學史編寫者在書寫越南書面語文學的同時都從越南建立獨立王朝的 10 世紀以後開始寫起。那麼越南人是如何看待北屬時期的漢字作品呢？基本上他們是將其視作是殖民時期的歷史文獻來看待與處理。越南人的脫漢思維，實值得台灣人深思與參考。

左 ‧ 右／越南的士燮紀念祠。

● 蔣為文 2017《越南魂：語言、文字與反霸權》台南：亞細亞國際傳播社。

延伸閱讀

原來越南人才是龍的傳人 !?

／ 越南「龍子仙孫」民間傳說之電影版畫面。

　　許多人都以為中國人是「龍的傳人」。但其實，「龍的傳人」不過是音樂人「侯德建」於1980年發行的音樂專輯名稱。真正有「龍的傳人」的民間傳說的民族卻是周遭的越南人。

　　中國在封建時期，龍是皇帝的專屬，只有皇帝才算龍的子孫。一般中國民眾只能被「魚肉鄉民」宰割，哪有資格當龍的傳人？「龍的傳人」不過是在過去黨國體制及大中國意識下被建構出來的當代政治神話罷了。若檢視中國的「盤古開天」起源傳說，其內容與龍完全沒關係。怎會突然變成龍的傳人？

　　相形之下，越南自古以來即有「龍子仙孫」(Con Rồng cháu Tiên) 的民間傳說。傳說中龍種的「貉龍君」(Lạc Long Quan) 娶仙女「甌姬」(Âu Cơ) 後生下一百個孩子。由於貉龍君習慣住海裡，50個孩子隨父親往海邊發展，另外50個則隨母親住在山區。這一百個孩子就是越南各個民族的起源。

　　越南學者陳玉添教授在其專書《探索越南文化本色》裡指出：龍不是越南皇帝貴族獨有的靈物。即使是在鄉下各地也隨處可見龍的圖騰出現在眾人的生活當中。譬如，北寧省的

亭榜鄉亭共有 500 多條龍的圖形。越南的龍和村民們一同平凡
地生活，也會懷孕並生下一群一群小龍，尤其是也會乖乖地讓
越南鄉村裡穿著裙子、圍著肚兜的女人騎著跳舞。

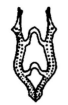    

／越南東山文化考古遺址的鱷魚圖像。
（圖片來源：陳玉添提供）

　　龍在不同時期的形象與特徵也不一樣。陳玉添指出，遠古
雄王時代的龍仍很像其本體的鱷魚。李朝的龍則變成鱷魚和蛇
的結合，身長彎曲，代表社會的平穩；長著濃密的毛髮，口含
珍珠，代表豪華、高貴；龍的全身顯出柔軟、賢良的樣子。陳朝
的龍輕輕鬆鬆地彎曲著，代表時代的活潑與發展。胡朝的龍外
型胖胖的，代表充足、勇敢。黎朝的龍爪子彎折、樣子兇猛，
從此可以辯識出越南社會已經走向一個完全嶄新的階段——中華
文化深入最強、儒教成為國教的這個階段。莫朝的龍則隨意
彎曲、糾纏，這正是混亂、分離、矛盾不斷的時代的樣貌。阮朝
的龍恢復兇猛的外型，它代表儒教再度恢復成為越南國教地位。

　　至於龍的形象與概念是源自哪裡呢？不少學者指出「龍」
源自東南亞的百越文化，後來才被中國人接受與普及化。俄羅斯
的學者 D.V.Deopik、Ja.V.Chesnov 及越南學者陳玉添、範揮通、
陶維英等人都如此主張。

　　陳玉添指出，龍是集合鱷魚（頭、鱗、腳）與蛇（長身）
的特點組合而成，充分表現農業思維的兩個基本特徵，即是綜合
與靈活。古代越南為農業社會。農業居民偏重感情而愛好和諧，
因此把惡毒的鱷魚變成善良、高貴的龍。龍還是表現農業文化
的水與火、水與天等對立概念（從水中誕生後飛到天上且噴出
水來），甚至無翅膀也能直飛上天。越南人民相信鱷魚在長年
修行後得到正果的那天就會變成龍而飛上天空。

上／圍著肚兜的越南女人騎著龍跳舞。
下／越南各朝代的龍的特徵。　　　　　　（圖片來源：陳玉添提供）

　　越南位處熱帶地區，境內有無數的沼澤、湖泊與森林，這些剛好都是鱷魚與蛇的棲息地。古代華夏人來到百越地區，第一次見到鱷魚時常被其兇猛外型嚇到。古書裡常以「蛟」或「蛟龍」來稱呼鱷魚，可見龍的最初原型與鱷魚有關。在越南的東山文化考古遺址裡仍可發現不少刻有「龍的原型」鱷魚的圖像。當龍的概念被普及化之後，人們對龍的想像也越來越豐富與多元，才形成當今的龍的形象。

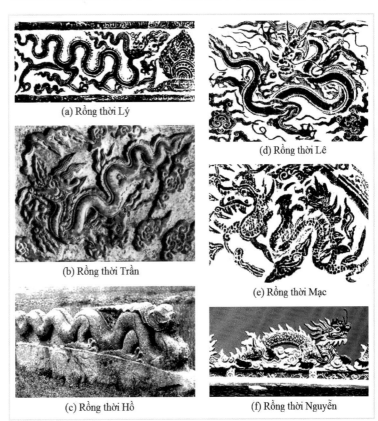

(a) Rồng thời Lý

(b) Rồng thời Trần

(c) Rồng thời Hồ

(d) Rồng thời Lê

(e) Rồng thời Mạc

(f) Rồng thời Nguyễn

　　許慎《說文解字》紀錄：「蛟：龍之屬也。池魚滿三千六百，蛟來為之長，能率魚飛。置笱水中，即蛟去。从虫交聲。」意即蛟為龍之一種，換言之，鱷魚為龍之一種。

　　《淮南子》《原道訓》紀錄：「夫萍樹根于水，木樹根於土，鳥排虛而飛，獸蹠實而走，蛟龍水居，虎豹山處，天地之性也。」

　　《漢書》（卷六至卷七）紀錄：「張晏曰嚴故越人降為歸襄侯越人於水中負人船又有蛟龍之害故置戈於船下因以為名也 … 自尋垣壇霆親射蛟江申攫之師古曰許慎云蛟龍屬也郭璞說其狀云似蛇而四腳。細頸頸有白嬰大者數圍卵生子如甲四斛搜能吞人也」。

　　《漢書》《地理志下》紀錄：「其君禹後，帝少康之庶子云，封於會稽，文身斷髮，以避蛟龍之害。後二十世，至句踐稱王，與吳王闔廬戰，敗之雟李。夫差立，句踐乘勝復伐吳，吳大破之，棲會稽，臣服請平。後用范蠡、大夫種計，遂伐滅吳，兼并其地。度淮與齊、晉諸侯會，致貢於周。周元王使使賜命為伯，諸侯畢賀。後五世為楚所滅，子孫分散，君服於楚。後十世，至閩君搖，佐諸侯平秦。漢興，復立搖為越王。是時，秦南海尉趙佗亦自王，傳國至武帝時，盡滅以為郡云。」

上／當代越南南部的鱷魚。
下／胡志明市雄王廟的龍形石雕。

　　來自北方的華夏人接受南方百越的蛟龍的概念
後才逐漸發展出各種龍的形象。龍因有其兇猛的原
型及不凡的特性，最後變成中國皇帝專屬的龍。新
中國建立之後，因不再有皇帝，龍才逐漸被民眾使
用。二戰後中國分裂成中華民國及中華人民共和國後，
龍又被政治化塑造成兩岸同屬龍的傳人以訴求民族
的大一統。其實，中國人相不相信自己是龍的傳人，
是中國人自己的主觀認同，是中國的家務事。但是，
中國人無權干涉其他民族是否為龍的傳人，也無權
認定龍是中國人的專屬圖騰。

／ 順化的龍鳳外型水果籃。

延伸閱讀　• 蔣為文 (主編譯)・陳玉添原著 2019《探索越南文化本色》台南：亞細亞國際傳播社。

神農氏真的是越南人嗎？

／越南雄王祭祀信仰中的擊銅鼓活動。

　　許多人都理所當然地認為「神農氏」是中國人。但是，越南學者譬如陳玉添教授在其專書《探索越南文化本色》裡就主張神農氏其實是源自越南的古代百越文化基層。源自北方遊牧民族的古代中國人向南征戰拓展版圖後沿用當地百越民族神農的傳說，才讓後來的中國人誤以為神農源自中國。

　　或許有些人以為「神農氏是越南人」的說法只是少數越南學者的偏見。其實不然！越南的許多民間傳說與信仰也都呼應陳玉添教授等學者的主張，譬如，於 2012 年獲聯合國教科文組織認可登錄為人類非物質文化遺產的越南雄王祭拜信仰。雄王就是傳說中神農的後代子孫。

　　依據古籍《嶺南摭怪》的記載，越南的鴻龐時代開國王為「祿續」(Lộc Tục)，即神農氏炎帝的第四代子孫，是五嶺仙女之子。祿續於公元前 2879 年左右登基作為南方的皇帝，號為「涇陽王」(Kinh Dương Vương)，國號為赤鬼 (Xích Quỷ)。赤鬼國的疆界北至洞庭湖、南至占城國、西至四川、東至南海。涇陽王祿續娶洞庭湖王之女即龍女 (Long Nữ) 後生

下「崇纜」(Sùng Lãm)，繼王位而稱為「貉龍君」
(Lạc Long Quan)。貉龍君娶「甌姬」(Âu Cơ)，生
下一百個卵胞後化為一百個孩子。其中一半隨父親
往海邊發展，另一半隨母親往山區居住。後者當來
到今為富壽省 (Phú Thọ) 就停下來，一致推舉長子
為「雄王」(Hùng Vương) 並建立「文朗國」。

　　傳說中的神農為農業及草藥之神。如果神農的
概念起源自中國，這個詞彙應該照漢語的語法稱為
「農神」才對，為何長久以來均稱為「神農」？「神
農」(Thần Nông) 的稱法反而符合越南語的構詞法
順序：詞根 (Thần)+ 詞綴 (Nông)。不同的語言常有
不同的構詞法。不僅越南語和漢語不同，台語和漢
語也不同。譬如，漢語的「公雞」在台語裡稱為「雞公」
(ke-kang)。當講台語的人用漢字書寫時就會寫成
「雞公」。所以當我們看到有人寫「雞公」時就知道
作者絕對不是以漢語為母語的人士。同樣的道理，
最早創造「神農」一詞者應該是使用和越南語同樣
構詞法的民族而非漢族人。不僅神農不符合漢語的
構詞法，中國人常稱的帝堯、帝舜、帝嚳也都是按照
越南的構詞法命名。

　　古代中國是以黃河流域的北方民族為主的社會。
和南方的百越民族相比，北方的農業發展遠不如南方。
南方因農業發達，神農的概念當然也就更早、更深
入民間的信仰。此外，神農也稱為「炎帝」。由於
南方的氣候遠比北方炎熱，當然比較容易出現「炎」
帝的概念的信仰。

　　越南學者丁嘉慶教授表示：「把神農當作雄王
的六代祖父是越人繼承古代東南亞文化基層上的成就
痕跡。也許越人接受中華文化之前曾經把神農當作自己
的始祖。只有被視為熱帶地區農業的創業神，神農

才能得到種植水稻的雒越人崇拜並將其當作自己的始祖。這是明顯的道理。漢族從不把神農當作其始祖，他們只看為管轄南方的天神罷了」。

　　陳玉添教授指出，傳說的赤鬼國從越南中部北邊來到洞庭湖（長江南邊），這就是百越人的居住地區，這是構成古代越南文化原本的文化空間。從時間上來看，公元前第三千禧年（傳說中所指的 2879 年）相應於銅器時代初葉，也是百越民族形成的時期。越南的文朗甌雒階段的主要文化成就除了水稻農業外則是銅器和冶金，譬如知名的越南「東山文化」(Văn hóa Đông Sơn)。依據考古發現，東山人的冶金、鑄銅的技術已經達到了非常令人驚訝的精湛程度。其中，銅鼓、銅缸則是東山鑄銅技術最典型遺產。在此階段，東南亞在民族文化歷史上逐漸創建出一個燦爛文明高峰並大大影響到該區域中的文化，其成就也可稱為南方的世紀。

／陳玉添在《探索越南文化本色》台灣版新書發表會致詞。

　　其實，神農氏到底是中國人或越南人，或許不重要。神農氏並不是單指一個人，而是一個集體統稱的概念而已。就如同越南的雄王也不是單一的人物，而是泛指各部落的首領的概念。況且，有些神話與傳說具有跨國境的特色，不能說它是哪個國家的專屬。此外，古代和當代對「中國」、「中國人」的定義與認知也因時代差異而不同。當中國人宣稱神農氏為中國人時，當然

也會引起同樣有神農氏傳說的民族的不滿。與其爭論神農是中國人或越南人，不如換個角度說神農是亞洲農業國家的共同民間信仰之一。

／越南歷史博物館裡展示的東山文化考古發掘文物。

延伸
閱讀　● 蔣為文 (主編譯)・陳玉添原著 2019《探索越南文化本色》台南：亞細亞國際傳播社。

二二八台語詩於越南吟詩節獲獎

／越南文學盛會開幕典禮擺放中華民國國旗。

越南政府於今年 (2019) 2 月 16~20 日舉辦第四屆越南文學國際推廣盛會暨第三屆國際詩人大會開幕典禮，共計有來自 46 個國家，二百多位各國作家代表出席。台灣由台文筆會代表團共 14 名代表出席並擺放中華民國國旗。中國為抗議主辦單位及台灣，臨時取消出席開幕，連五星旗也撤掉，形成會場僅有台灣及其他與會國家之國旗。

此次活動由台文筆會秘書長、國立成功大學越南研究中心主任蔣為文教授負責帶領台文筆會到越南參加文學盛會。台文筆會為主張用台灣語文創作的文學團體，長期與越南文學界從事文學交流，因此友誼深厚，深受越南文學界重視。近日，越南與中國因 1979 年越中邊界戰爭之議題而有政治上的摩擦，導致中國駐越南大使館極力杯葛此次文學活動。譬如，今年越南政府授權越南社科院於 2 月 15 日高調舉辦越中邊界戰爭 40 週年紀念研討會且於媒體大肆宣傳。儘管如此，越南仍不畏懼中國、持續辦理此屆文學活動，且由越南國家副主席鄧氏玉盛於國家主席府 (類似台灣的總統府) 親自接見台文筆會及各國代表。

越南政府自 2003 年起每年均在元宵節前後辦理越南吟詩節以提倡越南文學。今年度 (2019) 的吟詩節訂在 2 月 17 日，剛好

是 1979 年中國發動大軍侵略越南北部邊境的起始日。今年除了在首都河內舉辦吟詩大會之外，還巡迴到下龍灣及北江等地辦理國際詩人聯歡大會以促進越南作家、民眾與各國作家的交流。台文筆會也應邀於吟詩大會上場吟誦紀念二二八大屠殺的台語詩，並榮獲俄羅斯作家協會頒贈文化交流友誼獎。

／台文筆會會長陳明仁上台唸台語詩。

　　台文筆會此次有二位團員應邀在吟詩大會朗誦台語詩。分別為台文筆會會長陳明仁的「拍賣老台灣」及秘書長蔣為文的「In 佇佗位」。拍賣老台灣描寫在中國國民黨獨裁統治下台灣歷史文化受壓抑的困境。In 佇佗位則書寫受難家屬吃魷魚粥以紀念消失的二二八台灣菁英的故事。蔣為文教授表示，當初創作「In 佇佗位」是緣起於二二八大屠殺受難者的故事。公元 1947 年 3 月 10 日，台北市律師公會會長李瑞漢正在家中與家人及友人食用魷魚粥。突然有黨國憲兵及便衣前來非法逮捕李瑞漢等人，結果一去不返。日後每逢 3 月 10 日李瑞漢家屬便以吃魷魚粥以作紀念。除了李瑞漢之外，還有許多台灣菁英在這場二二八大屠殺當中受難，譬如湯德章、王育霖、林茂生、陳澄波等。為了紀念這些為台灣犧牲的英靈，台文筆會及台灣羅馬字協會等許多團體於每年二二八前後均辦理二二八台語詩歌文化節，以吟誦

台語歌詩及食用魷魚粥、魷魚絲的新民俗活動來感謝與紀念
這些護國的台灣先賢先烈。(詳細活動資訊請參閱網站 http://
www.de-han.org/taiwan/228/)。
「In 佇佗位」原作如下：

In tī 佗位？
1947, 228 消失 ê 台灣頭人。

Tī 外來統治下，
無真相，
無元兇，
Kan-taⁿ chhun 一碗，
等待親人 ê 鰇魚麋。

Hit 碗鰇魚麋，
有滿墘 ê siàu-liām.
Mā 有正義 hām 勇氣 ê 滋味，
見證時代 ê 哀悲。
In tī 佗位？
轉型正義 iáu teh chhiau-chhōe。

Hit khơ 賊頭 iáu teh 做神。
伊 ê 虎仔 iáu teh chhio-tiô hiau-pai。
若無真心認罪，
免想 beh 和解共生！
In tī 佗位？
In tī 咱 ê 心肝內。
In 是春天 ê 百合。

　　蔣為文應邀上台念詩時全程以越南語及台語雙語進行並由
越南的電視台全程現場轉播。會後不少來自越南、俄羅斯、日本、
美國等國作家前來致意關心並聲援台灣的國際處境。不少越南
的電視台也於會後作專訪，探討台越文化交流之經驗。由於台文

筆會訪問團成員主動與各國文友交流建立友誼，因此
榮獲與會的俄羅斯作家協會頒贈文化交流友誼獎以
肯定台文筆會的努力。駐越南的中國大使館得知消
息後也向越南主辦單位抗議，但主辦單位不予理會
無理要求。

上／台文筆會秘書長蔣為文上台唸台語詩紀念二二八。
下／俄羅斯作家協會頒贈文化交流友誼獎給台文筆會。

　　蔣為文教授進一步指出，越南為主權獨立國家
且立國精神標語為「獨立、自由、幸福」，中國大
使館無權干涉越南內政及在越南的言論自由。更何況
二二八大屠殺是由蔣介石政權所造成，與中華人民
共和國無關。二二八起義之際，當時的中共政權還發布
新聞譴責蔣介石並聲援台灣人民之抗暴精神。為何
72 年之後中國共產黨急於替中國國民黨掩飾屠殺

台灣人的歷史罪行？由此可見中國國民黨與中國共產黨為兩岸
一家親的中國政權。

　　台文筆會會長陳明仁表示，台文筆會的宗旨就是要促進台灣
與世界各國的作家的文學交流。台文筆會成員都堅持以台語或
客語創作。用台灣語文創作才能讓各國作家清楚了解台灣人抵抗
中國霸權的決心。台文筆會的成功案例凸顯 NGO 的重要，且
顯示台灣人只要團結、目標一致絕對能在國際上突破中國的無理
外交封鎖。

／越南詩人陳潤明與台文筆會成員合影於下龍灣。

上／國際詩友於北江省吟詩大會合影。
下／越南國家副主席鄧氏玉盛接見台文筆會及各國代表。

 • 蔣為文 2014《喙講台語・手寫台文》台南：亞細亞國際傳播社。

越南二二八的啟示（上）

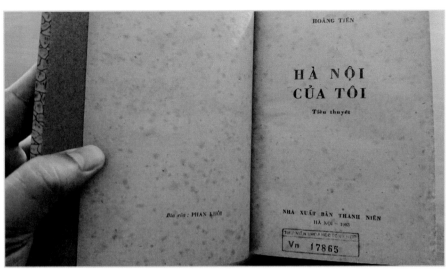

／越南老兵作家黃進的歷史小說《我的河內》

此刻正值台灣國殤日二二八之際，筆者在此先向所有受害的台灣英靈及其家屬表示萬分的悼念及感謝。其實，不止台灣有二二八事件／大屠殺，在越南也有二二八事件。雖然台灣和越南的二二八不完全一樣，卻都有共通的特質，就是與獨裁者蔣介石的藉機入侵有關。

公元 1946 年 2 月 28 日，以蔣介石為首的國民政府與法國臨時政府簽訂了「中法關於法國放棄在華治外法權及其有關特權條約」、「中法關於中越關係之協定」、「關於中國駐越北軍隊由法國軍隊接防之換文」。為什麼蔣介石要與法國簽訂這些條約與協定呢？原來，蔣介石企圖利用戰後到越南接受日軍投降的機會佔領越南的陰謀無法得逞下，只好退而求其次用越南當籌碼與法國交換利益。

蔣介石與越南扯上關係的源頭可以從 1937 年日本發動蘆溝橋事變對中國展開全面侵略行動說起。由於法屬越南公路和中緬公路都是當時援華的重要國際路線，為切斷中國的補給路線，日本於 1940 年 6 月派軍進佔越南北部，隔年 7 月又進佔南越。日軍進駐越南初期，名義上仍尊重法屬印度支那總督統

治越南的正式地位，形成與法國共治越南的曖昧情形。直至大東亞戰爭末期，日軍為避免法屬印度支那總督接應英美盟軍登陸越南，乃於 1945 年 3 月 9 號發動「三九事變」推翻法屬印度支那政權。日軍宣稱將主權交還越南傳統王朝阮朝的末任皇帝「保大皇帝」。

三九事變後沒幾個月，日本天皇於 1945 年 8 月 15 日正式向聯軍無條件投降。聯軍統帥「麥克阿瑟」隨即於 9 月 2 日發布一般命令第一號 (General Order No.1) 指派蔣介石代表聯軍到中國戰區（扣除東北地區）、台灣及越南北部（北緯 16 度以上）接受日軍投降，同時期越南南部則由英國代表接受日軍投降。「越南獨立同盟」(Việt Nam độc lập đồng minh，簡稱「越盟」Việt Minh) 的領導人「胡志明」(Hồ Chí Minh) 立即把握日本天皇投降的契機發動「八月革命」、呼籲全國民眾武裝起義並於 8 月 16 日成立越南臨時政府。短短二個禮拜越盟已成功掌握全越南大多數的城鎮。胡志明趁勝追擊，選擇於麥克阿瑟發布命令的同一天在河內巴亭廣場 (Quảng trường Ba Đình) 宣布越南獨立。

上／1945 年蔣介石的部分軍隊在海防集結。
中／1945 年何應欽上將到越南河內視察受降成果。
　　（照片提供：越南博物館）
下／巴亭廣場已成為國內外著名景點。

　　雖然當時胡志明宣布越南獨立時在國際上尚無任何國家
承認，但卻是很重要的一個步驟：向國際發聲表達越南人追求
越南民族獨立建國的訴求。因為有這個步驟，1950 年 1 月起才
陸續有中華人民共和國、蘇聯等國相繼承認越南為獨立國家。
如今，越南（正式國名為「越南社會主義共和國」）的國慶日訂於
每年 9 月 2 日即是源自胡志明的獨立宣言日。胡志明也被越南
人尊稱為「胡伯伯」(Bác Hồ)，意即國父的政治地位。

左／ 1945 年蔣介石的部分軍隊在海防集結。(照片提供：越南博物館)
右／ 1945 年蔣介石的軍隊進入越南河內。(照片提供：越南博物館)
下／《我的河內》陳述蔣介石軍隊進入河內。

　　為何當時胡志明趕著在 1945 年 9 月 2 號宣布越南獨立？
原來，在 1942 年 8 月到 1943 年 9 月期間，胡志明被懷疑是中國
共產黨的間諜而被蔣介石的中國國民黨爪牙抓去關在廣西的

監獄。胡志明著名的《獄中日記》就是被關期間所寫的漢詩。拿到越南使用並強迫越南人用極高的匯率兌換，形同對越南的財政剝削，導致當時越南物價極度通貨膨脹，人民苦不堪言。此外，蔣介石要求越南臨時政府需每月支付大批糧食供中國軍隊使用。由於當年越南正遭遇農作物欠收、處於飢荒的困境，又要應付蔣介石豺狼虎般的吞噬。依據日本學者「古田元夫」(FURUTA Moto) 和越南社科院史學所合作調查結果，當年約有二百萬越南人死於這場人為勝於天災的大災難。

蔣介石不僅對越南進行經濟剝削，還以政治暗殺、外交壓迫等各式手段逼迫胡志明將臨時政府及國會的部分席次讓給「越南國民黨」及「越南革命同盟會」的成員。譬如，在蔣介石的擁護下，出身於黃埔軍校的越南人「阮海臣」(Nguyễn Hải Thần) 擔任國家副主席。蔣介石的陰謀就是隨時策動越南人政變以推翻胡志明政權。

當時胡志明領導下的越盟僅有萬餘名游擊隊員，實力上很難與二十萬的中國軍隊正面對抗。胡志明政權天天面臨被蔣介石推翻的危機。稍一不慎，越南就可能成為中華民國不可分割的一省。胡志明是如何突破重圍，讓蔣介石二十萬大軍撤回中國呢？

延伸閱讀

• 蔣為文 2008〈1945 年蔣介石軍隊代表聯軍同時佔領台灣 kap 北越〉，
《台灣風物》期刊，58(3)，頁 9-15。

越南二二八的啟示（下）

／ 胡志明與法國代表簽訂三六協定。(照片提供：越南博物館)

　　為了避免越南淪為蔣介石政權的殖民地，胡志明只好忍辱負重，表面上不與蔣介石發生衝突，私底下則以苦肉計誘引法國力量介入干涉。

　　原來，戰後法國一直期待有機會能重返殖民越南。胡志明掌握法國殖民政權的心態後，與法國代表虛與委蛇，表示只要法國能協助越南趕走中國軍隊就同意加入「法蘭西聯邦」（Union française；Liên hi p Phát）、歡迎法國重返越南。為了爭取繼續殖民越南的機會，戰後法國臨時政府決定與當時蔣介石為首的國民政府談判，以放棄在華治外法權及其有關特權為誘因迫使蔣介石接受自越南撤軍的條件。

　　二次大戰結束後蔣介石的國際聲望一時間突然暴漲。儘管如此，中國國民黨與中國共產黨之間的矛盾不但沒有減少反而加劇，甚至爆發第二次國共內戰。隨著國共內戰的加溫，蔣介石也需要將駐越的二十萬大軍調回中國以剿共。此外，蔣介石也盤算著藉由法國放棄在華的不平等條約來挽救自己在中國逐漸失去的民心。況且，蔣介石在越南已幾近達成經濟剝削、政治操控的目的。於是蔣介石同意法國臨時政府提出的條件，以越南

當利益交換的籌碼，於 1946 年 2 月 28 日簽下：「中法關於法國放棄在華治外法權及其有關特權條約」、「中法關於中越關係之協定」及「關於中國駐越北軍隊由法國軍隊接防之換文」。

依據「關於中國駐越北軍隊由法國軍隊接防之換文」的內容規定，「駐越南北緯十六度以北之中國軍隊交防於 3 月 1 日至 15 日期間開始，至遲應於 3 月 31 日完畢」。事實上，中國軍隊大約拖到 1946 年夏天才全數撤出越南。

胡志明為了騙取法國的信任，也於 1946 年 3 月 6 日與法國代表 Sainteny 簽訂「三六協定」（Hiệp định sơ bộ 6-3，越南人的日期總放在月份前面，故稱為「六三協定」）。內容主要包含：承認越南民主共和國是「法蘭西聯邦」的一部份，享有獨立的政府、國會、軍隊及財政；越南政府同意法國 1 萬 5 千名軍隊進入北部以換掉中國的軍隊，而且這 1 萬 5 千名法國兵要在 5 年內分批撤退。

胡志明就是利用「聯合次要敵人打擊主要敵人」的技巧，才能在帝國縫隙中求生存。這段歷史在越南的高中歷史教科書都有記載。因此，越南人只要有高中學歷者均認識蔣介石（越南名稱 Tưởng Giới Thạch），且在他們心目中 Tưởng Giới Thạch 是具有侵略越南野心的獨裁者。從越南的案例可讓我們知道促進台灣的十二年國教歷史課綱陳列出歷史真相的重要性！

在智退蔣介石二十萬大軍後，難道胡志明就心甘情願再度讓法國統治嗎？當然沒有！他以時間換取空間，利用戰後法國軍事勢力衰退無法迅速遠征越南的情況下加強越盟軍隊的游擊戰能力。為了獨立

建國，越南人民發揮了「草蜢仔弄雞公」(chháu-mé-á lāng ke-kang)、以小博大的精神從 1946 年起展開了抗法戰爭。直到了 1954 年 5 月越方軍隊於「奠邊府戰役」(Chiến dịch Điện Biên Phủ) 大勝法國軍隊，迫使法國簽定「幾內瓦協議」(Geneva Accords) 後才確立法國退出中南半島。

　　除了以軍事及政治手段爭取越南的獨立之外，胡志明還透過文化與教育的手段培養越南民族意識以作為抵抗外來統治的文化防線。譬如，胡志明於 1945 年 9 月 2 日宣布成立「越南民主共和國」後，新政府在 9 月 8 日又立即宣佈廢除漢字與法文，全面推行改用羅馬字的教育政策。事實上，在胡志明建立政權之前，他對文化建國的觀念已相當清楚。他本身也實踐用越南羅馬字 (在越南稱為「國語字」chữ Quốc ngữ) 寫作與教學的習慣。他絕不會推拖說等到建立本土政權後再來處理語言與文化議題。

左／ 1945 年越南游擊隊在研習越南語文。(照片提供：越南博物館)
右／ 越南各地民眾響應胡志明的羅馬字政策。

　　越南有名的歷史學家「陳重金」(Trần Trọng Kim 1882-1953) 於他的名著《越南史略》(Việt Nam Sử Lược) 序言裡曾感慨封建時期的越南社會：「不管大人、小孩，去到學校學的都非越南史，只學中國史。詩賦文章也都取材字中國、一切都參照中國價值觀 …」。

／ 陳重金名著《越南史略》封面與序言。

原來，古代越南在「北屬時期」（約公元前 111
年到公元 938 年）曾受古代中國直接統治一千多年。
直到 939 年越南人「吳權」建立政權後才開啟越南
的封建王朝。自那時起至 19 世紀法國介入中越關係
之中的這一千年，越南和中國則維持著某種程度的
宗藩關係。在這長達二千年的歷史當中，封建時期
的越南主要以漢字為官方文字。雖然自 10 世紀起越
南民間逐漸出現「喃字」(chữ Nôm)，但喃字一直
無法取代漢字的正統地位。大約 17 世紀初，西方傳
教士將羅馬字傳入越南。初期主要在教會使用，直
至 19 世紀後半期後才逐漸在各領域使用。羅馬字成
為越南的正式文字則待 1945 年胡志明取得政權後才
得以達成。

根據美國漢學家 John DeFrancis 的估計，
1945 年越南全國認識羅馬字的人口大約僅有 20%；
在全面推行羅馬字後，於 1953 年已經提升到 70%。
當時越南仍處於戰亂動盪之中，能取得這樣的成果
實屬不易。當今越南社會幾乎人人都懂國語字，且
認為 chữ Quốc ngữ 才是越南文字，而那漢字則是

不折不扣的外來中國字。當越南民眾連最基本的語言文字都可以
清楚區分越南字和中國字的差異時,當然就沒有國家認同混淆
的困擾了。

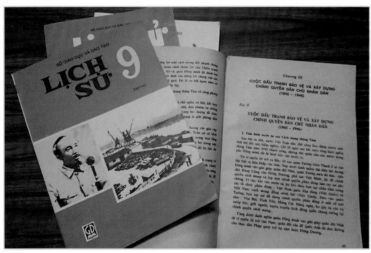

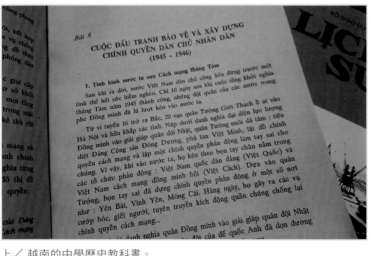

上／越南的中學歷史教科書。
下／越南高三歷史（第 12 冊）談到蔣介石派軍入侵越南。

越南女性革命抗暴先驅：
二徵夫人

／ 越南東湖民間版畫中的二徵夫人除漢賊的形象。

　　每年 3 月 8 日的國際婦女節源自 1857 年 3 月 8 日美國紐約的女工為抗議低薪及惡劣工作環境而走上街頭。至 1975 年聯合國才正式認定國際婦女節並確認婦女的平等地位與參政權。在越南，早在二千年前就有婦女帶頭抗暴、爭取權益的案例，她們就是俗稱「二徵夫人」(Hai Bà Trưng) 的「徵側」(Trưng Trắc)、「徵貳」(Trưng Nhị) 二姊妹。

　　公元前 111 年古代中國漢朝「漢武帝」出兵侵略越南，並在當地設立「交趾」、「九真」與「日南」三郡。這三郡約相當於現今越南的北部和中北部地區。這段歷史在當今越南主流史觀中稱為第一次「北屬時期」。在北屬時期，越南人就算認識再多的漢字、再怎麼有學問，終究無法謀個一官半職、分享統治權力。這種情形就如同蔣介石政權統治台灣時期台灣人被政治壓迫一樣。此外，北屬時期的越南和清國統治台灣時期

一樣，也是「三年一小反，五年一大亂」(Saⁿ nî chit sió hoán, gō͘ nî chit tōa loān) 經常起義抗暴。台語諺語講：「做官若清廉，食飯就攪鹽」(Chò koaⁿ nā chheng-liâm, chia̍h-pn̄g tō kiáu iâm)。這句話不僅適用在清國殖民台灣時期，也適用越南北屬時期。

　　公元 34 年東漢光武帝派「蘇定」為交趾太守。蘇定為一貪婪、暴虐的惡官，引發當地人的怨恨。公元 40 年蘇定殺害徵側的丈夫「詩索」(Thi Sách) 引爆徵側與徵貳聯手起兵攻打蘇定並將他趕回中國廣東。當時九真、日南等郡民眾均紛紛起義響應二徵夫人。二徵夫人的軍隊善用大象協助作戰，勢如破竹並連贏 65 城，最後她們自立為王並定都故鄉「麊冷」(Mê Linh，在當今河內市靠近機場處)。徵側可謂是古代越南版的「代夫從征」！這種案例在台灣民主化過程中應該也不少見吧！

　　可惜，二徵夫人的政權僅存在三年就被光武帝派來的「馬援」(俗稱「伏波將軍」) 擊敗。二徵夫人面對馬援的追擊，堅持不投降，最後於農曆 2 月 6 日投江自盡。儘管如此，在越南的歷史上，二徵夫人被許多史學家譬如黎文休、陳仲金等及民間尊稱為二位女英雄。

　　中國人常說「勝者為王，敗者為寇」。由於二徵夫人最後敗於馬援之下，因此中國史書均將二徵夫人視為盜賊作亂。即便如此，中國總理周恩來曾於訪問越南期間到二徵夫人墓園獻花，毛澤東也曾稱讚二徵夫人為了不起的女英雄。可見，作為第一個帶領越南人對抗中國暴政的二徵夫人，雖敗猶榮！沒有她們的帶頭抗暴就沒有後來獨立的越南民族！台灣能出現這樣的女英雄嗎？

　　目前，越南首都河內市有二徵夫人郡、二徵夫人路、二徵夫人廟 (Đền Hai Bà Trưng) 等來紀念與表彰徵側、徵貳二姊妹對於領導越南人抵抗中國的正義與勇氣的行為。河內市麊冷縣的二徵夫人廟的祭典活動於今年 (2018) 2 月 21 日獲得越南中央

政府的認定成為國家級非物質文化資產。2 月 21 日
剛好也是聯合國教科文組織訂定的「國際母語日」
(International Mother Language Day)。越南人真的
太會掌握時機做應該做的事了！

／ 河內市二徵夫人郡的二徵夫人廟。

　　在越南，除了 3 月 8 日國際婦女日之外，還有
10 月 20 日的越南婦女節。越南婦女節源自 1930 年
10 月 20 日成立「越南反帝婦女會」(Hội Phụ nữ
phản đế Việt Nam) 的歷史。在越南，10 月 20 日
的越南婦女節受重視的氣氛遠勝於國際婦女日。這
原因一方面是越南主體性的表現，另一方面是越南
婦女不僅是爭取個人的權益也是爭取民族國家的獨立，
具有雙重意義。在過去爭取越南獨立的抗爭當中，越南
女性不僅沒有缺席、甚至是扮演積極的角色，因此獲得
政府及社會各界的肯定。

上／《都市經濟報》關於二徵夫人廟祭典活動的報導。(圖片來源:《都市經濟報》)

中／ VTV1 關於二徵夫人廟祭典活動的報導。(圖片來源:VTV1)

下／ 二徵夫人廟的祭典活動。(圖片來源:VTV1)

中國在越中邊界戰爭吃鱉的原因

／越南士兵對中國進行自衛戰反擊。（圖片來源：引自越南 Zing.vn 網站）

　　公元 1979 年 2 月 17 日鄧小平突然發動數十萬大軍侵略越南北部邊界，並聲稱數天之內就可攻下越南並逼越南政府投降。這批軍隊分別由雲南省及廣西壯族自治區向越南的諒山、高平、下江、老街、萊州出兵。結果這批囂張的中國軍踢到南方鐵板，在短短一個月內死傷數萬人。最後，鄧小平自慰式地宣稱已經達到「懲罰越南」的目的所以停戰，於 3 月 17 日將中國軍隊完全撤退。撤退途中還喪心病狂地刻意摧毀沿途的醫院、民宅及所有建築。

　　原本越南政府對於越中邊界戰爭相當低調，在媒體及公開場合絕對隻字不提。然而，隨著中國習近平霸權主義的興起，越南和世界各國一樣開始抵制中國。譬如，越南政府於今年 (2019) 2 月 15 日高調舉辦越中邊界戰爭 40 週年紀念研討會並公布許多珍貴史料。此外，越南政府也於 2 月 9 日大張鑼鼓辦理阮惠大敗清國軍隊的戰勝 230 週年紀念日。該場越清戰役發生於 1789 年初，當時約有二十萬名清軍葬身於河內棟多郡 (今日的阮惠紀念公園)。

　　究竟為何鄧小平要發動對越南的戰爭？又為何中國軍隊無法如預期地打贏越南？這場戰爭對台灣有何啟示呢？

左／ 被中國軍隊破壞的諒山省政府。
右／ 被越軍摧毀的中國坦克。
（圖片來源：引自越南 Zing.vn 網站）

　　中華人民共和國於 1949 年成立以後至 1970 年代以前，中國與蘇聯提供大量的武器及物資給胡志明領導的「越盟」（越南獨立同盟會 Việt Nam Độc Lập Đồng Minh Hội），甚至還在 1950 年首先承認胡志明領導的越南民主共和國。為什麼越南最後會與中華人民共和國失和、甚至在 1979 年發生大規模的軍事衝突呢？

　　其實，中越雙方在 1954 日內瓦協議之前就種下衝突的遠因。在越南抗法戰爭後期，中國一直對越盟施加「接受南北越分裂」停戰和談的壓力。當時越盟因為有中國和蘇聯的武器援助，所以對法抗戰的局勢漸入佳境。當時越南打算戰勝法國軍隊後，要利用聲勢再次收復南越並佔領鄰近的寮國跟柬埔寨，並建立以越南為主的「印度支那聯邦」。但是中國考慮到本身的利益，故不支持越盟：第一，分裂的越南對中國欲控制越南比較有利。第二，中國不期望越南吞併寮國和柬埔寨後變成大國。第三，中國想藉由打擊共產越南來改善與西方國家的關係。

　　雖然越盟勉強接受了中國的建議，在 1954 年與法國、英國、中國、蘇聯、南越、寮國及柬埔寨議決南北越以北緯 17 度為分界線、和平分治的協議。越盟對於中國那種以自我民族利益盤算為優先考量的反應已經謹記在心、對中國保持戒心。不過後來因為美國強力介入越南問題，越盟仍需爭取中國的支持才能對付美軍，越南不得已只能先按下對中國的不滿。這份不滿的情緒一直到 1979 年，越南統一之後才爆發。在越南正式公開與中國對嗆之前有一些事因亦是造成日後的中越武裝衝突。其中包含：

　　第一，北越自從 1968 年以後明顯由中國路線走向蘇聯路線。中華人民共和國建國以後漸漸想要取代蘇聯成為社會主義國家的新龍頭。蘇聯為防止中國的勢力在東南亞坐大，就積極地拉攏越南做為蘇聯在東南亞的代言人，例如，越南在 1978 年加入蘇聯領導的「經濟互助委員會」又簽訂了《蘇越友好合作條約》。在這之前，中國於 1969 年方與蘇聯發生「烏蘇里江」邊界武裝衝突。看在中國眼中，當然對越南走蘇聯路線非常不滿。

　　第二，越南在 1978 年底出兵柬埔寨推翻中國扶持的 Pol Pot 政權（赤柬）。該政權由中國共產黨支持的 Pol Pot (1925-1998) 於 1975 年政變成功後成立。Pol Pot 掌權期間進行全國大清算、施行恐怖政治，大約有將近 200 萬柬埔寨人被殺身亡。越南利用 Pol Pot 政權不得民心的情形下，於 1978 年 12 月出兵攻打，不出幾天就在隔年 1 月 7 日佔領首都「金邊」(Phnom Penh)。中國為了避免柬埔寨落入越南手中，不得不緊急出兵、利用邊界戰爭來逼使越南將主力部隊調離。

　　第三，中越雙方對領土主權有爭議。中越雙方對陸地邊界界線、北部灣劃界與西沙群島 (Hoàng sa)、南沙群島 (Trường sa) 的主權歸屬有爭議。領土爭議當中，因為在西沙、南沙群島海域有豐富的天然資源及戰略地位，他們的主權爭議最大。1975年南北越統一之前，南越政權佔有西沙與南沙部分島嶼。當時的北越為避免與中國正面引起主權衝突，就承認這 2 個群島屬於中國。不過當越南統一之後，越南宣稱繼承南越對該 2 個群島的主權。致使雙方至今對這 2 個群島的主權問題尚未解決。

　　第四，越南採取排華政策。越南在抗法勝利以後，無論南越或者北越政權，對於在越華人皆採取同化政策。直到 1975 南北越統一，越南社會主義共和國就進一步採取積極排華政策，包含強制同化、驅逐出境、將私人企業國有化等策略。在那段時間到 1979 年為止，估計大約有 40 萬華僑離開越南。

／ 越南總理出席戰勝清軍 230 週年紀念日。
　（圖片來源：引自越南 dangcongsan.vn 網站）

　　中華人民共和國自 1949 年建國以來的前 30 年一直得不到美國的外交承認。在中蘇關係 40 國積極改善其與美國的關係，最後於 1971 年取代中華民國成為聯合國安理會的常任理事，又於 1979 年 1 月與美國正式建交。中國一方面要修理越南給美國與蘇聯看，一方面要報復越南排華及領土主權的爭議，同時也要阻止越南在柬埔寨的勢力增加。

　　邊界戰爭結束雙方都宣稱自己取得自衛戰的勝利。中國雖然宣稱得到勝利，不過事實上戰爭結果並無完全達到他的預期效果。主因是越南軍隊有長期抗戰的經驗，反倒是中國軍隊因經驗不足而無法短時間打贏越南。雖然中國最後有攻下諒山等重要邊界城市，還逼越南將安置在柬埔寨的主力軍隊調回北越應戰，中國還是付出慘重的代價。

　　鄧小平為了自身的利益與轉移國內政治鬥爭的焦點而發動所謂的「懲越戰爭」。邊界戰爭的結果雖然沒有完全照鄧小平的意思實現，但卻促成鄧小平於 1981 年成為中國實際最高領導人。

　　越南在邊界戰爭以後，雖然沒有達成「印度支那聯邦」的政治目的，卻也成功在柬埔寨及寮國建立親越政權。另外，成功抵抗中國軍隊的入侵也讓越南信心大增，增加越南扮演東南亞區域軍事強國的份量。

　　雖說中國宣稱出兵越南是要向越南教訓、上課，而我們台灣能否從「旁聽」得到什麼？我想，至少有以下這些啟示：

　　第一，台灣人應該要有堅強的敵我意識。越南人可以抵抗中國的入侵，其中有一項要緊的因素就是「越南人」的國家認同。台灣人若無認同台灣是國家，就算有再好的武器也沒辦法面對中國的文攻武嚇。

　　第二，台灣人要隨時注意國際局勢的變化，在適當時機下有利於台灣人的決定。

／ 河內街頭關於戰勝清軍 230 週年紀念日的宣傳旗幟。

　　第三，台灣應該要好好的處理南沙群島主權問題。台灣應該
以共存共利的態度與方式來和越南以及其他周邊國家共同享用
「東南亞海」(Southeast Asian Sea) 資源。面對中國的威脅，
台灣要聯合東南亞國家，以合作取代競爭，這才是對台灣有利
的做法。

／越南政府辦理越中邊界戰爭 40 週年紀念研討會。
　（圖片來源：引自越南 plo.vn 網站）

● 蔣為文 2009〈1979 年中越邊界戰爭對台灣 ê 啟示〉，《大國霸權 or 小國人權》
　二二八事件 61 週年國際學術研討會後論文集，頁 736-751，台北，二二八基金會。
● 蔣為文 2017《越南魂：語言、文字與反霸權》台南：亞細亞國際傳播社。

延伸
閱讀

越南有母親節嗎？

／越南母道、佛教與道教
三教一體的圖畫。
（圖片來源：陳玉添提供）

　　台灣和許多國家一樣均把五月的第二個禮拜日視為母親節。
台灣政府雖沒有把母親節訂為正式假日，但民眾及商業活動卻
也自然習慣慶祝母親節。在越南也有像台灣這般慶祝母親節的
活動嗎？答案卻是沒有。難道越南人不重視母親的偉大嗎？
也不是，而是越南以婦女節及「母道」信仰來表示對母親的重視。

　　越南的婦女節有兩個，分別是 3 月 8 日的國際婦女日及
10 月 20 日的越南婦女節。國際婦女日於 1975 年經聯合國正式
認定後才在國際上普及。越南婦女節源自 1930 年 10 月 20 日
越南共產黨成立「越南反帝婦女會」(Hội Phụ nữ phản đế
Việt Nam)。在越南，10 月 20 日的越南婦女節遠比國際婦女日
受到重視。這一天，各年齡層的女性都會收到來自男性朋友或

同事的小禮物。
越南婦女節會受
到特別重視的原
因，一方面是越
南主體性的表現，
另一方面是越南
婦女在過去爭取
民族國家獨立的
抗戰中做出積極
的貢獻。

／古芝地道所展示的越南女游擊隊蠟像（右邊）。

除了婦女節之外，越南的「母道」(Đạo Mẫu) 信仰也顯現
出母親的形象在越南人心目中的重要。越南學者陳玉添教授
在《探索越南文化本色》一書裡也認定母道信仰是越南最典型
且普遍的的本土信仰；母道、佛教與道教在越南形成一種兼具
平民化和綜合性的「三教」。這與中國傳統的三教（儒教、道教
與佛教）不同。

／越南作家協會文藝晚會中關於母道信仰的表演。

越南的「母道」(Đạo Mẫu) 信仰源自「柳幸」公主 (Liễu
Hạnh) 的傳說。柳幸也有人寫作「柳杏」。柳幸與傘圓 (Tản
Viên)、扶董天王 (Thánh Gióng)、褚童子 (Chử Đồng Tử) 四位

合稱「四不死」(Tứ bất tử，四個不死的人)，為越南特別的信仰。

／「瓊狀元」電影劇之劇照。（圖片來源：作者翻拍自電影宣傳片）

　　傳說中的柳幸公主是玉皇大帝的女兒，曾三次下凡定居在南定省。柳幸為了體會什麼是自由與幸福，請求玉皇大帝讓她下凡間成為平凡的婦女過平凡的生活。也有一說是柳幸違反天規因而被玉皇大帝處罰下凡間。柳幸的形象出現於獨尊儒教的越南後黎朝（大約 15-16 世紀）。在各地的民間傳說當中，柳幸的形象大致有二種：第一，利用魔法懲罰那些封建制度下調戲良家婦女的男性高官。第二，柳幸生下一個機智、聰明又富有正義感的「瓊狀元」(Trạng Quỳnh)。從柳幸這樣的形象來看，這也反映出越南人民對傳統封建制度儒家掌控下的男性社會的不滿。這些不滿則透過柳幸及瓊狀元的民間各式傳說宣洩出來。因柳幸具有平易近人、親切母親的形象，後來她受越南人民虔誠的崇拜並被尊稱為聖母，或稱為「Bà Chúa Liễu」（柳主娘）。

　　越南有一句俗語說：「八月祭祀父，三月祭祀母」(Tháng 8 giỗ Cha, tháng 3 giỗ mẹ)。這裡的父親是指對抗中國的名將「陳興道」(Trần Hưng Đạo)，

母親就是指柳幸聖母。陳興道於 1300 年 8 月 20 日去世，劫泊
（海興省）的陳興道廟會在每年農曆 8 月 15 日至 20 日舉辦。
柳幸去世於農曆 3 月 3 號；祭祀柳幸的寺廟府到處都有，譬如
南河的鞋府、河內的西湖府、清化省的松廟與埔吉廟、胡志明市
的鞋府廟等。

／國立成功大學越南學生會於越南婦女節活動之合影。

• 蔣為文（主編譯）、陳玉添原著 2019《探索越南文化本色》台南：亞細亞國際傳播社。
• 蔣為文（編）2019《越南文化：從紅河到九龍江流域》台北：五南圖書。

延伸
閱讀

為何越南人不再過清明節？

／越南西南部河仙地區民眾祭完祖先會在墓前與家人一起用餐。

　　「清明」原是農曆二十四節氣之一。過去曾用農曆的亞洲許多國家，譬如中國、越南、韓國、日本與台灣都曾有清明習俗。然而，因各國的風俗民情與歷史發展有異，最後也演變出不同的清明節民俗內容。譬如，越南人已逐漸淡化清明節日，改於過年前夕到祖先墓前掃墓。

　　當代的中華民國與中華人民共和國都把清明節列為國定假日並與掃墓祭祖掛勾實為近代大中國思想下政治操作的結果。唐代時期尚無清明節，而是以寒食節的方式流傳。唐代之前，東亞地區反而流行「上巳節」，以農曆三月第一個巳日（後來發展出固定在 3 月 3 日）作為驅除災厄、春遊踏青的節日。上巳節又稱為「三日節」或「三月節」。唐宋時期清明節僅是寒食節的一部分，至元代以後寒食節風俗逐漸消退，清明節逐漸流行。在明代以後因清明節與上巳節的日子相當接近，這二個節日又逐漸結合一起成掃墓與踏青的新形態，且掃墓的日子則未必是在清明（陽曆 4 月 4 日或 5 日）當天，而是依各地習俗安排在前後一些日子均可以。譬如，台灣早期有些人是以三日節為

掃墓節。有些地區，譬如高雄岡山，也會於過年初二去探墓厝
(thàm bōng-chhù)。

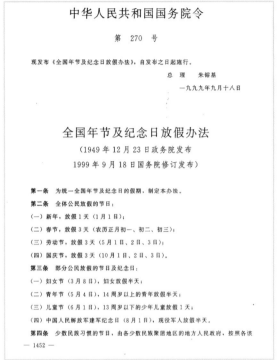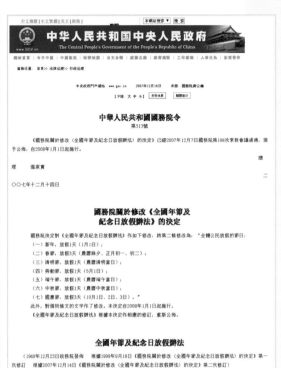

左・右／ 中華人民共和國國務院於 1999 年公布的全國年節及紀念日放假辦法。
（圖片來源：作者擷取自中國政府官網）

　　中華民國建立以後，北洋政府於 1915 年接受孫文的建議
將清明列為掃墓節。1935 年，面對日軍侵華威脅下的國民黨
政府宣布為提高民族意識、尊崇炎黃祖先，訂每年清明日為民族
掃墓節。國民黨政府於二戰後統治台灣期間，為加強中華文化
意識教育，於 1972 年再將清明節提升為國定假日。國民黨萬
年總裁蔣介石於 1975 年 4 月 5 日去世後，國民黨政府又刻意把
清明節訂為「先總統蔣公逝世紀念日」。這個「先總統蔣公逝
世紀念日」被沿用到 2007 年才被當時執政的陳水扁政府取消，
恢復單純的清明掃墓節。當時的中華人民共和國因擔心陳水扁
將國定假期去中國化，急忙於該年 12 月 7 日由國務院通過新增
清明節、端午節及中秋節為中國全體公民放假的節日（詳細請
對比 1999 年及 2007 年中華人民共和國國務院令之差異）。中國
的用意就是要讓中國和台灣有同樣的民俗國定假日，以便進行
文化一中的統戰宣傳。

　　國共兩黨期待透過清明節掃墓灌輸兩岸同屬中國人觀念的伎倆早就被越南人識破。古代的越南人因受古代中國影響曾有清明節及上巳節的風俗。然而，如筆者曾經說過，越南文化的特色之一就是將外來文化吸收消化後轉換成具本土色彩的文化（請參閱「是什麼文化基因讓越南能夠抵禦中國霸權二千年？」）。為凸顯越南的特色，歷代越南人逐漸調整清明節及上巳節習俗的內容，並另外發展出於過農曆年前祭祖掃墓的風俗。

　　相較於中國，當代越南人不僅沒有將清明節及上巳節列為國定假日，且清明節及上巳節色彩越來越淡，越來越少越南人知道這個風俗。譬如，知名的越南學者陳玉添教授在其名著《探索越南文化本色》裡面就沒有把清明節及上巳節列入越南特色。在當代越南，仍會過清明節或上巳節的人通常是華人及其後代。越南主要民族京族人的民間掃墓習俗則是於農曆 12 月 23 日送灶神之後至過年除夕間擇日去祭拜祖先。越南的天主教徒則會於大年初二舉行祭祖禮拜。越南各地的掃墓習俗因歷史文化背景不同也有異。譬如，在越南北部有於上巳節吃湯圓的風俗。

／ 越南的天主教徒於大年初二舉行祭祖禮拜。

越南西南部因有較多華裔後代，因此其掃墓與踏青結合，祭完祖先會在墓前與家人一起用餐。越南北部富壽省有於農曆 3 月 10 日雄王忌日舉行祭拜越南祖先起源之雄王祭典習俗。雄王祭典於 2007 年被越南政府列為正式國定假日，並於 2012 年獲得聯合國教科文組織公認列入人類代表非物質文化遺產名錄。此外，各地「扶董天王廟」(đền Phù Đổng) 及「朔廟」(đền Sóc) 也會於農曆 4 月 7 日至 9 日舉辦扶董天王節以感念他驅除來自古代中國的敵人。扶董天王是指越南傳說中的神童「Gióng」，他年僅三歲，但食量非常大。有一天，來自北方中國的敵人入侵文郎國。雄王正在思考退敵策略時，Gióng 自告奮勇，並突然變成高大的勇士帶領族人擊退敵人（請參閱蔣為文編《越南文化：從紅河到九龍江流域》，五南出版）。

由此可見，東亞地區的清明節及上巳節因各地民情不同而有所消長與改變。在越南，清明節及上巳節逐漸由扶董天王節及雄王祭典取代，民間的大規模掃墓則於送灶神後至過年前這段期間進行。台灣不妨參考越南的作法，民族掃墓節或許可以改至陽曆 2 月 28 日結合二二八紀念日以緬懷那些為台灣犧牲的先賢。清明節則單純成為推廣國民踏青旅遊的春天假期。如此，放假天數不變，但意義深遠，更符合台灣歷史文化特色。

／胡志明市的扶董天王雕像。

上／越南富壽省雄王基廟。
下／越南富壽省雄王基廟祭典盛況。

• 蔣為文（主編譯）・陳玉添原著 2019《探索越南文化本色》台南：亞細亞國際傳播社。
• 蔣為文（編）2019《越南文化：從紅河到九龍江流域》台北：五南圖書。

媽祖竟然也渡海過越南

／ 會安福建會館的媽祖神像。

　　農曆 3 月 23 日是媽祖的生日。在農曆三月這段期間會有不少關於媽祖的進香、繞境或慶祝活動。媽祖可算是台灣最受歡迎的神明之一。其實，媽祖信仰不僅存在於台灣，在東亞及東南亞一帶均可發現其蹤跡。譬如在越南，媽祖信仰仍普遍存在於中南部。由此可見，媽祖可說是不分國籍、不分種族的國際海神。她最重要的特色之一是幫助苦難的人渡海移民到新天地並落地生根。

　　媽祖信仰傳播到越南與大明國商人到會安做貿易有關。其實，不僅是媽祖，其他的神明譬如關公、玄天上帝等任何有助於安撫新移民心靈的民間信仰都隨著唐山移民越南而傳播到越南。

　　會安是 15~19 世紀時東南亞重要的國際貿易港口之一。當時，在會安從事貿易的商人包含來自葡萄牙、大明國、日本、台灣、荷蘭等地。明人多數乘冬季東北季風南下到會安，再利用夏季吹西南季風時回國。因此明人也被當地越南人稱為「người Tàu」（越南喃字寫為「人艚」），意指「坐船來

的人」。這一用詞一直沿用至今，在當今越南語口語裡 người Tàu 意指中國人。

　　早期會安的大明商人聚集的地方稱為「大明客」，後來也稱「大唐街」，均屬於臨時性之僑居地。當大明國亡國之後，越來越多的明人為避戰亂或因不願臣服滿清而遷徙到會安。當時越南剛好分裂為南北二個政權。阮主的廣南國離滿清較遠，較無清軍入侵的壓力。因此阮主採取歡迎的態度，以期利用明人的資源以對抗北方的鄭主政權及促進越南南疆之開拓。

／ 越南會安的福建會館外貌。

　　無論是從事貿易或躲避戰亂，當時到會安的明人或唐人主要都經由海運抵達。由於當時的船隻較小且海上風浪大，身為海神形象的媽祖逐漸就成為船員祈求平安上岸的最佳選擇。台語諺語講：「唐山過台灣，心肝結規丸」(Tn̂g-soaⁿ kòe Tâi-oân, sim-koaⁿ kiat kui oân)。這句話說明當初唐人渡過黑水溝來到台灣的危險。這句話同樣可適用在渡海到越南的海上風險。

大約 17 世紀末，鄭成功的舊屬龍門總兵「楊彥迪」(Dương Ngạn Địch)、高雷廉總兵「陳上川」(Trần Thượng Xuyên) 等人率兵三千餘人投靠當時越南的阮氏政權。阮主收留這些人後令他們協助越南開拓南部疆域。這些人於是夥同越南軍隊開拓出當今的同奈、平陽、西貢及西南部大塊版圖。這些明鄭士兵多數與當地越南人通婚，其後代俗稱「明鄉人」(người Minh Hương)。

隨著明鄉人在越南中部及南部的落地生根，媽祖與關公信仰也逐漸在當地發展起來。在法國殖民統治越南期間，法國以西貢(今改名為胡志明市)為經濟貿易中心，並給予華僑經商特權以便吸引華人到越南從事貿易。因此陸續有不少華人移民到越南經商。這些人都成為媽祖的虔誠信仰者。隨著媽祖信仰在越南的普及，不少越南人特別是中部及南部的生意人也隨著華人祭拜媽祖，因為他們相信媽祖會保佑他們平安賺大錢。當今的越南人普遍稱媽祖為「天后」(Bà Thiên Hậu)。

越南的媽祖廟通常依附在明鄉人及華人的會館而成立。各時期從中國移民到越南的明人／清人／華人均會建立或依既有的「會館」為活動中心。這些會館通常會祭祀神明或祖先，且為重要的社群網絡聯繫中心。這些會館可分為二大類：第一類為明鄉人主導的俗稱明鄉會館的會館。第二類為華人主導的五幫會館。

上／霞漳會館亦稱天后媽祖廟。
下／霞漳會館的媽祖神像。

這些會館依照原屬族群（幫）籍貫而劃分地盤，譬如，福建會館、廣肇會館（廣東幫）、潮州會館、瓊府會館（海南幫）及客家會館等。即使來自同一省分，也會依語言/城市差細分地盤。譬如胡志明市的「霞漳會館」（漳州）及「溫陵會館」（泉州）等。由於明鄉人已越南化為越南人，因此當今明鄉會館多數已不具備傳統功能。但華人的會館則仍多數維持原有功能且香火鼎盛。

／胡志明市溫陵會館的媽祖神像。

我們以會安古城的福建會館為例說明。該會館位於陳富路46號，是目前會安地區佔地最廣、建築最輝煌與香火最鼎盛的媽祖廟。福建會館最初為約1690年代興建的草廟（當時稱金山寺），主要供奉媽祖。後來於1757年由福建幫出資改建為瓦廟（新稱為「閩商會館」），於1849年再增建後殿供奉六姓王爺公，最後於1895年動工至1900年完工才有今日的規模。福建會館主殿奉祀「媽祖」，後殿則供奉「六姓王爺公」、「金花娘娘」與「財神爺」。六姓王爺公是當初反清復明的六位將軍。後殿的六姓王爺公神像分別用漢字寫著「欽王爺」、「張王爺」、「舜王爺」、「朱王爺」、「十三王爺」及「黃王爺」等六位王爺。該館每年農曆2月16日祭拜六姓王爺，

2 月 1 日拜金花娘娘及 3 月 23 日媽祖生為全館三大活動，其中祭拜六姓王爺為最熱鬧、人數最多的活動。雖然福建會館目前為華人管理的會館，但仍有許多當地的越南人來此祭拜以求子或求財。

　　越南的媽祖信仰有很明顯的特色是在地化與自主化。早期唐山的媽祖為「出海媽祖」，主要是漁民的信仰海神。如今越南媽祖和台灣媽祖一樣，不只是漁民，而是在地化成所有行業的人都會祭拜的「過海媽祖」。但仍有一點差異，就是越南媽祖沒有回祖廟刈香 (koah-hiuⁿ) 謁祖的習慣。台灣的媽祖習慣回祖廟刈香分靈，甚至有一段時間竟爭相去福建媚洲島進香，實在諷刺。相形之下，越南媽祖強調自主化與無階級差別，各個媽祖廟都是自己的祖廟，各自成為各地方的保護神。這樣的思維與做法實值得台灣參考！

左／越南的華人廟宇的香柱尺寸特別大。
右／來自國內外的香客均會添油香。

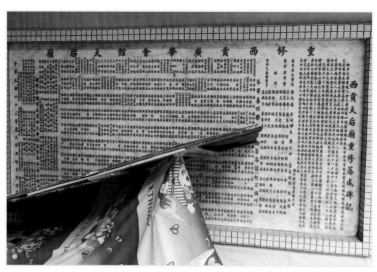

／西貢廣肇會館天后廟重修落成碑記。

延伸
閱讀

● 蔣為文（編）2019《越南文化：從紅河到九龍江流域》台北：五南圖書。
● 劉金華、潘安、何增、陳大新 2015《越南南部華人文化概要》胡志明市：文化文藝出
版社。

我在越南看見鄭南榕的身影

／ 美聯社記者 Malcolm Browne 拍攝的釋廣德自焚現場。（圖片來源：Wikipedia）

　　屬於外省人第二代的「鄭南榕」為捍衛台灣人有主張台灣
獨立的言論自由，他選擇於 1989 年 4 月 7 日當「侯友宜」帶
隊攻堅《自由時代周刊》雜誌社時，點燃汽油桶以自焚殉道方
式堅持他的理念。之後，5 月 19 日在鄭南榕的出殯隊伍行經
總督府前，另一位建國烈士「詹益樺」披著「生為台灣人、死
為台灣魂」的布條，突然以預藏的汽油淋在身上，追隨鄭南榕
以自焚殉道方式向中華民國獨裁統治當局表達嚴厲的抗議。

　　沒想到這樣的情景也曾在越南出現！那是 1960 年代南
北越分裂時期的「釋廣德」和尚 (Hòa thượng Thích Quảng
Đức) 及其追隨者。

　　公元 1963 年 6 月 11 日，釋廣德和尚搭乘一輛車牌為
DBA-599「奧斯汀」(Austin) 轎車，在大約 350 位僧人的保護

與追隨下來到西貢（胡志明市舊稱）的原「潘廷逢」大道 (đại lộ Phan Đình Phùng) 和「黎文悅」路 (phố Lê Văn Duyệt) 交叉路口的柬埔寨大使館前聚集。示威隊伍人人手持英語和越語標語，譴責當時南越的「吳廷琰」(Ngô Đình Diệm) 政權實施迫害佛教徒政策，並訴求言論自由與宗教平等的權利。

　　釋廣德和尚下車後走到路中央後以佛教盤腿打坐方式就定位。他的助手隨即把五加侖的汽油淋到釋廣德身上。釋廣德很平靜地轉著佛珠並口唸南無阿彌陀佛。瞬間，大火燒起，把他的袈裟和肉體吞噬並冒出濃煙。釋廣德就在眾多僧侶及軍警眼前為理念而殉道。

／釋廣德自焚前搭乘的座車收藏在順化天佬寺。

　　釋廣德自焚現場剛好有紐約時報記者 David Halberstam 及美聯社攝影記者 Malcolm Browne 二人親眼目睹。David Halberstam 在他的報導裡作證：「在大火燃燒過程當中，釋廣德異常的平靜，肉體一動也不動，也沒有半點哀痛的叫聲，和周遭哀嚎吵雜的民眾形成強烈對比」。此外，Malcolm Browne 也用他的相機記錄了這瞬間的、震撼全世界

的一幕。該照片後來獲選世界新聞攝影比賽 (World Press Photo) 得獎作品。釋廣德自焚事件最後成了壓垮吳廷琰政權的最後一根稻草。

　　越南於 1954 年奠邊府戰役大勝法國軍隊後，迫使法國政府同意撤出中南半島。依據 1954 年 7 月 21 日簽署的「幾內瓦協議」(Geneva Accords) 內容，越南以北緯 17 度為界一分為二。北部由胡志明領導的越南民主共和國統治，南部則稍後由美國背後支持的吳廷琰成立的越南共和國統治。

／天佬寺對釋廣德座車的介紹。

　　吳廷琰出生於越南中部廣平省的天主教家庭。由於他是天主教徒且反共，相較北越較易受西方國家的支持。當吳廷琰獲得以美國為首的西方國家支持後，他便如蔣介石政權統治台灣那樣，有恃無恐地實施獨裁統治。他的政權不僅貪汙腐敗，更實施獨尊天主教、迫害佛教的政策。譬如，1963 年 5 月 8 日佛誕日當天，在順化有 9 名平民因抗議吳廷琰禁止佛教公開懸掛佛教旗幟而被軍隊槍殺。在越南，佛教徒約佔當時社會八成左右人口，天主教徒則僅不到一成。吳廷琰的獨尊天主教政策當然導致許多越南佛教徒的不滿。

　　釋廣德和尚選擇自焚殉道後，西方國家媒體大幅報導並檢討吳廷琰政權存在的必要性。吳廷琰的弟媳「陳麗春」(Trần Lệ Xuân) 竟無人性地公開嘲笑稱「我若再看到燒烤和尚的戲劇我會拍手叫好。他們若沒有汽油，我可以提供。」不僅如此，吳廷琰政權也公開汙衊釋廣德是因吸毒才會自殺。這種奧步在中國國民黨獨裁統治台灣時期好像也不少見吧！

　　台語諺語說：「人 teh 做，天 teh 看」(Lâng teh chò, thiⁿ teh khòaⁿ)，「惡馬惡人騎」(Ok-bé ok-lâng khiâ)。再怎麼獨裁的吳廷琰也難逃政變之災。釋廣德自焚那一年的 11 月 2 日，美國默許南越將領楊文明 (Dương Văn Minh) 帶頭發動軍事政變，並槍殺了吳廷琰，結束他爭議的一生。

　　釋廣德出生於越南中南部的慶和省萬寧縣的農村家庭。他於 7 歲時追隨佛學大師「釋弘深」(Hòa thượng Thích Hoằng Thâm) 研習佛教，20 歲時正式受戒。他曾到柬埔寨學習上座部佛經二年，並在越南中部及南部傳教與興建多所佛教寺院。當初他自焚前搭乘的座車目前收藏在順化知名的天佬寺 (Chùa Thiên Mụ，或稱靈佬寺 chùa Linh Mụ)。該處已成國內外遊客來順化參觀的著名旅遊景點。

／順化天佬寺景觀。

蛤!?
五四運動是受越南及台灣啟發

／越南東京義塾的羅馬字教科書。

　　中國於 1919 年 5 月 4 日爆發了「外抗強權、內除國賊」的
五四運動。五四運動包含了政治和文化二層次議題。有人主張
五四運動源自陳獨秀、魯迅或胡適等人的新文化運動主張。事
實上，就時間點來看，中國的五四運動遠遠落後於越南及台灣
的新文化運動。或許我們可以說，中國的五四運動其實是受越南
及台灣的間接影響才得到啟發。

　　有不少歷史學者把新文化運動起源標記在 1915 年陳獨秀創
辦《青年雜誌》。也有人歸功於胡適的〈文學改良芻議〉（1917）

或魯迅的白話小說〈狂人日記〉(1918)。事實上，不論誰先點起新文化運動的一把火，在時間點上都比越南或台灣還晚。

越南的知識份子早於 1907 年就在河內創辦了推廣新文化運動的團體「東京義塾」(Đông Kinh Nghĩa Thục)。「東京義塾」的主要成員是一些留學日本的越南知識份子。他們有感於日本慶應義塾對日本新文化運動的影響，故設立東京義塾來傳授西方思想以及科學新知等。他們認定若要達成啟發民智的目的，就須從教導羅馬字、普及國民教育開始。所以「東京義塾」的第一要務就是普及以越南羅馬字書寫的白話文。他們要透過羅馬字來教育民眾、讓大眾有知識能對抗法國殖民統治。「東京義塾」雖然成立不到一年就被法國殖民者強迫關門，但他們的主張卻在知識份子之中普遍得到認同及支持。

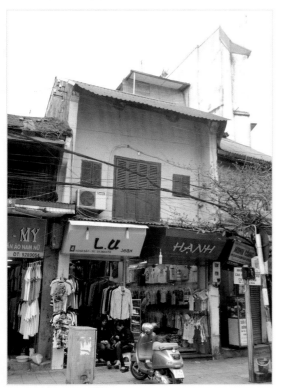

東京義塾成員主張推廣的越南羅馬字就是源自 17 世紀西方傳教士傳入越南的羅馬字。在彙整眾多傳教士的成果下，法國籍傳教士「得路」(法文名是 Alexandre de Rhodes) 在 1651 年出版了第一本越南羅馬字辭典《越南、葡萄牙、拉丁語 3 語對照辭典》(Dictionarium Annamaticum, Lusitanum et Latinum)。經過多年發展後，越南於 1865 年發行第一份的羅馬字報紙《嘉定報》(Gia Định Báo 1865-1910)。嘉定報就如同台灣於 1885 年出版的第一份羅馬字報紙《Tâi-oân-hú-siaⁿ Kàu-hōe-pò》(台灣府城教會報) 一樣，有帶頭普及羅馬字白話文之貢獻。

／ 越南東京義塾的原址已改為服裝店。

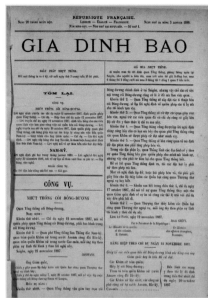

左／越南《嘉定報》的封面。
右／位於西貢美術館內的張永記雕像。
下／台灣羅馬字協會成員前往位於西貢的張永記紀念堂弔念。

　　《嘉定報》的主編為「張永記」(Trương
Vĩnh Ký 1837-1898)。張永記也稱為「Pétrus
Ký」，他出生在越南南部「永隆省」一個天
主教家庭。他很有語言天份，不但懂得越南
羅馬字和法文，也曉得漢文、字喃、拉丁文、
希臘文、英文、日文和印度文等共計 27 種
語言。他不僅做過《嘉定報》主編，又出版
超過一百本的書。由於張永記學識淵博，故於
公元 1874 年榮獲法國推薦入選為世界十八
文豪當中的第十七位（唯一入選的亞洲人）。
之後，張永記於 1883 年又榮獲法國科學院
院士頭銜。張永記的成就不僅在越南國內獲
肯定，也獲得當代國際上的認可，譬如大英
百科全書 (Encyclopaedia Britannica) 就有
介紹張永記。

　　台灣的白話文運動和越南一樣，源自
傳教士，且遠早於中國五四運動之前。英國長老

教會的醫療宣教師「馬雅各」(James L. Maxwell 1836-1921) 來到台灣並於 1865 年正式在台南設教堂傳教。在一次偶然的機會裡「馬雅各」發現西拉雅族曾使用羅馬字書寫新港文書的歷史。他因而啟發靈感，深信羅馬字對於推動信徒閱讀聖經有極大的幫助。因此他將羅馬字引進到台灣並開始翻譯羅馬字聖經。繼馬雅各之後，馬偕牧師 (Rev. George Leslie Mackay 1844-1901)、甘為霖牧師 (Rev. William Campbell 1841-1921) 及巴克禮牧師 (Rev. Thomas Barclay 1849-1935) 等相繼投入羅馬字白話文 (俗稱「白話字」 Pe̍h-ōe-jī) 的推動，終於使得白話字在台灣落地生根並逐漸壯大。

馬偕將其學習台語的筆記整理成《中西字典》 (Chinese Romanized Dictionary of the Formosan Vernacular)，該字典於 1874 年完成編輯，1891 年委由上海美華書館印刷出版。這是第一部傳教士以台灣話為標準所出版的字典。甘為霖在台南本地人林錦生、陳大鑼的協助下編撰白話字工具書《廈門音新字典》(簡稱「甘字典」)。該字典於 1913 年出版，是台灣教會公報社第一本發行的白話字字典，也是台灣目前最普遍流傳使用的白話字字典。該字典於 2009 年時重新編印並正名為《甘為霖台語字典》。

白話字之所以能在台灣被普遍使用並對台灣白話文學及新文化運動造成巨大的影響，其中的大功臣之一就是巴克禮牧師。他於 1875 來到台灣傳教，1935 年在台南逝世，總共在台灣貢獻了 60 年歲月。巴克禮牧師引進印刷術、印刷機，創立印刷所「聚珍堂」 (1884 年創立」)，開辦第一份白話字報紙《台灣府城教會報》，設立教育機構「台南神學院」，重新翻譯新、舊約聖經，編印《廈英大辭典增補》等。

左／《台灣府城教會報》(1885 年) 第一期封面。
右／ 全台第一家出版社及印刷所「聚珍堂」原貌。（圖片來源：台灣教會公報社提供）

　　我們如果翻開《台灣府城教會報》，就會發現在五四運動
以前已經有很多以台語白話字書寫的現代小說。譬如，1886 年
1 月《台灣府城教會報》第 7 期有一篇小說名為〈Jit-pún ê koài-
sū〉（日本的怪事），內容主要是講一個貪心的旅館老闆被一個
佯裝作老狐仙的客人騙錢的故事。這篇小說比魯迅的白話小說
〈狂人日記〉或胡適的〈文學改良芻議〉早了三十多年！

 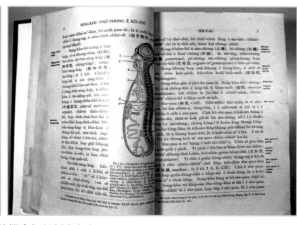

左／ 台語白話字小說〈日本的怪事〉(1886 年)。
右／ 戴仁壽醫生編寫的台語醫學教材《內外科看護學》(1917 年)。

　　除了傳教士的貢獻之外，當然也有台灣人後繼的推動，譬如林茂生、蔡培火、鄭溪泮、賴仁聲、王育德等。為了感念這些前人的貢獻，鄭兒玉牧師於生前號召台灣羅馬字協會、台灣教會公報社、長榮中學、台南神學院等單位於 2013 年 5 月共同辦理第一屆台灣羅馬字文化節，之後每年 5 月份都在台南舉行，計有文史導覽、白話字文史比賽、查台語詞典比賽等活動，現場還可體驗操作全台第一台印刷機。有興趣的讀者可上台灣羅馬字協會官網查詢 < http://www.tlh.org.tw/ > 。

左／ 國立台灣文學館出版的《台語白話字文學選集》(2011 年)。
右／ 台灣羅馬字文化節在教會公報社，可以現場體驗操作古老印刷機。

- Chiung, Wi-vun. 2020. TAIWAN AND VIETNAM: LANGUAGE, LITERACY AND NATIONALISM. Tainan: Center for Vietnamese Studies NCKU.
- 蔣為文 2017《越南魂：語言、文字與反霸權》台南：亞細亞國際傳播社。
- 蔣為文、周定邦、楊蕙如 (編) 2016《探索台語白話字的故事》台南：台灣羅馬字協會、國立台灣文學館。
- 蔣為文 2014《喙講台語 · 手寫台文》台南：亞細亞國際傳播社。
- 蔣為文 2011 總編輯《台語白話字文學選集》(一套五冊) 台南：國立台灣文學館。

延伸閱讀

越南各大學最熱門的學系
竟是這個系

／國立河內大學越南學系與國立成功大學越南研究中心簽約合作。

　　越南自 1986 年實施改革開放以來逐漸吸引外資到越南投資。隨著外商到越南投資數量增多，也造就了越南各大學的一些熱門科系的崛起。其中，人文類別熱門的科系之一就是「越南學系」(Khoa Việt Nam Học)！

　　越南學系大致都在 2000 年左右相繼在越南各大學成立。在那之前，各大學負責對外國人教越南語的單位主要是越南語中心。由於外國人學越南語的需求越來越多，因此各大學紛紛正式成立越南學系來招生。越南學系主要招收對象有兩大類：第一是想到越南工作的外國人。第二是想從事對外越南語教學的越南本國人。在各大名校的越南學系裡，外籍生通常比本國生還多。由於外籍生多，且收外籍生都以國際標準收學費（每年約 6 萬台幣），因此越南學系的財源收入遠高於他系，成了最夯最賺錢的學系。

　　目前，越南最老牌、最有名、最多學生的越南學系來自三個學校。分別是河內國家大學所屬社會人文大學 (Trường Đại

Học Khoa Học Xã Hội và Nhân Văn – Đại Học Quốc Gia Hà Nội)、國立河內大學 (Trường Đại Học Hà Nội) 與胡志明市國家大學所屬社會人文大學 (Trường Đại Học Khoa Học Xã Hội và Nhân Văn – Đại Học Quốc Gia TPHCM)。這幾個名校的越南學系的外國學生比越南本國生還多。其中，胡志明市國家大學所屬社會人文大學越南學系幾乎全是外籍生，且韓國籍學生佔大多數。北部的河內大學及河內國家大學越南學系也是外籍生過半，主要有韓國、中國及日本學生。很可惜，台灣學生人數在越南學系卻寥寥無幾。

這是什麼原因呢？筆者認為是受到中華民國黨國時期國語政策的影響，造成台灣人持有獨尊華語 (中國北京話) 的單一語言文化思想餘毒。獨尊華語的思想不僅謀殺了台灣本土語言，也造成台灣人誤以為只要懂華語或英語就可以走遍世界。結果台商就在越南踢到鐵板了！台商在越南的勢力與影響力原本佔前三名，遠勝於韓國企業。公元 2000 年之後，韓國企業急起直追，如今韓國已遠超越台灣成為越南的第一大外資投資國及最有影響力的外商。

／ 胡志明市國家大學所屬社會人文大學越南學系有許多韓國籍學生。

韓國成功的關鍵之一是他們鼓勵韓國年輕人先到越南學系就讀四年後再進入當地的韓國企業服務。由於韓籍員工懂越南語言及文化，因此能夠有效掌握

越南消費者的消費心理。相形之下，許多台商卻仍依靠越南籍員工的語言翻譯。誰勝誰負，一看就知道！

越南學系究竟在學什麼呢？他們的課程依學生對象分為二類。外籍生的部分，必修越南語及越南歷史、文化、地理、文學等科目。在越南學系，越南語不是僅修幾個學分而已，而是列為畢業的門檻！通常要具備高級 (C1) 以上才能畢業。而且上課都是全程用越南語授課。如此四年訓練下來，幾乎每個越南學系的外籍生都能說得一口流利的越南語。在本國籍學生的部分，由於越南人都已具備越南語能力，因此課程訓練的重點在培訓學生能夠對外國人教導越南語及介紹越南社會文化。研究所課程則以培訓越南研究人才為主。越南人因為有國家，有主體性，因此很清楚越南學系的發展目標，因而成為熱門的學系。相形之下，台灣也大致在 2000 年左右陸續成立了台灣文學相關系、所。可惜，因國家認同與定位不清，台文系的發展也受到拖累，導致已有幾所學校的台文系所停招。台語諺語講：「欲好，龜爬壁；欲敗，水崩山」(Beh hó, ku peh piah; beh pāi, chúi pang-soaⁿ)。越南學系的發展模式實值得台文系參考！

／ 河內國家大學所屬社會人文大學越南學系辦理新春晚會。

越南學系的外籍生如何鑑定他們的越南語能力是否符合畢業門檻呢？通常越南學系會自行辦理越南語認證考試。目前，越南並無統一的越南語認證制度。越南教育部於 2015 年 9 月 1 日 (Số: 17/2015/TTBGDĐT) 針對越南語能力公布其分級標準，共分為三階六級 (3 cấp 6 bậc)。各校只要依照此標準去辦理越南語認證均視為有效。目前，在越南，以上述三所大學的越南

學系辦理的越南語認證最多人報考。越南之外，台灣是第一個在越南境外辦理越南語認證的國家。台灣的「國際越南語認證」(iVPT) 是由國立成功大學越南研究中心研發，與社團法人台越文化協會共同辦理。由於國立成功大學越南研究中心與上述三所大學的越南學系均有簽約合作及相互承認證書，所以「國際越南語認證」算是台灣自有品牌、國際認可的越南語認證制度。其辦理時間每年分為春秋兩季，於全國北中南同步舉行。除了有台灣考場之外，日本也採用國際越南語認證並在大阪及東京設考場。有興趣者，可詳閱國際越南語認證官網 < http://cvs.twl.ncku.edu.tw/ivpt >。

左／胡志明市國家大學所屬社會人文大學越南學系與國立成功大學越南研究中心相互承認證書。
右／河內國家大學所屬社會人文大學越南學系與國立成功大學越南研究中心簽約合作。
下／哈佛大學越南學程吳主任與成大越南研究中心蔣主任合影。

蛤 !? 端午節是源自越南

／ 雄王祭典活動現場示範包方形粽子。

很多人都以為端午節源自中國，其實端午節最早源自南方的百越民族。而越南則是目前僅存具有獨立國家地位的百越民族後代，因此可說越南是端午節的原始起源國也不過分。

古代中國是起源自北方黃河流域的華夏民族。當華夏民族接觸到南方的百越民族後，將南方的端午節民俗傳到北方，華夏民族才開始有端午節的習俗。在後來的歷史發展中，華夏民族逐漸往南方征戰並消滅或同化百越各民族。由於大多數的百越民族已被消滅或同化，因而失去端午節的解釋權。又由於北方來的華夏民族已佔據大多數百越民族原有的區域，故讓當代中國人誤以為端午節源自中國本身。幸好，具百越觀點的端午節源頭仍留存在當今的越南。

越南胡志明市國家大學文化學系的陳玉添教授在其知名的著作《探索越南文化本色》裡就談到這樣的百越觀點（原著越文版於 1996 年出版，即將於今年 9 月由成大越南研究中心策畫在台灣出版中譯本）。陳玉添教授在書裡寫道「五月五日節，叫做

端午節。許多人誤解這個節日來自中國,其實,這是南方百越人的節日。」

陳玉添教授解釋,南方這個地方比較熱,這個節日是為了紀念一年中最熱中點的時間。古時候越南語中的 tháng Một(字面上為「一」月)是指陰曆的十一月,因為那時把十一月當作年初。每一個月都以初二作為月初的日子,叫做「tháng lui, ngày tiến」(退月、進日)。只有以十一月開始的此種曆法,五月五號的端午節才有正確的意義,亦即年份正中的一天(最熱的日子)。就因為這個時間天氣最熱,容易造成病疫蔓延,越南人還把五月五日節叫為殺蟲節。在五月五日這一天,越南人早上吃糯米酒及酸果以便將身上的寄身蟲殺死。此外,這一天越南人還用藥葉塗上指甲來保護及美化指甲,並且在端午正午陽氣極盛時去摘藥葉,然後把藥葉曬乾做未來一年用的藥。

當代越南人過端午節的氣氛越來越淡,不像台灣或中國。南部華人則尚維持中國式的端午節習俗。因越南華人僅占全國人口的 1%,該習俗對越南全國而言影響有限。

事實上,各地對端午節的傳說與是否吃粽子、划龍舟的習慣並不一樣。端午節吃粽子只是當代中國人的習俗而已。把端午節當作詩人節,更只是 1939 年重慶文藝界抗敵協會議定以該日紀念屈原(依據教育部國語辭典之解釋),擬藉此來提升中國人民的愛國意識而已。不少人把屈原和中國民族主義連結在一起其實都是一種扭曲歷史事實的當代想像而已。屈原是楚國人,他主張楚國獨立並拒絕秦國的吞併。屈原是拒絕被大一統的人,怎麼會成為統一中華民族的代言人呢?

在越南，端午節並不習慣吃粽子。粽子反而是越南人過農曆年的特色料理，且源自雄王的傳說。

雄王為越南傳說中的先祖。某天，雄王召集他的全部兒子表明誰能在年底前帶回珍奇寶物以攏絡雄王的心，就將王位傳給他。於是他的兒子就四處奔跑找尋寶物。結果，最後雄王挑選了第十八位兒子帶回的珍寶—象徵天圓地方的粽子。原來，雄王的第十八兒子用糯米及芭蕉葉做成方形和圓形的二種粽子。圓形象徵天，方形象徵地，表示天地養育萬眾，子女以此粽子回報父母之恩。雄王非常高興，於是就將王位傳給有智慧的第十八位王子。

越南在農曆過年（正月初一）時仍然保留吃粽子的習俗。北部人習慣吃方形的粽子（越南語稱為 Bánh chưng），南部人習慣吃圓柱形的粽子（南部稱為 Bánh tét）。越南的傳統粽子通常尺寸較台灣粽大，且內餡以肥豬肉及豆沙為主，須放在水裡悶煮十幾個小時才完成。傳統上，方形粽只有鹹的口味。圓柱形粽則有鹹與甜二種，甜口味內餡包香蕉。越南粽因為尺寸比較大，通常會切細後才食用。而越南人通常不用刀子而是用細線來切粽子。

左／越南北部傳統方形粽子。
右／越南南部傳統圓柱形粽子。

　　此外，因受當代西貢華人飲食影響，南部的越南人也有類似台灣粽三角外形的粽子，越南語稱為 Bánh ú。但 Bánh ú 是用芭蕉葉而非竹葉來包。Bánh ú 依口味分為鹹與甜二種。此外，越南南部也有類似台灣的甜粽（正確講應該是鹹粽 kiⁿ-chàng），稱為 Bánh ú lá tro。越南甜粽也是用竹葉包裹，分為二種，第一種和台灣甜粽差不多，粽子本身沒甜味，需沾糖漿或蜂蜜一起食用。第二種則本身具有甜味且內餡為綠豆沙。各位讀者到越南時不妨嘗嘗越式粽子和台式粽子的差異。

／ 越南南部的甜粽。

延伸閱讀　● 蔣為文（主編譯）、陳玉添原著 2019《探索越南文化本色》台南：亞細亞國際傳播社。

越南竟靠這個帶動國際觀光

／ 搭船遊下龍灣。

　　到越南旅遊的國際旅客近年來持續大幅增長，自 2000 年的每年 200 萬國際遊客增長至 2017 年的 1300 萬國際遊客。國際觀光客大幅增長的主因之一就是靠世界遺產的國際知名度帶動國外遊客到越南旅遊。

　　越南自改革開放以來積極參與向聯合國教科文組織 (UNESCO) 申請登錄世界遺產 (World Heritage)。目前，截至 2017 年底止，越南已經成功登錄 8 個世界遺產，12 個「非物質文化遺產」(intangible cultural heritage)。

　　越南的世界遺產包含「下龍灣」及「峰牙己榜」二處天然景觀遺產，「順化古城」、「會安古城」、「美山聖地」、「升龍古皇城」與「胡朝古城」等五處文化遺產，及「長安名勝古蹟」一處綜合型遺產。已登錄的非物質文化遺產包含「順化宮廷雅樂」、「西原鑼鉦文化」、「北寧官賀民謠」、「歌籌音樂」、「扶董天王廟會」、「富壽省的迎春曲」、「雄王祭祀信仰」、「南部才子月琴唸歌」、「義安及河靜省對唱民歌」、

「拔河遊戲和儀式」、「三府母神信仰」及「中部發牌唱曲藝術」。

越南的世界遺產及非物質文化遺產有幾點特色：第一，凸顯越南民族的歷史文化與精神。第二，反映越南各地方的風俗民情。第三，包容越南少數民族的歷史文化。茲分別簡介如下：

下龍灣 (Vịnh Hạ Long) 位於越南東北部廣寧省的海域，分布著約二千座石灰岩島嶼。這些島嶼分散在廣大海域當中甚為壯觀。由於這些島嶼均為石灰岩成分，因此不少島嶼裡面均有天然的鐘乳石洞。下龍灣於 1994 年被 UNESCO 列為世界遺產，為越南第一個世界級自然遺產。許多國際觀光客到下龍灣後選擇搭船欣賞美景，也可在船上過夜或從事水上活動。越南廣寧省當代名詩人陳潤明有首詩「你是否回下龍」如下：

你願意跟我回下龍
見證海枯石爛的愛情
當海面中央冒出鴛鴦石
樹木相依在月光下纏綿
怕錯過愛，找不回對象
山緊抱雲彩，寒風無法拆開

我留給你一點憂愁的秋色
當寒霜滴落在白檀葉上
你已遇見我，雖然我已消散於藍天
如下龍灣在陽光下之美
如山在雨中的沉醉
你比以前更加年輕、美麗
我還在你身邊，你怎能知道

你的嘴唇突然感到模糊地濕潤
你的衣衫在風停後輕輕飄動
覺得溫柔和暖意緊握在手心

峰牙己榜 (Vườn quốc gia Phong Nha-Kẻ Bàng) 是位於越南中北部的國家自然風景區，也是越南第二個世界級自然遺產，於 2003 年獲 UNESCO 公認。該風景區為岩溶地形，具有不少珍貴的陸上鐘乳石洞穴。

順化古城 (Quần thể di tích Cố đô Huế) 位於越南中部，為越南第一個世界級文化遺產，於 1993 年榮獲 UNESCO 承認。順化為越南最後一個封建王朝阮朝的首都所在地。目前留下珍貴的越南阮朝皇城、皇陵及歷史建築物群。

會安古城 (Phố cổ Hội An) 為越南中部的古老小鎮，為15至19世紀東南亞的重要貿易港口，於 1999 年獲 UNESCO 公認。當時有來自明國、清國、日本、台灣、荷蘭等許多東西方國家來此買賣。鄭成功的一些部下也曾移民到會安定居並在此留下一些歷史遺跡。

左／順化阮朝古皇城。
右／會安古城的日本橋。

美山聖地 (Thánh địa Mỹ Sơn) 位於越南中部廣南省，為古代占婆王國於 4 世紀至 14 世紀中所建立的印度教寺廟的遺址，1999 年獲 UNESCO 公認。

升龍（也寫作昇龍）古皇城 (Hoàng thành Thăng Long) 位於當今河內市巴亭廣場附近，最初由 11 世紀越南李朝所建，後來的陳朝及後黎朝陸續擴建。升龍古皇城象徵越南脫離古代中國統治並建立具越南特色的獨立王朝。升龍古皇城於 2010 年獲 UNESCO 公認。

左・右／昇龍古皇城考古遺址。

胡朝古城 (Thành nhà Hồ) 為 15 世紀初越南胡朝開國君主「胡季犛」用石頭所建的古城堡，也稱為「西都城」，於 2011 年獲 UNESCO 公認。胡季犛 (Hồ Quý Ly) 是主張用越南喃字取代中國漢字的第一個越南皇帝。可惜執政沒幾年就被前來侵略的大明國軍隊打敗而被俘虜到明國首都金陵。

長安名勝古蹟 (Quần thể danh thắng Tràng An) 又稱為陸龍灣，意即陸上版的下龍灣，為於越南北部寧平省。長安名勝古蹟為結合自然生態與歷史古蹟的旅遊景點，可以乘船遊洞穴，參觀越南丁朝、前黎朝及李朝前期的歷史古蹟。丁朝的首都華閭 (Hoa Lư) 即位於此處。

上／胡朝古城。
下／長安名勝古蹟的自然生態區。

　　順化宮廷雅樂 (Nhã nhạc, âm nhạc cung đình Việt Nam)
為越南阮朝時期的宮廷音樂，於 2003 獲 UNESCO 登錄為人
類非物質文化遺產代表作。目前遊客到順化旅遊時可以在香江
上乘船並欣賞現場宮廷音樂表演。

　　西原鑼鉦文化 (Không gian văn hóa Cồng chiêng Tây
Nguyên) 為越南西原高地五省的鑼鉦樂器文化，於 2005 獲
UNESCO 登錄為人類非物質文化遺產。

　　北寧官賀民謠 (Dân ca quan họ Bắc Ninh) 為流傳於越南
北部特別是北寧省及北江省的男女對唱民歌，於 2009 榮獲
UNESCO 登錄為人類非物質文化遺產。官賀民謠有點類似台灣
的桃花過渡調歌謠。

上／順化坐船聽宮廷音樂。
下／男女對唱官賀民謠。

歌籌音樂 (ca trù) 流傳於越南北部及中北部，為古代宮廷音樂之一種，結合詩歌及音樂的表演方式，於 2009 榮獲 UNESCO 登錄。

扶董天王廟會 (Hội Gióng ở đền Phù Đổng và đền Sóc) 於 2009 榮獲 UNESCO 登錄。扶董天王為越南雄王時期的傳說人物，屬於越南民間信仰「四不死」其中之一名神童。扶董天王年紀雖小卻英勇無比，帶領越族人擊退來自中國的敵人。

富壽省的迎春曲 (Hát XoanPhú Thọ) 於 2011 年獲 UNESCO 登錄，為結合歌唱、音樂及舞蹈的迎春舞曲。

雄王祭祀信仰 (Tín ngưỡng thờ cúng Hùng Vương) 於 2012 年獲 UNESCO 登錄。雄王是越南傳說中的建國始祖，是越南人的共同祖先。每年農曆 3 月 10 日為雄王祭祖日，各地都會有祭拜儀式，特別是在富壽省越池市義岭山頂上的雄王廟遺跡區常有數十萬人前來祭拜。其規模有如台灣 3 月的媽祖進香活動。

左／胡志明市的扶董天王雕像。
右／福壽省的雄王祭典活動之一。

南部才子唸歌 (Nghệ thuật đờn ca tài tử Nam Bộ) 於
2013 年獲 UNESCO 登錄，為越南南部特有的唸歌藝術。該
藝術結合原有中部的宮廷雅樂及民間文學而形成於 19 世紀。

義安及河靜省對唱民歌 (Dân ca Ví, Giặm Nghệ Tĩnh) 於
2014 年獲 UNESCO 登錄，為流傳於義安省及河靜省 (台塑煉鋼
廠所在地) 的一種民間歌謠。

拔河遊戲和儀式 (Nghi lễ và trò chơi kéo co truyền thống)
於 2015 年獲 UNESCO 登錄，主要流傳於紅河三角洲流域及
越南中北部。

三府母神信仰 (Tín ngưỡng thờ Mẫu Tam phủ) 於 2016
年獲 UNESCO 登錄。祭拜母神為越南民間信仰之一。越南人
把自然界分為四區，分別由四位母神管理。母神信仰的代表地
區為南定省。

／越南母神信仰。

中部發牌唱曲藝術 (Nghệ thuật Bài Chòi Trung Bộ) 於 2017 年獲 UNESCO 登錄，由流傳於越南中部的一種民間歌謠藝術。

　　台語諺語說：「毋通看貓無點」（Ā-thang khòaⁿ niau bô tiám）。雖然越南的人均收入不如台灣，但其國際觀光客人數可遠超過台灣。可見越南政府在行銷越南觀光及自然與文化遺產的用心。

延伸閱讀 ● 蔣為文（編）2019《越南文化：從紅河到九龍江流域》台北：五南圖書。

台、日、越聯合推動新南向

／台日越與會學者開幕合影。

　　隨著新舊南向政策的陸續推動，台灣學術界在東南亞研究領域的成果已逐漸獲得國際的肯定與注目。國立成功大學越南研究中心於今年 (2019) 3 月 8 日在成大台文系館辦理越南語言文化國際工作坊，結合日本、越南及台灣的學者共同探討交流越南語教學與國際越南語認證合作事項，並成功將成大研發的國際越南語認證推向國際舞台。

　　此次工作坊由成大越南研究中心、台越文化協會、台灣亞洲交流基金會、文化部、內政部移民署等單位共同合作辦理。工作坊的目的在與日本及越南建立跨國的越南研究國際聯盟，並推廣成大研發的國際越南語認證 (iVPT)。總統府資政暨台灣亞洲交流基金會董事長蕭新煌教授、成大校長蘇慧貞教授、文學院院長陳玉女教授等均與會致詞。蕭新煌董事長並於開幕典禮宣布成大越南研究中心正式成為台灣亞洲交流基金會合作聯盟團隊之一。

　　成大越南研究中心主任蔣為文教授表示，工作坊在台文系館辦理有其特別的歷史意義。台文系館現為台南市定古蹟，前身為日本時代的日軍台南衛戍病院，經過 4 年整修後才成為台文系的教學空間。工作坊在台文系館舉辦象徵台日合作、共創雙贏的新時代意義。

上／ 與會學者於台文系館合影。
下／ 參觀成大榕園。

　　隨著來自東南亞國家的新移民人數的增加，東南亞語言及文化在台灣也越來越受重視。教育部甚至已正式將東南亞語文列入國小一週一節課的選修課程。東南亞新移民當中以越南人數最多，因此越南語及其文化也是目前國內於國小及大學開課數量最多的東南亞相關課程。早於新南向政策推動之前，國立成功大學即開始投入東南亞研究，特別是越南語教材、師資培訓及越南語認證等方面。國立成功大學是國內最早從事越南語教學及研究的頂尖大學且於2016年起自行研發開辦國際越南語認證。該認證為第一個在越南以外辦理且獲台灣教育部及越南各大學承認的越南語認證，預定每年春秋兩季辦理。

　　除了國際越南語認證之外，國立成功大學越南研究中心也與許多越南知名大學或學術機構簽訂合作協議共同推動台越學術交流及比較研究。譬如，越南社會科學院、河內國家大學、胡志明市國家大學、越南文化藝術院、河內大學、順化大學等。國立成功大學越南研究中心也開辦越南語學分班，並與胡志明市國家大學所屬社會人文大學越南學系合作辦理暑期越南遊學團，帶領台灣學生到越南學習越南語及體驗越南文化。

上／ 成大越南遊學團參觀越南歷史景點古芝地道。
下／ 國際越南語認證的國內考試現場。

　　在穩固台越交流平台之後，國立成功大學也積極與越南以外的越南研究社群建立學術交流關係。環顧周遭國家當中，鄰近

的日本算是很早就從事越南研究與教學的國家且成果
豐碩，其經驗相當值得台灣參考。因此，此屆工作坊
特別邀請在日本從事越南語教育的知名大學的學者
前來參加，譬如大阪大學的清水政明、東京外國語
大學的安達真弓、神田外語大學的岩井美佐紀、立
命館太平洋大學的田原洋樹、大東文化大學的清水英
里等。會中台日雙邊學者深入探討未來在日本共同舉
行國際越南語認證的具體事項。此外，三方也商討
將共同發行越南研究國際期刊。與會學者一致認為
台、日、越合作交流將可共創多贏的局面且促進亞太
區域之和平發展。

上／日本學界也採用成大研發的國際越南語認證。
下／國際越南語認證的日本考試現場。

新南向促進台越文化交流升溫

／第四屆台越人文比較研究國際研討會開幕。

　　國立成功大學越南研究中心及社團法人台越文化協會等單位共同合作於 2019 年 11 月 23 日至 24 日假成大台文系館辦理第四屆台越人文比較研究國際研討會，場面熱烈盛大，有來自越南、日本、美國、俄羅斯、韓國、新加坡、比利時、印尼、泰國、法國、英國、香港及台灣等二百多位學者與會，為歷年規模最大的一次。

　　此次會議主題為國際合作與永續發展。開幕典禮首先由游素玲教授代表成大對與會來賓致詞問候。總統府資政蕭新煌教授也代表蔡英文總統及台灣亞洲交流基金會致詞歡迎全體來賓。成大越南研究中心主任蔣為文教授也代表主辦單位全程以越南語致詞並介紹研討會的宗旨與由來。立法院外交委員會王定宇委員也到場祝賀大會成功。

　　自 2010 年辦理第一屆台越人文比較研究國際研討會以來，成大越南研究中心固定每三年辦理一次，每次規模日漸擴大。第一屆會議約有 40 多名學者參與。這次光是來自越南的學者就

超過 100 位。此外，各國專研越南的知名大學譬如
美國哈佛大學、美國德州大學、俄羅斯社科院、日本
神田外語大學等單位也都派人出席參加。由此可見，
在新南向政策的推動下，不僅成功帶動台灣與越南
之間的學術、文化熱絡交流，甚至已讓台灣成為國際上
引領越南研究領域的重鎮。

　　這次大會共安排三場專題演講。首場專題演講
由蕭新煌教授介紹新南向政策的工作與願景。第二
場專題演講由原籍俄羅斯，現任教於美國德州農工
大學的 Olga 教授提供，內容在探討 1960-1970 年
代台灣和越南之間的青年政策的異同。第三場專題
演講由東華大學康培德教授探討劉永福在越南、台灣
和中國的不同形象。此次台越國際研討會的議題包含
語言、文學、文化、歷史、社會、族群、藝術、宗教
等各領域，計有 26 個不同議題的場次。其豐富的內
容確實已成功促進台灣與越南及各國的學術與文化
交流。

左／ 第四屆台越人文比較研究國際研討會開幕致詞。
右／ 圓桌會議討論越南、台灣、日本及美國多邊合作推廣國際越南語認證。

　　台灣和越南雖然沒有正式外交關係，但實質交流
卻越來越熱絡。譬如，成大越南研究中心長期和越南
各知名大學合作從事越南語教學、越南語認證及越南
研究。由於有這些交流合作才能促成越南語教學及
越南研究在台灣的蓬勃發展。此外，由成大越南研究

中心研發的國際越南語認證 (iVPT) 不僅獲得越南學術界承認，也陸續獲得日本、美國及澳洲的越南研究重點大學的承認，譬如日本大阪大學、神田外語學院、美國哈佛大學、澳洲國立大學等。成大越南研究中心也結合美國、日本、越南及台灣的學者正式出版《越南學研究》半年刊。

　　近年來台越之間的翻譯出版也取得不少成果。譬如，2018年成大越南研究中心、台文筆會和越南作家協會合作翻譯出版《戰火人生：越南詩人陳潤明詩選》(台文及中文版)；在越南出版台灣布袋戲劇本《決戰西拉雅》越文版。此外，葉石濤的《台灣文學史綱》、《葫蘆巷春夢》，吳晟的《甜蜜的負荷》也都陸續出版越文譯本。今年台越雙方再度合作出版《肩上江山：越南詩選》(台文及中文版)，以便讓台灣讀者得以認識越南文學之美。大會也針對《肩上江山：越南詩選》安排新書發表。越南作家協會由副會長陳登科帶團一行 8 人專程前來參加新書發表。台文筆會會長陳明仁、理事陳正雄、王藝明等也代表台灣文學界參與交流。會中並由詩人陳光貴等人吟詩交流，現場氣氛非常熱絡。

／《肩上江山：越南詩選》發表會合影。

　　不少台灣讀者期待已久，耗費 8 年才翻譯完成的越南學者陳玉添 (GS. Trần Ngọc Thêm) 教授的經典名著《探索越南文化本色》也於近日正式出版。陳玉添教授是越南知名的文化研究專家，於俄羅斯聖彼得堡大學取得博士學位，曾擔任越南胡志

明市國家大學社會人文大學文化學系主任、文化研
究中心主任及俄羅斯社會科學院名譽院士。

　　《探索越南文化本色》計有 27 章，全書 40 多
萬字，是想認識越南文化的人必讀的經典名著。該書
總編輯及總校訂者蔣為文教授指出，這本書的貢獻
在替越南文化的特色及主體性發展做出學術性的詮
釋。

／《探索越南文化本色》新書發表會。

過去，在大中國沙文主義思維下，總是把包含越南在內
的東南亞當做野蠻的邊陲，經由中華文化傳播後才被
啟蒙而稍具有文化。然而，陳玉添教授提出論證反駁
這樣的謬論。譬如，他指出中國人常用的「龍」最早
其實是從東南亞的蛇與鱷魚被抽象化而產生的概念與
圖騰；「神農」也是源自東南亞百越民族的農業文化。

　　總統府資政、台灣亞洲交流基金會董事長蕭新
煌教授推薦該書說：「本書對越南文化系統的描述周
詳生動，對文化類型的比較相當新奇和有創見。我有

幸先睹為快其中譯初稿，無異是上了一學期的越南文化探源和
演化課程，深感獲益良多。」策畫出版該書的成大越南研究中心
及台越文化協會於 2019 年 12 月 25 日及 27 日分別在台南及
台北辦理新書發表及讀友分享會。

● 蔣為文、蔡氏清水 (編譯) 2018《戰火人生：越南詩人陳潤明詩選》(越、台、中三語版)
台南：亞細亞國際傳播社。
● 蔣為文 (主編譯)、陳玉添原著 2019《探索越南文化本色》台南：亞細亞國際傳播社。
● 蔣為文 (主編譯) 2019《肩上江山》越南現代詩選 (越中台三語版)。
台南：亞細亞國際傳播社。

延伸
閱讀

台灣在越南獲得正名竟靠這個

／ 王藝明布袋戲團與河內水上木偶戲交流。

　　從民進黨全面執政後中國在外交上無時不刻不進行對台灣的全面打壓。沒想到透過新南向的文化交流，竟然讓台灣得以在越南獲得正名，突破中國的外交封鎖。

　　由台文筆會、台越文化協會、台灣羅馬字協會、王藝明布袋戲團、國立成功大學越南研究中心等組成的台越文化交流團於今年 (2018) 8 月 13 日早上在越南首都河內與越南作家協會舉辦《決戰西拉雅》越南語版新書發表及文學交流，計有上百名越南作家參與盛會。即便目前中國四處對我打壓，然而越方不受中國因素影響，全程全部人員均以「台灣」稱呼我方。越南媒體譬如國會電視台、青年日報等均予以大幅報導。此次可謂空前成功的文化外交，為台越文化交流邁向新的里程碑。

　　越南作家協會 (Hội Nhà văn Việt Nam) 於 1957 年成立，為越南最大也最具權威的作家協會。《決戰西拉雅》以台灣西拉雅英雄為故事主軸，原著為台江台語文學季刊主編陳建成，譯者

為台越文化協會前秘書長呂越雄，由國立成功大學越南研究中心主任蔣為文擔任總監。該書為第一本台灣布袋戲劇本翻譯為越南文並在越南出版的文學專書，由越南知名的世界出版社出版，該書封面並印有台灣文化部的 logo 及贊助字樣。

　　曾擔任越南國會代表（相當台灣的立委）的越南作家協會會長 Hữu Thỉnh 親自出席主持新書發表會，與會來賓包含越南作家協會會員、越南文化藝術院院長裴懷山、社科院文化所所長阮芳簪、國家大學文學系主任、越南學系主任阮善南及越南媒體等百餘名。該書由國立成功大學越南研究中心主任蔣為文擔任介紹人並由 Hữu Thỉnh 擔任與談人。王藝明布袋戲團也在現場表演決戰西拉雅精彩片段，獲得滿堂喝采。蔣為文表示，越南的傳統戲劇有水上木偶戲，其發展歷史及表演內容與台灣布袋戲有些類似。透過布袋戲交流，將可快速拉近台越兩國的友誼。越南作家協會會長 Hữu Thỉnh 表示每個國家都有其對抗外敵的英雄故事，台灣也不列外。Hữu Thỉnh 進一步表示，他任內將加強台越兩國的文學交流與合作出版。

／ 在越南作家協會辦理新書發表會。

　　此次活動也包含雙邊詩人的吟詩交流。台灣詩人陳明仁、蔣為文、陳正雄、高月圓、陳永鑫、蔣日盈等均上台發表台語詩，並由呂越雄翻譯為越南文。詩人同時是編曲家陳永鑫也現場表演台灣民謠思想起。為配合這次的文學交流，主辦單位特別挑選越南國家文藝獎得主、詩人陳潤明的詩篇翻譯成台文及中文並由台灣的亞細亞出版社以《戰火人生》三語版正式出版。該詩集

為第一本在台灣出版的越南詩集,由蔣為文親自擔任台文版翻譯,成大台文系碩士畢業生蔡氏清水擔任中文翻譯。

除了在河內與越南作家協會交流之外,台越交流團還前進到順化大學及會安古城進行布袋戲交流表演。會安古城 (Phố cổ Hội An) 為越南中部的古老小鎮,為 15 至 19 世紀東南亞的重要貿易港口,於 1999 年獲聯合國科教文組織 UNESCO 公認的世界文化遺址,目前每天約有 5,000 至 7,000 名國內外觀光客湧入會安參觀。

此次台越交流團在會安的表演計有室內及室外二場,現場並備有越語、英語、法語、日語及韓語口譯供國際觀光客認識台灣文化。表演過程生動活潑並現場觀眾互動,獲得民眾極高評價。表演完並有越南當地記者主動採訪及索取資料。由於會安為國際知名的文化遺產,每天有許多國際觀光客前來參觀。此次活動已透過街頭布袋戲表演的方式成功讓許多國際友人得以認識台灣的文化藝術。

上／ 陳潤明《戰火人生》詩選三語版。
中／ 台越交流團在順化大學表演布袋戲。
下／ 順化大學的布袋戲演出現場。

台灣和越南有著許多相似的歷史與文化背景。譬如,台灣和越南都曾受過帝國主義的殖民統治。兩國人民都曾為追求民族獨立運動而犧牲。台灣和越南一樣都是多族群的國家。越南於 1865 年發行了

第一份的羅馬字報紙《嘉定報》。該報紙由精通 27 種語言
的世界級越南文豪張永記擔任主編。台灣也於 1885 年發行
第一份的羅馬字報紙《台灣府城教會報》。這兩份報紙分別
促進了越南和台灣的白話文運動，遠比 1919 年中國五四白話文
運動還早！

　　由此次台越文化交流團成功的案例可了解 NGO 非政府組織
扮演文化交流的重要性及可行性。在中國的外交打壓下，如何
加強 NGO 的文化外交功能將是台灣的重要課題之一。

上／王藝明布袋戲團會安戲劇中心戶內演出。
下／王藝明布袋戲團在會安戶外演出。

武漢肺炎蔓延下台越之間這件事卻不減反增

／《舌尖與筆尖》越文版台南場發表會。

　　今年 (2020) 雖然受到武漢肺炎的影響導致跨國活動急速冷凍，然而台灣與越南之間的文學譯介出版卻不減反增！最受矚目的出版有二本，分別是廖瑞銘的《舌尖與筆尖：台灣母語文學的發展》(越南文版) 及阮登疊的《越南現代文學》(中文及台文雙語版)。

　　《舌尖與筆尖：台灣母語文學的發展》由國立台灣文學館委託國立成功大學越南研究中心翻譯成越南文並與「越南作家協會出版社」正式在越南出版。該書於今年 7 月 16 日在國立台灣文學館辦理新書發表。由於這是第一本以越南文介紹台灣母語文學史的專書，發表會現場擠爆來賓，吸引台越二國文學界愛好者出席與會，這顯示台越二國的文學交流已進入更緊密友好的階段。

　　該書原著為台文筆會已故前理事長廖瑞銘教授。廖瑞銘教授終其一生長期投入台灣母語運動並曾擔任戰後發行最久的台語文學雜誌《台文通訊 Bong 報》主編。越文版主編為成大台灣文學系兼越南研究中心主任的蔣為文教授。蔣為文教授精通越南語並長期從事台越文化交流。這次翻譯團隊由蔣為文教授召集成

大台文系越南籍優秀畢業生蔡氏清水、范玉翠薇、呂越雄等共同執筆翻譯。蔣為文教授表示，成大台文系十幾年前即超前部署積極前往越南招生並促進台越二國的文學與文化交流。由於成大台文系長期的經營才能培訓一批專精台越文學比較之人才，也才能促成這本書的精準翻譯與出版。

　　國立台灣文學館館長蘇碩斌教授表示，該館自 2010 年推動台灣文學外譯以來共完成九種語言、一百多本台灣文學作品的翻譯出版。當初選定廖瑞銘教授的《舌尖與筆尖：台灣母語文學的發展》，就是考量母語文學的發展代表台灣作家追求民族語言與文學主體性的精神。這本書的出版也是台文館推動文學新南向的重要成果。台文館前館長鄭邦鎮教授及台文筆會理事長陳明仁也都親臨發表會並道出當年廖瑞銘教授致力推廣台灣語文的秘辛。

／《舌尖與筆尖》越文版台南場發表會。

　　越南社科院文學所所長阮登疊教授也撰序文稱讚該書的出版能增進越南人對台灣文學的認識。阮教授表示，語言是文化的載體，也是民族文化的重要象徵。他對台灣人努力以台灣母語創作的精神印象深刻，並相信台灣也能和越南一樣回歸以民族母語創作台灣文學。高雄大學東亞語文學系越語組裴光雄教授及陳氏蘭教授也代表越南學者出席發表會並肯定該書對台越文學交流的貢獻。中央廣播電台越南語主播武海燕也現身現場並給予越南文譯本高度評價。

　　「越南作家協會出版社」為越南作家協會直屬的知名出版社，專門出版文學類別的專書。越南作家協會為越南政府中央級文藝組織，負責越南政府的文藝政策，下轄有國立越南文學館、出版社及電影院等。蔣為文教授表示，台灣和越南雖然沒有正式邦交，但這次在中國打壓下卻仍能獲得越南作家協會出版社同意合作出版。這顯示台越二國的實質交流遠大於形式上的外交，越南已成為我東南亞國家中的重要盟友之一。

　　《越南現代文學》原作者為越南社科院文學所阮登疊教授。該書係依據 2016 年越南社會科學出版社的原著 MỘT SỐ VÁN ĐỀ VĂN HỌC VIỆT NAM HIỆN ĐẠI 翻譯成中文及台文雙語版。本書介紹十九世紀以來越南文學從傳統文學邁向現代文學的歷程，是台灣國內第一本專門介紹越南現代文學發展的專著。

／《越南現代文學》三位譯者攝於台南場發表會。

　　台灣亞洲交流基金會董事長、總統府資政蕭新煌教授也為該書撰寫推薦文：「綜觀全書的立論，越南文學自始至終都在追求文學的主體和與外在世界的交流。我在此推薦本書給所有越南和東南亞研究的學者。」

上／《越南現代文學》台南場發表會。
下／《越南現代文學》台北場發表會。

　　想想論壇主編許建榮博士也推薦：「越南的現代文學，承載了越南民族的精神與靈魂；因此，透過《越南現代文學》，我們可以充分了解越南的生命力來自何方。」

　　蔣為文教授表示，在文學的發展道路上，台灣和越南可以說猶如兄弟般，既有同樣的文學歷史背景又發展出不完全一樣的現代文學。台灣和越南同樣身處在中華帝國之周邊，也都曾受古代中國霸凌與影響。譬如，越南曾使用漢字達二千年之久且受中國文學傳統影響。直至十九世紀後半期，在法國殖民政府的介入下，越南文學開始透過越南羅馬字脫胎換骨，開啟了文學現代化的道路。譬如，越南的第一份羅馬字報紙《嘉定報》於 1865 年在南部開始發行，並開啟東、西方文學譯介之門。到了 1945 年 9 月 2 日，胡志明選擇麥克阿瑟發布第一號命令的同一天，宣布越南獨立。隔沒多久，胡志明又再度宣布實施

母語教育，並將越南羅馬字正式訂為國語字以取代漢字。胡志明的明智之舉不僅讓越南文學持續走向現代化，更讓越南文學開創出具有越南民族特色的國民文學！

相形之下，台灣在 1885 年也發行第一份羅馬字報紙《台灣府城教會報》，並創造了遠比中國五四運動 (1919 年) 還早的台語白話文學史。事實上，就時間點來看，中國的五四白話文運動不僅遠遠落後於台灣，也比越南的白話文運動還晚。可惜，二次世界大戰後，台灣人沒把握到戰後獨立的機會而再度淪為殖民地。在蔣政權統治下，反共文學及中國文學被殖民體制刻意扶持，台灣文學則被高度打壓。譬如，台灣的公立大學竟然不准成立台灣文學系，這樣的禁忌直到公元 2000 年國立成功大學台灣文學系成立後才被打破。隨著各大學設立台灣文學相關系所成為潮流，台灣文學也逐漸朝向台灣母語文學的方向前進。出版單位特別將《越南現代文學》這本書翻譯成中文及台文二種語言，以凸顯台灣文學邁向台灣母語前進的深層意義。

- 蔣為文、蔡氏清水、鄭智程 (編譯) 2020《越南現代文學》(台、中雙語版) 台南：亞細亞國際傳播社。
- 蔣為文 2020(主編)《舌尖與筆尖：台灣母語文學的發展》(越文版) 河內：越南作家協會出版社。

延伸
閱讀

戰火中仍飄盪著詩句：
越南詩人陳潤明

／《戰火人生》越、中、台三語版封面。

　　台灣人對「越南新娘」不陌生，但對「越南詩人」的認識
卻幾乎接近貧乏。越南算是一個有幾千年歷史的古老國度，在那
漫長的歷史當中，當然也發展出豐富的文學內涵。越南人也算是
愛吟詩、讀詩的民族，幾乎所有越南人都可以隨口吟18世紀
末知名詩人、文豪「阮攸」(Nguyễn Du)的作品《翠翹傳》
(Truyện Kiều)裡的詩句。即便在戰爭當中，越南人仍然在槍林
彈雨中寫詩、讀詩。越南國家文藝獎得主、詩人陳潤明就是當代
知名代表人物之一。

　　就在二次世界大戰結束前一年的1944年，陳潤明出生於
越南北部的海陽省南策縣田池村。現定居於廣寧省下龍灣市。
他曾任廣寧省文藝協會會長、《下龍灣報》主編等文藝要職，
於2007年獲得第二屆越南國家文藝獎殊榮。在他成長當中，

越南一直處於為爭取民族國家獨立的對外抗戰階段
(1945~1975 年)。他曾入伍多年，親身見證戰爭的
無情與恐怖。即便如此，越南人仍然選擇用肉身
來撫養新誕生的國家，期待她能擺脫殖民地命運並與
各國平起平坐。我想，這也是台灣當前最欠缺的
精神吧！

上／《戰火人生》新書發表會河內場。
中／ 陳潤明（左二）出席河內場《戰火人生》新書發表會。
下／《戰火人生》新書發表會台南場。

　　陳潤明於戰爭中 1972 年創作的詩作〈在急救洞裡〉
(Chuyện trong hang cấp cứu)，如此寫道：

婦女帶著炸彈味匆匆地衝進洞裡
沒多久她便開始有陣痛
手術台變成了接生桌子
我們忍著傷痛，沒人捨得呻吟
要讓她在平安中生下小孩

要讓她在平安中生下小孩
炸彈震動著，妳還好嗎？
誰能料到所有的艱難、風險
我聽清楚隔壁的人在呼吸
儘管傷口疼痛也不敢出聲
要讓她在平安中生下小孩

／敵軍被越南擊毀的武器殘骸。

要讓她在平安中生下小孩
所有人的心思都集中在她那裡
在轟炸中出生的小孩
　　　是個奇妙的小孩
　　　將會怎麼樣？我們都非常緊張.....

等待的時刻有如被拉緊的繩子
當聽到哇哇哭聲時崩斷
小孩的哭聲
　　　穿透我們的心坎
像夏天的閃電般強烈與歡樂
太驚喜了大家都蹦起來
那位媽媽微笑著顯得很疲倦
手自找看看是男還是女......

雖然沒人知道那位媽媽是誰
但我們熱情地照顧她像親人一樣
我想搖醒身旁的人。他已經離開
牙齒咬爛雙脣，也沒有一聲呻吟

讓孩子出生
在平安的時刻......

　　老一輩的台灣人讀到這首詩應該會有很大的感觸。
二次大戰末期，台灣因是日本的屬地，故經常遭受
美軍的空襲造成許多人的死傷。當時的台灣人為躲避
美軍空襲，也時常跑到防空壕避難。可惜，這樣的
台灣史實，卻不被列入十二年國教課綱的歷史課綱
裡頭，僅能隨著年邁的倖存者悄悄被外來政權掩入
塵土中。

　　陳潤明對故鄉越南的愛，就如同台灣人愛台灣
一樣，是熱情、單純、土直與鮮紅的心肝。台灣諺語
講：「番薯落土毋驚爛，只求枝葉代代湠」(Han-chî
 m̄-kiaⁿ lòh thô͘ nōa, chí kiû ki-hiòh tāi-tāi thòaⁿ)。
陳潤明於 1965 年發表的〈村莊牌樓〉(Cổng làng)
也可看出他對故鄉越南的疼惜：

頭一次我意識到祖國的地方
白雲陽光充斥遙遠的地平線
熱鬧歌聲遠路似敞開的扇子
象牙竹影讓腳掌感受到涼意

快樂隨著歲月增長的地方
糯米的香味。木杵節奏緊湊
槍聲迴盪多少驚醒的夜晚
老牛磨蹭竹門犁頭閃著寒光

養育了多少代愛與恨的地方
留下村莊年輕人從軍的腳印
孩子的鞋印重疊在父親的鞋印上
母親朦朧的雙眼還望著光亮遠方......

我已走過穀香芬芳的村莊牌樓
走過漫漫結婚季節的村莊牌樓
深如母親疼愛孩子的村莊牌樓
大砲傾斜 子彈也忐忑亂竄
即使越過森林或拔過深河
看見村莊牌樓仍然注視著我們......

　　在抗美戰爭結束後，越南經歷了十年類似中國人民公社的
計劃經濟「包級制度」(bao cấp) 時期 (1976~1986 年)。在包
級制度時期，越南經濟蕭條、階級矛盾鬥爭與人民互相猜忌。
陳潤明在這首詩〈回憶土改期間的一位黨員〉(Nhớ một đảng
viên trong cải cách ruộng đất) 裡描述：

剛剛被他解放的農民
已經將他拖到石灰桶旁邊
對他開槍但是瞄不準
他們手只習慣拿鋤頭罷了

第一鋤 臉上噴出鮮血
在危險的時刻他仍相信革命
他斷斷續續的吶喊
同志們......
啊！......

／古芝叢林中被越軍摧毀的美軍坦克。

　　越南共產黨於 1986 年底通過改革開放 (Đổi Mới)
的決議，開始進行改革與對外開放。開放初期，
越南人心惶惶、社會混亂與經濟持續蕭條，多年過後
才逐漸恢復平穩發展。公元 2000 年以後至今則持續
穩健成長中。這些過程，都記錄在陳潤明的詩作裡。
譬如，他 1988 年的作品〈路邊〉(Bên đường) 反映
出革新初期的社會狀況：

礦工拿著糧票到市場去
我有三萬，誰要付多少？
政府的米，連續四個月還欠
我家孩子今天又要餓肚子⋯⋯
他還有一份工業飯可取
努力多挖些炭讓孩子溫飽
增產工資又記入票裡
我有三萬，有誰要買嗎？

破舊藍衣服。鮮紅印章
工人的面容很老實、純樸
像小鳥看見彎彎的樹枝也害怕
人們怕被他欺騙
默默地走過去⋯⋯

礦工看著人群。心中感到酸楚
穿透心裡，他突然顫抖
他喊給我不到一萬也可以
他們微笑又愈走愈快

不知還能做些什麼
他高舉那些鮮紅印章的糧票
市場人越來越少⋯

只剩下他孤獨地佇立在那
似祖國一時期的雕像......

　　邁入老年的陳潤明對人生有深切的醒悟與反省。他 2003 年的
作品〈戰火人生〉(Đi ngang thế gian) 這樣反省：

白天裡有黑夜的影子
　　黑夜裡有日光的身影
欣然的氣象經過花草在運行
經過多少尋找的之後
　　我宣佈
我不是我自己。我什麼也不是......

現在的雲朵，千年前已經飛走
所有的爭奪最後成為了虛無
那閃亮的月光
　　已遮蓋過所有的星星
這青翠地球的存在
　　完全是偶然而已......

　　如偶然有我這人生
連我的詩歌也是偶然
　　像蛇鱗一樣的閃爍
金字塔站著不動而名聲遠播
善於砍樹的人總不需要斧頭......

全部變化得很快
　　儘管時間依舊從白天到晚上
我不改變
　　愈新穎愈老舊
走過戰火人生
　　滿臉傷痕

上／下龍灣的鬥雞石景點。
下／下龍灣的鬥雞石變一條魚。

我僅夾帶著一個金庫
　　裡面全是月亮的光輝......

　　陳潤明的詩不僅越南人聽了會感動，台灣讀者
看了應該也會有所迴響！他這首作品〈無人願意聽〉
豈不也適用在台灣的政治界！

無人願意聽，雖然他們都知道
人民的聲音正是老天的聲音
當權力進家門
那真理就得在門外......
一輩子只告訴自己

要盡量不做壞事
馬路上見釘子撿起來
　　或不亂折斷樹苗
偉大的日子是不說謊的日子
以及不抓正在孵蛋的鳥媽媽

　　陳潤明的作品充滿了對故鄉越南的愛、人生的
哲理與戰爭的反省。這樣的優質作品絕對值得台灣
讀者細細品味。台越文化協會、台文筆會、台灣羅馬字
協會及國立成功大學越南研究中心等單位共同合作
挑選了他的詩作並翻譯成台文及中文版以《戰火人生》
書名在台灣出版。該書於今年 (2018) 10 月 27 及 28 日
分別在台南及台北辦理新書發表及台越文學交流會。

延伸閱讀
• 蔣為文、蔡氏清水 (編譯) 2018《戰火人生：越南詩人陳潤明詩選》(越、台、中三語版)
台南：亞細亞國際傳播社。

為何越南中秋變兒童燈籠節

／河內市 2001 年中秋活動一景。

　　中秋節並非中國人的專利，而是東亞漢字文化圈裡共有的文化習俗。雖然中秋節都在農曆 8 月 15 日，但各國、各地慶祝中秋節的方式也不太一樣。即便同一個地方，不同時代的中秋習俗也未必一成不變。譬如，當今越南中秋節就演變成以兒童為主的節日。當今越南中秋節的習俗大致為兒童提燈籠遊街、做玩具、舞麒麟（或舞獅）、唱「鼓軍調」(Hát trống quân)、送小禮物、吃月餅及賞月等。

　　越南的中秋節最早大致源自 11 世紀的李朝，歷經各朝代的演變後才形成當今的樣貌。古代的越南是以水稻農業為主的社會。每到中秋之際通常也是夏季水稻豐收之後的空檔時期。於是人們利用這個中秋節慶祝豐收並感謝大地的養育之恩。由於農業社會的作息是以月球的週期為計算基準，因此月亮也就成了豐收祭拜的主神。由於古代中國南方也是以水稻為主的農業社會，為凸顯越南特色與中國的不同，歷代越南人逐漸調整中秋習俗的內容，讓越南中秋節越來越具有越南文化的主體性。

　　越南人將中秋節定位為兒童節實在充滿了創意及對國家未來棟樑的重視。台語諺語說：「初三、四，月眉意；十五、六，

月當圓」(Chhe saⁿ sì, goe̍h bâi ì; cha̍p-gō͘ la̍k, goe̍h tng îⁿ)。在中秋節當晚，月亮正是最圓最亮的時候，許多兒童會提著自己動手做或購買的燈籠去逛街。燈籠的造型則隨著時代的變遷而變化。之前常流行以越南國旗的星形造型為主的燈籠，近年來卡通造型的哆啦 A 夢及粉紅豬小妹等也很夯。

左 · 右／傳統的越南星形燈籠。
下　　／位於胡志明市梁如鵠街的燈籠專賣店。

　　唱「鼓軍調」也是越南的中秋節特色之一。唱鼓軍調民謠是從清華省以北越南北部才有的特色。演唱時會分為兩組人馬互相對唱並敲打軍鼓作樂。目前這個習俗已被越南政府列為國家級文化資產。關於唱鼓軍調的起始年代及起源有許多不一樣的說法。

有的說源自 13 世紀陳朝對抗
蒙古國 (元朝) 軍隊時越南軍隊
發展出的戰時娛樂節目；有的
則說是源自 18 世紀對抗清國
軍隊的越南西山朝阮惠皇帝。
不論如何，從「鼓軍調」的
名稱即可發現都與抗中軍隊
有關。

／興安省的唱鼓軍調。
　（圖片來源：翻拍自「興安電視台」）

　　越南人的傳統月餅分為二種，分別為 bánh nướng 及 bánh
dẻo。Bánh nướng 的字面意思是「燒餅」，因為外皮會經過
烘烤後變得金黃色；其內餡依個人喜好而異，通常有蛋黃及各種
穀物。Bánh dẻo 的字面意思是「軟 Q」(nńg-khiū)，通常為
白色或綠色，內餡通常為蛋黃、綠豆沙及蓮子。近二十年來，
越南市場上也販賣廣東式月餅。不少人誤以為廣式月餅就是越南
傳統月餅。其實，那是因為商業行銷造成的誤解。原來二十多
年前越南胡志明市一對廣東移民第二代的陳氏兄弟開設一家京都
(Kinh Đô) 食品公司且販賣廣式月餅。由於陳氏兄弟善於經營
且食品深受歡迎因此公司生意興隆。廣式月餅原本只在胡志明市
流行，隨者京都食品公司的行銷網絡的擴大，也逐漸拓展到越南
全國。

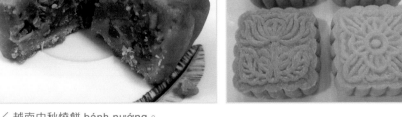

左／越南中秋燒餅 bánh nướng。
右／越南中秋軟 Q 餅 bánh dẻo。

　　越南關於中秋節的民間傳說也與中國及台灣
不一樣。越南各地對於傳說的故事內容多少有一些
加油添醋的現象。不過,大致上都是以行醫救人的
阿貴及神藥樹為故事主軸。以下就其中一個較普遍
的版本來介紹:

　　話說古早時候有一位年輕人名字叫做「阿貴」。
有一天,阿貴到深山裡砍柴。突然間他看到幾隻
小老虎在洞口玩耍。阿貴為避免被老虎攻擊,就先
下手為強,拿起身邊的斧頭趁小虎不注意的時候將
牠們砍死。虎媽回到洞穴後發現心愛的小虎已經死
了。虎媽趕緊跑到一棵大樹旁採樹葉並將樹葉嚼爛
後餵給小虎吃。沒想到小虎吃過樹葉後竟然全部
復活過來了。躲在洞後的阿貴一看此景大吃一驚並
心想這應該就是傳說中可治百病的神藥樹了。阿貴
就趁老虎出去覓食時將這棵神藥樹連根帶葉挖起來
準備帶回家種。

　　在回家的路上,阿貴碰到一位病危的老乞丐。
阿貴好心地用神藥樹救活了他。互相道別時,神仙
扮成的老乞丐提醒阿貴說:「你要好好照顧這棵能
醫治百病的神藥樹,記得不要用骯髒的水灌溉它,
否則它會飛到天上去。」阿貴答應他後就回到鄉里
並協助許多人醫好陳年的疾病。有一次,阿貴醫好
了一位有錢的員外,那位員外於是將他的女兒許配
給阿貴。阿貴與員外女兒結婚後阿貴依然很體恤民
間痛苦四處外出幫忙治病。有一天,鄉裡一位有錢
有勢的惡霸逼迫阿貴將神藥樹賣給他。由於阿貴不
服從,因此這位惡霸懷恨在心,四處散播對阿貴不利
的謠言。謠言傳到阿貴的妻子耳裡說阿貴其實都藉口
外出醫病,但其實都去花天酒地。阿貴的妻子就半信
半疑,不停地質疑他。但不管阿貴怎麼解釋,他的
妻子不僅不相信,甚至更生氣。有一天,一氣之下,

阿貴的妻子就順手把一盆髒水潑在神藥樹上。沾到髒水的神藥樹竟然開始抖動並連根拔起往天上飛。阿貴一看趕緊跑過去抱住樹幹要阻止神藥樹飛上天。但這神藥樹沖天的力道太強了，阿貴不僅無法阻擋，連他自己也被帶到天上去了。後來這棵樹和阿貴一直飛到月宮才停下來。後人在月圓時看到的黑影就是阿貴蹲在神藥樹底下思念凡間的形影。

● 蔣為文（主編譯）、陳玉添原著 2019《探索越南文化本色》台南：亞細亞國際傳播社。

延伸
閱讀

這些台灣人曾參與了
越南獨立運動

／ 吳連義在其住家的書房。

　　公元 1945 年 9 月 2 日，就在聯軍統帥麥克阿瑟發布第一號命令那天，越南獨立同盟（簡稱越盟）領袖胡志明選擇同日在河內巴亭廣場宣布越南獨立建國，該日也就成了今日越南的國慶日。儘管胡志明當時宣布越南獨立，但直到 1950 年才開始有中華人民共和國及蘇聯等國承認越南民主共和國。在越南獨立建國運動當中，除了有大批越南革命志士的犧牲奮鬥之外，竟然也有少數台灣人參與了越南的建國事業，譬如陳篡地及吳連義等人。

　　依據二七部隊隊長鍾逸人的著作《此心不沉 - 陳篡地與二戰末期台灣人醫生》，陳篡地和其他醫師及軍伕等數百人搭乘貨輪「神靖丸」前往東南亞參與大東亞戰爭。神靖丸於 1945 年 1 月 12 日在越南頭頓港口避難卻遇到美國戰機的襲擊而沉沒。船上許多人因而罹難，然陳篡地及幾位台灣人卻幸運地逃過一劫。他上岸後曾偶然地遇到越盟成員並協助他們醫好越南名將武元甲

的部下的傷勢因而獲得賞識。陳篡地在越南得知台灣於 1947
年爆發二二八起義後，他也急忙號召滯越的台灣友人回台以對
付當時正在屠殺台灣人的中國國民黨軍隊。胡志明深受陳篡地
的愛國情操感動因而在陳篡地回國前送他一批簡易武器以對付
敵人。

　　除了陳篡地之外，來自台灣嘉義的「吳連義」更是將他的
後半人生奉獻給了越南的獨立建國行列。當時畢業於「臺南州
立嘉義農林學校」的嘉義竹崎人吳連義 (1923-2006) 正任職於
台灣拓殖株式會社。他於 1944 年被派到越南北部負責指導當
地農民種植棉花與黃麻，同時並暗中監控運送軍需米的船隻與
擔任線民。戰爭結束後，駐越日軍被遣送回日本。吳連義及其
他少數台灣同胞因已非日本籍及其他種種原因而失去回台灣的
機會，因而一直滯留在越南。當時的吳連義加入越共部隊並協
助越南獨立建國的大業。他後來娶了越籍太太 Ninh Thị Bé（寧
氏細），並躲到鄉下以務農維生。吳連義的住處雖然簡陋，但
仍擁有一書架用日文書寫、關於台灣的書籍，譬如《台灣の
前途》、《台灣の政治》、《激動のなかの台灣》、《李登輝
學校の教え》、《台灣がめざす未來》、《台灣に革命が起き
る日》。從這些藏書可看出吳連義對台灣的思鄉之情。

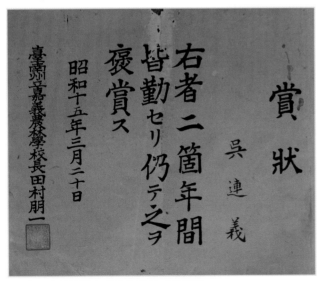

左／吳連義就讀嘉義農林學校時的獎狀。
右／吳連義收藏的關於台灣的書籍。

　　根據吳連義生前於 2005 年 9 月接受越南《安寧報》記者訪問的內容，他於 1944 年在不知目的地的情形下被派到海外執行任務。直到船已經抵達外海，他才知道自己要去越南，目的地是海防港。當他們的船經過菲律賓外海時，突然被美國的潛水艇襲擊，因此無法直接抵達，要繞新加坡海灣，過馬來西亞半島到泰國，然後再步行到柬埔寨。而那批技師就從柬埔寨走到西貢，然後坐火車到北部。

　　抵達越南北部後，這批技師被分成很多小隊，執行不一樣的任務。吳連義所屬的小隊負責在「清化省」種棉花、麥子、黃麻、甘薯和其它農作物。日軍於 1945 年 3 月發動三九事變後，以昭和通商的名義，進行特務動員，吳連義因此被分派監視著從越南南部出發運輸軍需米的船隻。在此前一年，由於天災、氣候異常，造成稻米無法收成。由於北越原本就糧食不足，再加上農田被迫轉種軍需作物及運送南部稻米北上的鐵路中斷，後來又因蔣介石派遣二十萬大軍來越南搶奪糧食，因而造成北部大飢荒，約二百萬越南人民餓死於此天災人禍。

　　根據 1995 年朝日新聞報導，1945 年 10 月在越南聚集預計回國的 4029 人當中，1400 人是台灣人及朝鮮人。由於日本戰敗而無法被依照日本人辦理，這些人都被從回國的名單剔除。有些人嘗試自己回國，有些散落各地，也有很多人行蹤不明。若依朝日新聞在當年由「林廷發」擔任會長的台灣同鄉會會員名冊找到的一些線索，1946 年在河內的台灣人，包括吳連義在內，20 幾歲的年輕人約 300 多個。

　　蔣介石依據麥克阿瑟的第一號命令派遣二十萬大軍進駐越南北部後，由中國國民黨接收日本軍的野戰醫院。比吳連義早二年先到越南的「林廷發」

被提名擔任醫院的介紹及翻譯工作。由於曾目睹台籍日本兵被中國軍隊判刑，而林廷發又曾當過日本憲兵隊的翻譯，因此剛開始有些害怕。但是，因為中國國民黨的士官計畫將野戰醫院的藥品非法變賣，但礙於語言障礙及苦無管道。這時，通曉中文、越語及日語且有藥學知識的林廷發成為最佳利用對象。由於林廷發協助中國士官販賣藥品，因而生活不至於困苦。林廷發在當時成立了台灣同鄉會，在河內生活困苦的台灣人經常在他家一樓聚會。

吳連義的情形與林廷發截然不同，他因害怕中國國民黨的追殺而逃亡。在日本戰敗後，吳連義從原本工作的台拓工廠，走一些鑽石等值錢的物品，先交給他的越南女朋友保管。沒想到，女朋友將全部東西變賣後，又另結新歡愛上一個中國國民黨的士官。吳連義原本想去警察局控告他的女朋友，沒想到卻碰那個士官。他覺得自己的生命會不保，便從警察局的二樓跳下來逃跑。為逃避蔣軍的追殺，吳連義跑到青化省。他在那裡遇到原籍「寧平省」金山人，但在青化省工作的越南共產黨員「范尹應」(Phạm Doãn Ứng)。兩個人很快就變成知己朋友，並結拜為兄弟。范尹應給吳連義取一個新的越南名字，叫做「范尹俅」(Phạm Doãn Cầu)，並教他越南語、種田和共產主義革命思想。後來吳連義跟著范尹應回到寧平省。吳連義把當時自己唯一剩餘的財產，一輛 Perge 402 汽車送給寧平省政府，因而獲得當局的信任，而留在寧平省政府工作。吳連義受過軍事訓練，教育程度又高，所以被指派負責擔任民兵遊擊隊的軍事教練。

公元 1948 年，吳連義被調到寧平省政府的經濟局負責提高人民的生活水平的工作任務。他在經濟局工作三年多之後突然得了瘧疾，臉龐憔悴、皮膚變黃、肚子像孕婦一樣大，於是他就把工作辭掉了。那時義兄范尹應帶他回寧平省金山治病，並替他找一個鄉村女孩當妻子。因為沒有任何財產和房子，吳連義必須住在第一任妻子家裡。後來他妻子不能忍受一個瘦弱病患的丈夫，便把他趕走。那時的吳連義只好四處流浪。為了生存，他就當赤腳醫生，用他所具有的西醫知識幫人治病。由於

他來歷不明，又是到處流浪的外國人，所以最初被當局管很嚴，禁止他工作。然而，由於他確實醫好不少病患，因此仍獲得不少人的肯定與尊重。

　　就在越南贏得「滇邊府戰役」前一年的 1953 年，吳連義與他的現任妻子寧氏細相識。當時吳連義手裡拿著藥包，正走在「儒管縣」的一個稻田裡。當時突然下起大雨，他趕緊跑到稻田裏一間荒廢農舍躲雨。比吳連義小 10 歲的寧氏細，也躲在農舍裡，因寒冷而顫抖著。寧氏細 3 歲時母親去世，12 歲時父親也相繼病逝。由於父母早逝，家裡貧窮，而寧氏細又長得漂亮，於是她哥哥於她 15 歲的時候把她嫁給村裡的富豪。因爲沒有愛情，她時常反抗，婆家也因爲這個理由而討厭她，常常打她，並把她當作僕人一般地對待。19 歲那年，因爲不能再忍受僕人般的生活，她決定離開婆家，到處幹活。後來，她常在儒管縣幫人家種米。

　　由於同是天涯淪落人，兩個人都覺得彼此的心靈很接近，因而譜出愛情並決定結婚。婚後吳連義繼續替人看病，寧氏細則在廣樂教堂替人種田幹活。一年後，兩人存了一筆小錢，就到「永姜」一帶蓋一間小屋，並從事務農工作。然而好景不常，當時仍是越南游擊隊與法軍對抗的時代。有一天法軍攻擊村落。他們的房子被燒掉，為了保命，他們往森林裡逃。房子沒了，他們只好又走回家鄉「燕模」生活，並再到「燕慶」工作。最後在「嘉慶縣」「寧一村」的鄉下蓋房子定居直到現在。

／ 吳連義及其越南妻子寧氏細合影。

／ 吳連義及其家屬於家門前之合影。

　　公元 1954 年越南贏得「滇邊府戰役」，法國殖民政權正式
退出越南。為了能讓殘留在越盟的支配地區的日本人回國，越日
兩國的民間團體互相協調而得以有歸國的機會。在越南寧平省
生活的吳連義，接到公所通知他可以回國的機會。越南政府安排
了回國前的「政治學習」課程。學習課程持續了半年之久，11 月
終於到了要歸國的時候。然而要出發的時候，他們才被發現
台灣人的身分而被拒絕上船。到了 1958 年還有一次遣返日僑的
作業，吳連義仍然因為台灣籍的身分而被拒絕受理。吳連義，
和其他台籍老兵一樣，都是近代台灣人苦難的一個縮影。

　　日本統治台灣時期，台灣人被迫加入日本籍。中國國民黨
統治台灣時，台灣人又被迫改為中華民國籍。戰後這些台籍日
本兵，或殘留在海外，或被中國國民黨欺騙加入國共內戰，或
被中國共產黨俘虜後送到東北戰場，或死於二二八人民起義槍
聲中。由於他們身分特殊，卻得不到任何紅、藍、綠政府的重
視與補償。難怪台籍老兵許昭榮選擇在馬英九上任之日而自焚
抗議！

　　吳連義，一個出身並成長於台灣的台灣人，
雖然他最後選擇在越南落地生根，他仍然值得台灣
人的懷念！台語諺語講：「食人一口，還人一斗」
(Chia̍h lâng chi̍t kháu, hêng lâng chi̍t táu)，意即
要懂得人家的恩情並應加倍回報。吳連義一方面不忘
對台灣的情感，一方面也不辜負撫養他超過半世紀
的越南土地並對它做出貢獻。在台越婚姻文化交流
日益頻繁的今天，他的典範值得許多台越通婚家庭
的參考，更值得那些戰後從中國逃難來台的政治難民
深思！

／ 河內巴亭廣場。

● 蔣為文 2017《越南魂：語言、文字與反霸權》台南：亞細亞國際傳播社。
● 蔣為文 2010〈留 Tiàm tī 越南 ê 農技人員吳連義 ê 案例研究〉，《台灣風物》期刊，
　60 (2)，63-86 頁。
● 鍾逸人 2014《此心不沉 - 陳篡地與二戰末期台灣人醫生》台北：玉山社。

延伸
閱讀

打敗中國最多次的竟是這個民族

左／ 位於奠邊府的「決戰決勝」雕像。
右／ 越南國慶日前街頭的紀念旗幟。

　　長期以來，中華人民共和國對台灣及中華民國的打壓無所不在。特別是在民進黨執政期間，中國對台灣的外交封鎖及以商促降的惡劣手法更是無所不用其極。不少在台的親中政治團體更是「食碗內，洗碗外」(Chia̍h óaⁿ lāi, sé óaⁿ gōa) 刻意助長中國的邪惡霸權，唱衰台灣、打擊國人民心士氣。事實上，能夠以小博大取得勝利的案例並非沒有。譬如，歷史上打敗中國最多次的民族並不是蒙古人、滿人或日本人，而竟然是看似弱小的越南人！

　　當今越南的國號為「越南社會主義共和國」(Cộng hòa Xã hội Chủ nghĩa Việt Nam)，國慶日訂為每年 9 月 2 日，源自 1945 年 9 月 2 日胡志明主席在巴亭廣場 (Quảng trường Ba Đình) 宣布越南獨立建國。那年 9 月 2 日也是聯軍統帥麥克阿瑟發布一般命令第一號 (General Order No.1) 的日子。該份命令要求蔣介石代表聯軍負責中國戰區、台灣及越南北部的日軍投降業務。

　　胡志明抓住 9 月 2 日時機宣布越南獨立乃有其政治考量。最重要一點就是讓國際社會明確了解越南人獨立建國、反對殖民政權的決心，並提醒蔣介石勿藉用對日軍繳械之機會佔領越南。憑藉著一般命令第一號的要求，蔣介石果真指派盧漢帶領二十萬大軍進入越南北部。原本想賴在越南不走的中國軍隊，在越南利用法國力量介入之狀況下只好於 1946 年夏天從越南撤退。這是近代越南抵抗以蔣介石政權為主的中國惡勢力的成功案例。

　　雖然胡志明於 1945 年 9 月 2 日宣布越南獨立，但法國仍不放棄重新殖民統治越南的任何可能性，於是越法雙方展開長達 9 年的戰爭。直到 1954 年「奠邊府」(Điện Biên Phủ) 戰役中法軍徹底潰敗，以胡志明為領導人的越盟政府才取得關鍵性勝利並逼迫法國同意撤出越南。

　　繼法國之後，美國介入越南內政並支持南越政權以對抗胡志明的北越政權。美國介入越南的內戰長達十餘年卻仍無法有效擊敗北越政權，最後選擇於 1973 年撤出越南。失去美國支持的南越政權隨即於 1975 年垮台並由北越政權統一全國。

　　越南統一後，越共與中共關係交惡。中共為了修理越南，藉口越南部隊越過邊界騷擾中國居民只好進行反擊自衛戰，於 1979 年 2 月 17 出動 10 萬軍隊向越南出兵。中國原本以為幾天之內就可擊敗越南，結果雙方打了一個月，中國軍隊死傷慘重 (約數萬人) 而不得不撤出越南。

／ 1979 年越中邊界戰爭中被越南擄獲的中國砲。

看似弱小的越南，卻能在 30 幾年內連續擊退中國國民黨、中國共產黨、法國及美國，真是「小蝦米擊退大白鯊」的最佳案例，可資台灣借鏡學習！

越南能擊敗帝國主義絕非偶然，而是有其歷史上的必然！越南自古以來就曾經多次成功擊敗來自中國的武力侵略。茲舉例說明如下：

越南曾經有長達一千多年被古代中國統治的歷史。由於中國位於越南的北方，且古時候並沒有「中國」這個國號，因此越南史學家常以「北屬」時期來稱呼古代中國統治越南的時期。奠定古代越南結束北屬時期並開啟越南封建王朝的開創者為「吳權」(Ngô Quyền)。吳權於公元 938 年在白藤江之役擊敗來自北方的南漢政權（五代十國時期），並於隔年自立為王、定都古螺城。

宋朝統一五代十國後擬於 1075 年攻打越南，結果遭遇越南李朝的名將「李常傑」(Lý Thường Kiệt) 先發制人而潰敗。當時的李常傑帶領越南部隊攻陷廣西欽州、廉州及邕州並屠城報復，造成廣西十多萬人死亡。李常傑有名的詩作《南國山河》這樣寫：「南國山河南帝居，截然定分在天書。如何逆虜來侵犯？汝等行看取敗虛。」李常傑的英勇善戰，再度確保了越南建立有別於北方的獨立王朝。

上／古代越南開國英雄吳權陵墓。
下／胡志明市陳興道殿裡的陳興道雕像。

上／河內的阮惠紀念廣場。
下／阮惠紀念廣場前的萬人塚。

　　蒙古人滅掉宋朝並建立元朝統治中國之後，於 13 世紀曾三次派軍入侵越南，結果都無功而返。其中抵抗元朝軍隊最有名的將領就是「陳興道」(Trần Hưng Đạo)。陳興道善於水戰，利用越南眾多河流及叢林的地形擊退當時善於騎馬的蒙古帝國，再度確保了越南維持為獨立王朝。

　　大明國滅元朝後，明成祖利用越南內亂之際派兵攻打越南且於 1407 年占領越南。越南英雄黎利 (Lê Lợi) 發動藍山起義對抗外來的大明政權，最終於 1428 年取得勝利建立後黎朝，登基成為黎太祖。二十年征戰當中，明朝軍隊死傷數十萬人，國力大損、只好承認越南獨立王朝的地位。

　　滿清滅大明國後又興起攻打越南的邪念。大清國乾隆帝於 1788 年出兵攻打越南，沒想到又踢到鐵板，遇到英勇善戰的越南西山王朝英雄阮惠 (Nguyễn Huệ)，造成清軍潰敗死傷數萬人。最後乾隆帝只好承認阮惠並冊封他為安南國王。當今河內市的「棟多郡」(Quận Đống Đa) 的阮惠紀念廣場就是當初埋葬陣亡清軍士兵的萬人塚之一。

　　由上述這些例子可以得到啟發：雖然越南的人口與土地不如中國，但憑藉其決戰決勝、不向外來政權妥協的精神及發揮本身地形優勢的戰略下終究能抵抗來自中國的侵略。越南能，難道台灣不能嗎？台語諺語說：「草蜢仔 lāng 雞公，雞公 phit-phok 跳」(Chháu-mé-á lāng ke-kang, ke-kang phit-phok

thiàu)，意即只要運用智慧得宜，再小的草蜢也可以把公雞
鬥得氣極敗壞。

／阮惠所寫的抗清的字喃詩。

• 蔣為文 2017《越南魂：語言、文字與反霸權》台南：亞細亞國際傳播社。
• 小倉貞男著、林巍翰譯 2020《半島之龍》台北：八旗文化。

延伸
閱讀

是什麼文化基因讓越南能夠抵禦中國霸權二千年？

／ 西貢的美食 hủ tiếu。

　　越南曾受古代中國直接統治一千多年 (公元前 111 年至公元 938 年)，至公元 939 年「吳權」擊敗南漢軍隊自立為王後才奠立日後越南建立獨立王朝的開始。之後，即便中國歷代每個朝代都曾出軍攻打越南，但除少數幾次被短暫佔領外，越南總能發揮其抵禦外侮的實力將中國軍隊趕出越南。不僅如此，在二十世紀之際，越南甚至成功抵禦法國及美國的攻擊而免於再度淪為殖民地。我們不禁要問，是什麼文化基因讓越南能夠抵禦中國霸權二千年？

　　中國的世界觀表現在其「五服制」的觀念上，以皇帝為中心，將周遭民族均視為落後野蠻的「東夷」、「南蠻」、「西戎」與「北狄」。由於越南位於中國南方最遠的邊境之外，也因此常被視為南蠻對待。

　　越南是位於東南亞的多族群文明古國。越南傳說中第一個國家名號稱為「文郎」(Văn Lang)，屬於越南的「鴻龐時代」

(Hồng Bàng)，大約是公元前 2879 至前 258 年。接下來公元前
257 至前 207 年是由「安陽王」建立「甌貉」國 (Âu Lạc)。
秦始皇在公元前 221 年併吞六國、統一中原後，又繼續出兵征
討「嶺南」，並在公元前 214 年併吞嶺南地區。秦帝國在公元
前 207 年分崩離析後，曾為秦效命的將領「趙佗」(越南話稱
做 Triệu Đà) 趁機會佔領嶺南並擊敗甌貉國，在公元前 204 年
建立「南越國」並以「番禺」(當今中國廣州) 為首都。公元前
111 年中國漢朝「漢武帝」出兵殲滅「南越國」，並於當地設「交
趾部」分為九郡。其中三郡「交趾」、「九真」與「日南」相當
於現今越南的北部和中北部地區。從那時開始古代越南第一次
被古代中國納入版圖；這段歷史在當今越南主流史觀中稱為第
一次「北屬時期」。

在北屬時期，中國將漢字傳入越南。當時的漢字主要是
用於行政與官員的文教訓練。當時推行漢字文教最有名的是交
趾太守「士燮」(Sĩ Nhiếp)。在北屬前期兩百多年，越南人就
算認識再多的漢字、再怎麼會讀書，終究無法謀個一官半職、
分享統治權力。此外，在中國統治時期，越南也是「三年一小
反，五年一大亂」。歷史上記載最早的起義是「徵側」(Trưng
Trắc) 與「徵貳」(Trưng Nhị) 二姊妹。她們推翻漢朝駐「交趾」
的太守「蘇定」，得到短暫獨立 (公元後 40-43)。直到吳權成
功擊敗南漢軍隊第一次北屬時期才結束。

／ 交趾太守「士燮」位於越南的墳墓。

在北屬時期及封建王朝時期越南受中國的干預及影響頗大，難怪越南有名的歷史學家「陳重金」(Trần Trọng Kim 1882-1953) 曾感慨那時期說：「無論大人或小孩，去學校都沒學到越南史，單只學中國史。詩賦文章也需取材中國、受中國的價值觀左右 …」。有鑑於此，歷代的越南人也從被中國統治的教訓中學得因應之道。「建立越南本土的文化與思想價值觀」就是其中一個重要的反省與作為。譬如，越南人中的有心人士從十世紀起就開始研發「字喃」以期取代漢字。雖然最終越南是以羅馬字取代漢字，但字喃仍具有不向漢字屈膝磕頭的民族精神。雖然越南人被迫使用漢字約有二千年歷史，至今越南人仍認為漢字是中國字而非越南字。因為越南人有硬頸的越南民族認同，才能堅持其母語及文化至今而不被中國同化。關於更多越南民族精神特色之探討，讀者可參考蔣為文著《越南魂：語言、文字與反霸權》。

　　就歷史發展順序來看，越南文化從北往南拓展，主要依附在三條河流流域，分別是紅河、香江與九龍江（湄公河）。紅河是越南主體民族京族 (Kinh 或稱越族) 的民族發源地，歷代許多重要王朝都建都於此。香江是越南最後一個封建王朝阮朝的護城河。九龍江位於越南南部，該區域原本居住柬埔寨人，約於十七世紀之後越南人逐漸大量移居到此開墾，而形成當今現況。由於發展的歷史文化背景不同，當今越南北、中、南三地各有其區域文化特色。讀者擬了解更多越南文化發展，可參閱蔣為文編《越南文化：從紅河到九龍江流域》。

　　越南的文化有其源自內在本土的成分，也有外來經過吸收後的新興文化，因此呈現出豐富多元又有其民族主體性的特色。越南文化的特色之一就是將外來文化吸收消化後轉換成具本土色彩的文化。

譬如，越南的十二生肖概念雖源自中國，但來到越南後卻用貓取代兔子。中秋節來到越南後，從全家團圓的節日變成小孩子的燈籠節。

　　最經典的案例可以算是河粉的越南本土化。廣東人的河粉傳到越南後變成越南式的 phở，潮州人的粿條傳到越南南部後變成越南南部的美食 hủ tiếu。雖然廣東河粉及潮州粿條源自中國廣東，但經過越南本土化後其烹調方式與口味已與原鄉不同而形成具有越南特色的國民經典美食。越南河粉在越南也發展出南北之差異：北部以河內為主的河粉條較軟，不加豆芽菜，常與牛肉或雞肉一起食用；南部的河粉條嚼勁較 Q，常佐以豆芽菜及九層塔等香菜食用，且不限定在牛肉或雞肉，有些地方也有豬肉或海產口味的河粉。在台灣，當談及河粉時民眾都會聯想到越南的美食。由於移民來台的越南人以越南南部人居多，台灣的越式河粉多數比較像越南南部河粉口味。在法語裡甚至也直接以 pho 來稱呼越式河粉。這表示河粉的越南化已深受越南以外的他者認同與肯定。此外，油條傳到越南後，也遭徹底改頭換面。越南油條不僅尺寸較小，且常與河粉或其他湯類粉條一起享用，而非「燒餅油條」的吃法。

　　從越南的案例來看，越南是一個具有文化主體性與自信的民族！而這或許是當前台灣人最欠缺的民族精神。有文化主體性的民族就不會隨便相信誇大不實的「發大財」口號，也不會天真的認為與土匪簽和平協議就真的可確保生命財產的安全。台灣和越南都曾經歷過外來政權的殖民統治。台越之間的文化有其相似性也有其差異性。台語諺語說：「Han-chî m̄-kiaⁿ lo̍h thô͘ nōa, chí kiû ki-hio̍h tāi-tāi thòaⁿ」（番薯毋驚落土爛，只求枝葉代代湠）。這種骨力打拼的精神與毅力是台越文化共通的特點。台灣人若能像越南人一樣加強文化主體性與自信，必能抵禦所有的外來霸權的侵略！

左／ 河內的牛肉河粉。
右／ 西貢的牛肉河粉。
下／ 越南油條常與河粉或其他湯類粉條一起享用。

- 蔣為文（主編譯）、陳玉添原著 2019《探索越南文化本色》台南：亞細亞國際傳播社。
- 蔣為文（編）2019《越南文化：從紅河到九龍江流域》台北：五南圖書。
- 蔣為文 2017《越南魂：語言、文字與反霸權》台南：亞細亞國際傳播社。
- 小倉貞男著、林巍翰譯 2020《半島之龍》台北：八旗文化。

延伸
閱讀

鄭成功差點歸化成越南人

／ 會安福建會館關於明鄉人開疆拓土的壁畫。

鄭成功算是哪一國人呢？中國人說他收復失土，算是中華民族英雄。日本人說鄭成功的媽媽是日本人且他在日本長崎平戶市出生，所以鄭成功也算是日本人。台灣人說他的家族來台經營二十幾年，所以算是台灣人。其實，還有一個較少人知道的歷史是鄭成功差點歸化成越南人。

公元 1644 年農民軍領袖「李自成」攻入北京，崇禎皇帝自縊，大明帝國亡。不久清軍擊敗農民軍並遷都北京，開啟滿族人外來殖民統治中國的歷史。大明帝國滅亡後，殘餘的宗室與遺將各自四散。這些四散的皇族宗室、官員、遺將與難民等分別遷徙到台灣、越南及東南亞各地。

那時，台灣正由荷蘭人統治當中。鄭成功在南京之役大敗給清軍後開始思考以海外據點為反清復明的基地。除了台灣之外，他原本考慮的地點還包含越南及菲律賓等。後來，鄭成功採納「何斌」的建議以奪取台灣為首要目標。於是，公元 1661 年 5 月鄭成功率二萬五千名士兵攻打佔領台灣的荷蘭人。1662 年 2 月荷蘭人投降，台灣自此開始由鄭成功家族統治直至 1683 年「施琅」率領清軍攻佔台灣為止。

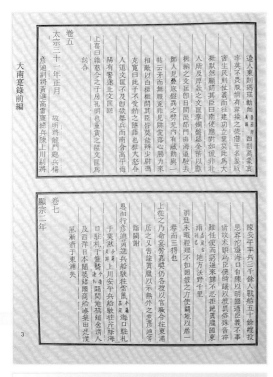

鄭成功打敗荷蘭後不到半年時間就病亡。後來，鄭成功的舊屬「楊彥迪」與「陳上川」等人實現了鄭成功曾有過的念頭，帶兵投靠越南阮主，並在越南落地生根。

依據越南阮朝官史《大南寔錄》前編卷五之記載，龍門總兵「楊彥迪」(Dương Ngạn Địch)、高雷廉總兵「陳上川」(Trần Thượng Xuyên) 等人於 1679 年 (不同文獻有不同年代記載。知名學者陳荊和認為應在 1682 年底至 1683 年之際) 率兵三千餘人從峴港上岸投靠當時越南的阮氏政權。阮主授予陳上川等人官職並令其負責往南方開墾，包含現今越南南部的「嘉定」、「定祥」、「邊和」等地。在阮主授意下，陳上川帶領部隊進駐「盤轔」，在位於同奈河邊的大舖洲關地建市。歷經十餘年建設，大舖逐漸成為當時各國商船往來貿易的重要港口之一，也因而成為越南南部的新興城市。由於陳上川協助阮主從柬埔寨手中搶得土地以拓展南邊疆域，故深受後來的阮朝皇帝明命、紹治、嗣德等肯定而受封為「上等神」。

此外，明朝遺臣後代、廣東雷州莫府城人「鄭玖」(Mạc Cửu) 於 1671 年率眾四百餘人前往柬埔寨南方蠻荒之地開墾。後來鄭玖於公元 1708 年歸順越南阮氏政權並將開墾之土地送給越南顯宗孝明皇帝，因而獲封「河仙鎮大總兵」。

上／大南寔錄中關於陳上川等人入越之記載。
下／河仙鎮的鄭玖雕像。

　　這些不願被滿清統治的明朝遺民最後落腳越南，大多數均與當地越南女子通婚而逐漸本土化，形成目前越南俗稱的「明鄉人」(người Minh Hương)。這種情形類似二次大戰後蔣介石從中國帶百萬軍眷到台灣一般，多數未婚男性軍人與台灣當地女性通婚而其後代俗稱「芋仔番薯」(ō-á han-chî)。越南明鄉人就如同明鄭時期流亡到台灣的漢人一樣，經由通婚及各式本土化過程，已建立起強烈的在地認同。基本上，明鄉人均使用越南語且完全融入越南當地文化，其身分證件的民族類別也登記為「京族」(Kinh 越南主體民族）。

　　越南阮主給予那些擬在越南落地生根的明人特典，亦即設立特別的村社組織，稱為「明香社」(Minh Hương xã)。「明香」之原義為「維持明朝香火」。明香社的男性大多數為明人或明越混血，而女性則多為當地越南人。公元 1802 年阮世祖統一越南，以越南中部「順化」為首都，建立越南最後的王朝「阮朝」。阮世祖於 1807 年下令在全國設立明香社以管理明人後裔並編入戶籍。至阮聖祖即位後，於 1827 年起將「明香」改為「明鄉」，視「明鄉人」(người Minh Hương) 為已入籍的越南人。

上／河仙鎮的鄭玖古墓。
下／收藏在會安福建會館的船隻模型。

　　為何鄭成功及陳上川等人會考慮到越南呢？原來鄭氏家族長期在日本、台灣及東南亞一代從事海盜及貿易，因此他們對越南的事物是熟門熟路。

　　自 16 世紀中葉到 18 世紀末，當時越南正屬南北分裂，鄭、阮紛爭時期。北方的鄭氏政權（或稱鄭主）以「舖憲」(Phố Hiến) 一地為主，南方的阮氏政權（或稱阮主）則以「會安」(Hội An) 從事國際貿易。越南中部的海港會安在占城時期即為東南亞重要的國際貿易港口之一。這些商人包含來自葡萄牙、大明帝國、日本、台灣、荷蘭等地。當時的明人多數乘冬季東北季風南下到會安，再利用夏季吹西南季風時回國，因而也被當地越南人稱為 người Tàu（越南喃字寫為「人艚」），意指「坐船來的人」。

　　早期會安的大明商人聚集的地方稱為「大明客庸」，後來也稱「大唐街」，均屬於臨時性之僑居地。當大明帝國亡國之後，越來越多的明人為避戰亂或因不願臣服滿清而遷徙到會安。當時北方的鄭主雖不拒絕明人入境，但採嚴格的入籍同化政策以避免滿清藉故干涉。相形之下，阮主的廣南國離滿清較遠，較無清軍入侵的壓力。因此阮主採取歡迎的態度，以期利用明人的資源以對抗鄭主及促進南疆之開拓。當時會安的明人約有五千人之多，其中，約有 170 餘名鄭成功舊屬從台灣流亡到會安海關任職。

左／ 胡志明市明鄉嘉盛堂的外貌。
右／ 明鄉嘉盛堂的前管理員陳述當初鄭成功神位擺放的位置。

因為有上述的歷史背景，因此明鄉人大部分分布在當今越南的中部及南部一帶。目前在越南仍有一些建物保留較佳的明鄉會館，譬如，中部會安古城的「明鄉萃先堂」、南部邊和市的「新鄰亭」及胡志明市的「明鄉嘉盛堂」、「福安會館」、「義潤會館」及「富義會館」等。其中，明鄉嘉盛堂在 1975 年南北越統一前還曾經在會館裡面擺放鄭成功的神位。

台語諺語講：「仙拚仙，拚死猴齊天」(Sian piàⁿ sian, piàⁿ sí Kâu-chê-thian)。當初如果鄭成功選擇到越南而非台灣，或許他就不會英年早逝。甚至，他當時若放棄反清復明，選擇到當今越南南部建國，或許他早已成為嘉定國或河仙國的開國英雄。或者，他若選擇歸化成越南明鄉人，他至少也會被封為上等神吧。

上／胡志明市明鄉嘉盛堂的匾額。
中／會安古城的明鄉萃先堂外貌。
下／邊和市新鄰亭的外貌。

- 蔣為文 2015〈越南會安市當代明鄉人、華人及越南人之互動關係與文化接觸〉，《亞太研究論壇》61 期，頁 131-156。台北，中央研究院。
- 蔣為文 2013〈越南的明鄉人與華人移民的族群認同與本土化差異〉，《台灣國際研究季刊》期刊，9(4)，63-90 頁。
- Chiung, Wi-vun. 2020. "Cultural identity change of Minh Huong people in Vietnam: case studies of "Long Phi" era name," Journal of Viet Nam Hoc, 1(2), 74-101.

延伸閱讀

鄭成功部屬陳上川移民越南
竟變上等神

／邊和市新鄰亭的漢字碑文。

　　當代有不少越南人遠嫁到台灣，變成越鄉人在台灣定居。其實，幾百年前也有不少大明國或東寧王國的人民遠離故鄉移民到越南或東南亞其他國家的案例。其中，鄭成功的舊屬陳上川率領三千士兵移民到越南，後來更被越南皇帝嘉許而封為上等神的案例實值得我們探討。

　　陳上川（也有文獻寫陳尚川），字勝才，出生於大明國廣東省高州府吳川縣南三都五甲田頭村。陳上川的生卒年在中文文獻與越南文獻裡的紀錄稍有不同。中文文獻裡關於陳上川的生卒年均記載為生於 1626 年、亡於 1715 年。但越南文獻的紀錄卻不一致：平陽省博物館文件資料紀錄生卒年分別為 1655-1725 年；新鄰亭紀錄為 1655-1720 年；陳上川古墓的漢文碑文紀錄為 1600-1720 年。

　　公元 17 世紀大明國滅亡後，陳上川加入反清復明的陣營，並於 1663 年被鄭成功政權任命為高雷廉總兵，負責巡視東南亞

海域以保障鄭成功的海上貿易。大約在東寧王國降清滅亡之際，鄭成功的舊屬，高雷廉總兵「陳上川」與龍門總兵「楊彥迪」等人約於 1679 年率兵三千餘人投靠當時越南的阮氏政權。阮主授予他們官職並負責開墾南方，包含現今越南南部的「嘉定」、「定祥」、「邊和」等地。陳上川帶領部隊在位於同奈河邊的大舖洲關地建市。歷經十餘年建設，大舖逐漸成為當時各國商船往來貿易的重要港口之一，也因而成為當時越南南部的新興城市。由於陳上川協助阮主拓展南邊疆域，故深受後來的阮朝皇帝明命、紹治、嗣德等肯定而受封為「上等神」（Thượng đẳng thần）。

目前邊和市的「新鄰亭」及陳上川建立的七府古廟（關公廟）均祭拜陳上川。此外，胡志明市的「明鄉嘉盛堂」也祭拜陳上川。新鄰亭於每年農曆 10 月 22 至 24 日辦理盛大的祈安典禮活動，內容包含各式祭拜儀式及陳上川出巡遊行。陳上川神像出巡時沿途周遭信徒準備牲禮祭拜，其盛況猶如台灣的媽祖出巡活動。可見，陳上川在當代邊和市及胡志明市當地民眾眼中仍具有一定的份量及潛在影響力。

／新鄰亭的陳上川神像與牌位。

主祀陳上川的「新鄰亭」位於同奈省邊和市的「阮文治」路。依據新鄰亭內部流通的手冊的記載，原始新鄰亭是在喇叭城的一座小廟。在越南明命帝（Minh Mạng 1820-1840）時期，附近的人民立這座廟以表示對陳上川將軍開墾同奈 - 嘉定地區荒地有功的尊敬。經過兩次遷移以後（1861 & 1906）才遷到目前的位置。由於新鄰亭具有歷史文化意義與價值，於 1991 年獲越南文化資訊和體育旅遊部認可為國家級歷史文化古蹟。

　　邊和市新鄰亭每年農曆 10 月 23 及 24 日均會
辦理隆重的祈安廟會活動（lễ hội kỳ yên）以感謝
陳上川的功德並祈求為地方百姓帶來平安幸福。廟會
儀式及活動全部以越南語進行。當地居民常尊稱
陳上川為「德翁」（Đức Ông）。祈安廟會通常於
正式開幕前一晚就開始熱身。其中最大場的重頭戲
應屬陳上川神像出巡之遶境遊行活動。新鄰亭的
祈安廟會活動從熱場到結束前後三天大約吸引了至少
幾千人以上的直接或間接參與。參與者包含在地居民
及外地（譬如平陽省及西貢）來的進香團、陣頭及
表演團等。

　　「入壇儀式」於開幕典禮致詞後開始進行，主要
讓各地來的零散香客與進香團前來謁拜陳上川神位。
進香團有純越南京族人的團體，也有從西貢（今稱
胡志明市）來的明鄉人或華人的團體。譬如，本研究
觀察到的進香團有邊和化安魚市場協會、廣東西樂隊、
邊和潮州僑思堂父母會、西貢明鄉嘉盛堂等。入壇
儀式完成後就開始準備德翁出巡遶境。

／德翁出巡前的熱鬧陣。

　　「德翁出巡遶境」就是將陳上川的神像恭請到神轎上，之後在進香團及信眾的陪伴下環繞邊和市區以驅邪、保祐百姓、平安發大財。遶境全程約二個小時左右。德翁出巡遶境的團體隊伍人員大概有五六百人以上，若加上沿途自由加入遶境的信眾，就將近有一千人參與。其規模雖不如台灣的媽祖出巡那麼大，但也算是相當熱鬧。德翁出巡遶境時沿途的商家有些會準備祭品來祭拜德翁。遶境團隊也有舞龍舞、獅舞、舞麟表演。舞麟團隊通常二人一組，機動性高，會主動到擺設祭品的商家前獻舞以祝賀生意興隆。商家通常也會以紅包或現金紙鈔回贈給舞麟者。

　　在出巡遶境之前，管理委員會主委及相關代表均會先行禮後再將陳上川神像及「敕封盒」放入神轎。此外，也會隨同攜帶一隻雞及一碗木炭。依據主委林文郎的說法，木炭象徵讓他可以烹煮吃熟食物。筆者認為，這種解釋可能僅是當代越南人的理解方式之一。其原始意義有可能源自福建人的「木炭表示生湠、傳宗接代、生生不息之意思」。在福建話及台語裡，「炭」的發音為thòaⁿ，與繁衍生湠的「湠」thòaⁿ同音。當初明鄉人大部分均來自福建或廣東，因此可能他們將此習俗帶到邊和並透過禮俗的方式傳承下來。

　　「淨牲儀式」主要是準備祭品來祭拜陳上川。祭品有糯米飯、甜點、花果及最重要的一隻大豬公（ti-kong）。祭拜用的豬公必須是黑色的大豬並當場宰殺後去除黑毛。祭拜完後的大豬公會於隔天烹煮以饗宴

上／德翁準備出巡遶境。
下／在路邊祭拜的信眾。

來參與廟會的人員以表示德翁對大家的恩惠。裝著豬血與豬毛的盒子則會被埋在亭後的空地，象徵去除汙穢及不幸並帶來重生的意義。為何強調必須是黑色的豬公？現場負責宰殺的人指出：「這表示不欺騙神明的意思。從前當地曾流傳一個故事，有一戶貧窮人家來祭拜時曾下願說若能發大財就一定用一頭黑豬來回報神明。結果，那戶人家發財有錢以後不願以黑豬回報，竟用一個烤黑的番薯假裝是黑豬來祭拜神明。結果那家人就遇到不少厄運而傾家蕩產。」

「先謁儀式」是祭祀陳上川的盛大儀式。廟方會準備祭品並以撞鐘、打鼓、敲木鼓方式來輔佐禮儀的進行。先謁儀式中的「展敕」（Trải sắc）及「念疏文」是重點。「展敕」是由新鄰亭的耆老爬到神桌上將擺放在陳上川神像身旁的「敕封盒」拿出來。耆老進一步將「敕封」從盒中取出並擺放在神像旁供信眾膜拜。先謁儀式過程中會念用漢字及越南羅馬字對照書寫的疏文。

「唱朝演劇」（Lễ xây chầu đại bội）包含「唱朝歌」（xây chầu）及「演劇」（đại bội）兩部分，這些是越南南部廟會活動時常見的儀式之一。「朝歌」（chầu）是一種在神明前表演的歌謠。「唱朝演劇」先從唱朝歌開始，之後是表演越南傳統戲劇「嘥劇」（tuồng）。「嘥劇」也稱為 hát bộ 或 hát bội，通常以封建時期越南皇宮貴族的故事為題材而演出的傳統戲劇。越南嘥劇有點類似介於台灣歌仔戲及中國京劇之綜合體。

在新鄰亭祈安廟會中所安排的嘥劇均有其特別意義。其中，李常傑（Lý Thường Kiệt 1019-1105）一劇更是有其歷史意義。李常傑是越南李朝的名將，曾擊敗占婆人及來犯的中國宋朝軍隊。李常傑為報復

宋軍侵略，甚至揮軍攻陷廣西邕欽廉三州並進行大屠殺。李常傑的知名詩作《南國山河》寫道：「南國山河南帝居，截然定分在天書。如何逆虜來侵犯？汝等行看取敗虛。」

／越南傳統戲劇「嘥劇」演出。

　　陳上川的古墓位於邊和市隔壁省，亦即平陽省的北新淵縣新美社。該古墓區係藉由地方耆老的傳說與協助下才於 1993 年尋得，共有四座墳墓。經過多年整建後才形成現在的陳上川古墓區的規模。平陽省政府於 2005 年 7 月 4 日通過認定陳上川古墓區為省級的歷史古蹟。

　　陳上川原本在明鄭僅是默默無名的小將，但到越南後卻受越南阮朝皇帝賞識而被追封為上等神。從陳上川的案例也可以給台灣一些啟發。公元 1945 年二次大戰結束後也有為數不少的中國軍民隨著蔣介石政權來到台灣。這種情景和當初陳上川帶領三千士兵投靠越南阮主有些類似。台語諺語講：「食果子拜樹頭，啉泉水思源頭」(Chia̍h kóe-chí pài chhiū-thâu, lim chôaⁿ-chúi su goân-thâu)。陳上川及其部屬選擇落腳越南並認同越南為新故鄉及新祖國。陳上川的做法不僅促進越族及華族之間的合作共存，也促使他被越南人神格化成為上等神來祭拜。這或許可視為越、華雙贏的最佳典範！

／ 陳上川的古墓。

● 蔣為文 2019〈明鄉人陳上川的越南化與神格化信仰研究〉台灣的東南亞區域研究年度
研討會，6 月 21 日~22 日，淡水，淡江大學。

● 蔣為文 2018〈越南明鄉人陳上川生卒年考察〉，《亞太研究論壇》65 期，頁 37-54。
台北，中央研究院。

延伸
閱讀

孫文的越南情緣

／ 高台教三聖現象傳說中孫文及雨果均為越南阮秉謙之弟子。

　　孫文為 19 世紀末主張以武力推翻滿清的革命團體領導人
之一。儘管藍綠紅陣營對孫文的評價不一致，目前中華民國政府
仍將孫文視為開國國父。眾所皆知，當時的孫文為了推翻滿清，
四處各國奔波以期藉由外國的支持協助推翻腐敗的大清帝國。
孫文曾多次到日本、越南、台灣及東南亞尋求當地華僑及政府的
支持，甚至於 1904 年以偽造的夏威夷出生證明取得美國護照
以方便他在美國從事革命活動。

　　孫文與越南的關係遠大於台灣。依據越南史學家 Chương
Thâu 的研究，於 1900 年至 1907 年間，孫文共去過越南六次，
住在越南的期間合計超過二年。孫文於 1905 年在東京成立中國
革命同盟會後隨即到越南西貢堤岸（今胡志明市第五郡趙光復路
91 號）於同年 10 月成立第一個海外分會並進行募款。稍後，
孫文以河內的粵東會館（今日河內市行船街 22 號；現址已改為

幼稚園）為根據地，並分別策畫潮州黃岡起義、惠州
七女湖起義、安慶起義及鎮南關起義等。孫文於
1907 年在河內設立中國同盟會總部（今河內市陳興
道路 61 號；現址已改為餐廳）。後來在滿清政府對在
越南的法國殖民政府的抗議下，法國殖民政府才將
孫文驅逐出境。

左／中國革命同盟會西貢堤岸分會舊址現況。
中／中國革命同盟會河內總部舊址現況。
右／河內粵東會館舊址現況。

　　孫文也和越南人在日本結緣。公元 1905 年孫文
在日本會見了來自越南的革命領袖「潘佩珠」。越南
在當時為法國的殖民地。潘佩珠秘密組織了「維新會」，
並主張以武力暴動推翻法國政權以建立君主立憲的
越南國。孫文批評潘佩珠的君主立憲觀念過於保守，
建議他改建立民主共和國。孫文主張亞洲弱小民族
如越南、朝鮮及台灣等應互相協助以達成各民族的
獨立。他並進一步建議潘佩珠鼓勵越南人加入中國
的革命運動，等中國革命成功後再回頭協助越南獨立
建國。潘佩珠則建議孫文應先協助越南獨立，成功
之後中國革命人士可以以越南為反清之基地。

　　說到潘佩珠，就要談起他和梁啟超的故事。潘
佩珠第一次拜訪日本就遇到流亡日本的梁啟超。梁
啟超勸潘佩珠放棄以武力對抗法國殖民政權，改以
啟發民智的教育來深化政治、文化抵抗的力量。經過

一番思考，潘佩珠確信教育民眾以宣揚民族意識及愛國精神的重要，就寫了一本《越南亡國史》（Việt Nam vong quốc sử）並請梁啟超協助在日本出版。潘佩珠於 1905 年 6 月帶了一些《越南亡國史》回到越南並開始運作鼓催越南青年到日本留學的「東遊運動」（Phong trào Đông Du）。後來他有感於福澤諭吉 (Fukuzawa Yukichi) 創辦「慶應義塾」的影響力，潘佩珠和潘周楨等人模仿慶應義塾於 1907 年 3 月在河內成立「東京義塾」以作為文化抵抗的根據地。這裡所謂「東京」是指越南胡朝首都「昇龍」的名稱。

左・右／河內粵東會館舊址門口放置的孫文事蹟說明。
下／河內粵東會館舊址保存的重建碑文。

　　孫文的中國革命同盟會主張：「驅除韃虜，恢復中華，創立民國」。孫文認為，即便外來的滿清人殖民統治漢人已超過二百年，滿清仍是外來政權，應該被推翻掉。孫文不認為外來政權可以因為統治久了就在地合法化。因此他支持包含越南在內的亞洲各弱小民族應獨立！

　　依據越南史學家 Chương Thâu 的研究，潘佩珠及越南的國父胡志明等革命領導人亦深受孫文的三民主義思想影響。甚至越南的本土宗教「高台教」也把孫文列為三聖賢之一來祭拜。高台教的三聖現象傳說裡將越南人「阮秉謙」及其弟子法國文學家「雨果」(Victor Hugo) 與孫文 (孫逸仙) 並列為三聖人。但從沒有人說胡志明或潘佩珠支持越南屬於中國的

一部分！雖然孫文與越南的關係遠甚於台灣。但越南政府從未將孫文認定為越南國父，也沒有為他豎立雕像，甚至他待過的地方也沒有改建為紀念館。

原來，在那殖民地盛行的年代，亞洲各弱小民族的革命志士互相交流、聯繫與支援是常有的事。法國統治越南時期，中國因為地緣與歷史的關係，常成為越南抗法運動者的活動場所之一。較有名的像是潘周楨、潘佩珠、阮海臣、胡志明等都與中國有接洽。其中阮海臣出身黃埔軍校，與中國國民黨關係很好。阮海臣長期住在中國，他在 1945 年跟著中國「盧漢」軍隊進入越南，更在中國國民黨的支持之下擔任越南聯合政府的副主席，最後流亡中國。

／越南高台教的三聖現象傳說。

台灣也不例外！日本統治台灣時期，少部分台灣人也曾試圖尋求中國的力量協助台灣獨立。以蔣渭水為例，他參與中國同盟會不過是實踐亞洲弱小民族要互相協助合作的理想罷了並非支持台灣被中國再度統治。總而言之，爭取國際的奧援以達成民族國家的獨立是正常也是普遍的事。台語諺語講：「家己栽一欉，khah 贏看別人」(Ka-tī chai chit châng, khah iâⁿ khòaⁿ pát-lâng)。「與其羨慕別人的國家，不如建立自己新而獨立的祖國」這應該是所有殖民地人民的心聲吧！

太平島挖石油只會引爆國際爭端

／越南各單位近年出版不少關於西沙及南沙主權的專書。

最近某位中國黨總統候選人公開否認他曾經說過要開挖太平島的石油。儘管他本來說話就顛三倒四，可信度趨近於零，我們還是要就國際現實面來探討一下太平島挖石油這件事是否可行。

筆者先就「南海」這一稱呼釐清。位於台灣、菲律賓、馬來西亞、越南及中國海南島所包圍的這一大片海域，在中文裡傳統上稱為「南海」或「南中國海」。但在不同國家裡，譬如越南稱它為東海 (Biển Đông)，菲律賓則稱它為西菲律賓海。筆者建議台灣應率先將南海正名為「東南亞海」(Southeast Asian Sea)，以作為和平解決東南亞海主權爭議之第一步。

東南亞海海域約有三百五十多萬平方公里，擁有二百五十多個岩礁和島嶼，其中絕大部分均為無居民也無淡水，且會隨著海水退漲而出現或隱藏於水裡的礁石。就歷史而言，二十世紀之前太平島及東南亞海的諸島、礁均為無人定居，僅為各國漁民或海盜偶而休憩之地。由於越南在地理上離這些島礁最近，因此

有最多的越南漁民在這些島礁上活動。目前在東南亞海域也是由越南實質占領最多的島礁。

由於東南亞海是東亞通往中東與非洲的重要海運航線，且近年來發現海底可能蘊藏著豐富的石油與天然氣，因而周邊國家紛紛主張擁有東南亞海的主權。這其中以中華人民共和國最霸道，主張整個東南亞海的主權均屬於中國，並於 2012 年在海南省下設「三沙市」，片面宣布將西沙、中沙及南沙群島歸由三沙市管轄。

中華人民共和國對東南亞海的主權依據乃建立在繼承中華民國的領土。中華民國在二次大戰結束前原本並沒有擁有東南亞海的任何島嶼。戰後，中華民國能夠佔領東南亞海裡的太平島及一些岩礁乃是依據聯軍統帥麥克阿瑟的委託。麥克阿瑟於一九四五年九月二日正式發布第一號命令，其中第一條 A 項指出「在中國（滿州除外），台灣及北緯十六度以上法屬印度支那境內的日本高級將領與所有陸海空軍及附屬部隊應向蔣介石將軍投降。」當時的法屬印度支那就是現在的越南。蔣介石就是依此命令代表聯軍接受在台灣及越南北部的日軍投降。

Hoàng triều trực tỉnh địa dư toàn đồ
Nhà Thanh, năm 1904
Trên bản đồ có ghi điểm cực Nam của lãnh thổ Trung Quốc lúc đó chỉ đến đảo Hải Nam. Bản đồ không đề cập đến hai quần đảo Tây Sa và Nam Sa - tức là hai quần đảo Hoàng Sa và Trường Sa của Việt Nam.
Nguồn: Bảo tàng Lịch sử Việt Nam
Map of Hoang trieu truc tinh dia du toan do
Under the Qing Dynasty, 1904
"Hoang trieu truc tinh dia du toan do" is China's oldest map in contemporary times. The map reflects China's perception of its territory during the Qing Dynasty. This shows that by the early 20th century the southernmost point in China 's territory is Hainan island and there is no mention on whatsoever of Xisha and Nansha archipelagoes, which in fact are Vietnam's Hoang Sa (Paracel) and Truong Sa (Spratly) archipelagoes.
Source: Vietnam History Museum
皇朝直省地輿全圖
中國清朝，上海出版社，于1904年
中國清朝《皇朝直省地輿全圖》证明了中国的疆域观念，其中明确中国最南端只到海南岛。这意味着越南黄沙和长沙群岛并不属于中国领土（中国分别称为西沙和南沙群島）。
来 源：越南历史博物馆

／ 越南的博物館展示中國古地圖裡不含東南亞海島礁及台灣。

／ 越南的博物館展示東南亞海裡越南擁有的島礁。

　　戰前，一九三九年日軍曾攻占含太平島在內的南沙群島（越南稱為「Trường Sa」長沙群島），並將其取名為新南群島，納入高雄州（現在的高雄市）管理。當時的西沙（越南語稱為 Hoàng Sa) 及南沙因是日軍占領地，故也被蔣介石藉機派軍占領而納入中華民國管轄。為合理化佔領新南群島，中華民國於一九四七虛構十一段線，將整個東南亞海劃入中華民國版圖。就法理而言，負責接受日軍投降並不代表佔領國就擁有該地的主權。因此，日軍於北越投降繳械完畢之後，蔣介石只好於一九四六從越南北部撤軍。但因當時越南剛宣布獨立，無力管轄東南亞海，故蔣介石持續佔領東南亞海部分島礁。

　　就歷史來看，十一段線、九段線或 U 形線均是二戰後才陸續虛構的說詞，均無國際法源或歷史根據。中華人民共和國於一九四九年建國後，於一九五三年修改十一段線成為九段線。該國進一步以繼承中華民國的立場宣布擁有台灣及東南亞海諸島、礁的主權。海牙仲裁庭已於 2016 年判決中華人民共和國的九段線違反聯合國海洋公約。這個判決其實對台灣相當有利！如果仲裁庭判決九段線存在，則無疑也表示同意台灣及東南亞海諸島、礁全部屬於中華人民共和國。

　　近年來中國積極在南沙群島的永暑礁填土造島
以作為軍事基地並利用海洋石油 981 平台積極在西沙
開採石油與天然氣，已造成周邊國家的嚴重抗議。
其中，越南更是多次與中國在海上發生船隻衝撞事件。
越南不僅在外交、國際場合持續表達反對中國擁有
東南亞海的主權，在內政上也加強對國民的主權意識
宣傳。譬如，在各學校、博物館、公共場合等宣傳
西沙及南沙群島主權屬於越南。

　　就現實狀況而言，東南亞海的眾多島、礁是由
許多周邊國家分別佔領，無單一國家掌控全部島、礁。
台灣應摒棄中華民國十一段線的說法，避免被國際
認為台灣與中國站在同一陣線，以換取東南亞國家的
支持。以太平島為中心劃二百海里經濟領域對台灣
未必有利，反而容易激起各國比照辦理而失去享有
公海的更大空間。軍事上擁有太平島並不代表擁有
整個東南亞海的主權。東南亞海應非軍事化、避免
東南亞海爭議的升溫，並以和平解決及共同合作為
處理原則。與其在太平島開挖石油，不如將它設置
成為國際自然生態區及漁民緊急醫療中心，以凸顯
台灣的人道主義及無意爭奪東南亞海資源。

／ 越南胡志明市街道關於西沙及南沙主權的宣傳壁畫。

一場武漢肺炎疫情
竟看出越南的實力

／越南難得一見的空曠街道。

　　最近中國武漢肺炎疫情嚴重且不斷向世界各國擴散，台灣和越南也均遭受波及。這場疫情不僅讓世界各國看到台灣一流醫療品質與防疫措施，也讓人看到越南人驚人的實力表現。

　　台灣的醫療品質奠基於早期的發展且歸功於傳教士的貢獻。譬如，台灣最早的西醫診所「看西街醫館」由馬雅各醫師 (James Laidlaw Maxwell) 於 1865 年在台南創辦。看西街醫館後來發展成現在的新樓醫院。台灣北部最早的西醫診所「偕醫館」也由馬偕博士 (George Leslie MacKay) 於 1879 年在淡水成立，它就是現在馬偕醫院的前身。或許讀者對看西街醫館及偕醫館不陌生，但對於當時的台語醫學教材則未必認識。譬如，曾於新樓醫院任職的戴仁壽醫生 (George Gushue-Taylor) 於 1917 年以台語白話字（羅馬字）出版了一本 Lāi-gōa-kho Khàn-hō͘-ha̍k（內外科看護學）。各位想想看，一百多年前的台灣就有以台語出版的醫學護理課本！當時的中國還處於分裂狀態、軍閥割據、民不聊生的時期！當時的台灣之所以能出版台語醫學教材，源自於巴克禮牧師推廣白話字的功勞。

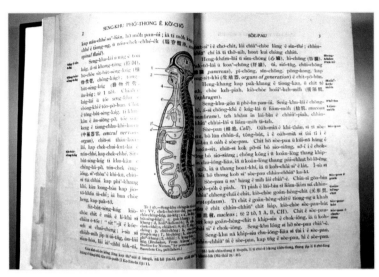

／戴仁壽醫生用台語撰寫的內外科看護學。

中國爆發武漢肺炎疫情後，越南和台灣一樣在第一時間即遭受波及也及時啟動防疫措施。越南在第一時間即管制中越邊境以避免武漢肺炎疫情蔓延至境內。由於邊境管制，導致許多原本越南要運往中國販售的水果而滯銷。越南政府也取消許多大型的活動，譬如原定二月初舉辦的越南詩人節國際吟詩交流活動也臨時喊停。越南原本道路上是汽機車爭道、混亂的情景卻也因為疫情的影響導致車輛大幅減少而舒暢多了。許多學校均宣佈至少停課到三月底。藥局的醫療口罩也都被搶購一空。越南醫療部為提醒越南人注意防範武漢病毒，還以越南流行歌 Ghen（原意為忌妒）改編了一首防疫歌曲 Ghen Cô Vy。

歌曲連結
https://www.youtube.com/watch?v=BtuL3oArQw

Ghen 原來為 Youtube 點閱率破億的一首 MV，由 KHẮC HƯNG、MIN、ERIK 三人合作演出，內容為三角戀情的忌妒。改編的 Ghen Cô Vy 於今年(2020) 2 月 23 日才正式公布，已累計近億點閱率並獲國際媒體競相報導，譬如美國的 HBO、Billboard、韓國

SBS、法國 BFMTV 等。這顯示越南的音樂創作能力及防範疫情的創意受到國際肯定。

Ghen Cô Vy 的 Cô 是姑娘或小姐的意思，Vy 是指人名「薇」，全文意思是指「令人忌妒又討厭的小薇」。Vy 這個名稱在越南南部是普遍的菜市場名。之所以會用 Vy 來取歌名主要是中國把武漢肺炎病毒取名為 COVID-19。COVID 的發音與越南語的 Cô Vy 很類似。中國亂取名，不僅害了一家同名的美國企業 COVID，也害慘了越南成千上萬的小薇。中國明明是武漢肺炎的發源地，卻汙衊是美軍將病毒帶到武漢，難怪美國總統川普要正名武漢病毒為 Chinese Virus。台語諺語講：「人若衰，種匏仔生菜瓜」(Lâng nā soe, chèng pû-á seⁿ chhài-koe)。與惡鄰居相處，總是會受到拖累，遇到倒楣的事情。

令人更驚爆的新聞是越南太平洋集團 (IPP) 的董事長阮幸 (Johnathan Hạnh Nguyễn) 為救感染武漢肺炎的女兒阮仙 (Nguyễn Tiên) 回國，花了一千多萬台幣包機把女兒從英國倫敦載回越南胡志明市。這顯示越南改革開放以後經濟獲得成長並已創造出不少世界級的富豪。譬如，越南的首富 Vingroup 集團董事長范日旺的身價已超越郭台銘；越南廉價航空公司越捷的市值已超過華航及長榮。

阮幸 1951 年出生於越南知名的海景勝地芽莊，1974 年移民到菲律賓，之後又入籍美國並曾在波音公司擔任財政調查員。越南改革開放後，阮幸是首波回國投資的越僑，經營的企業主要代理各種名牌產品。阮幸的第一任妻子是菲律賓人，第二任牽手為越南知名女演員黎紅水仙 (Lê Hồng Thủy Tiên)。

阮仙即為黎紅水仙與阮幸所生的女兒。根據越南勞動報最新報導，阮仙回越南隔離治療後病情已好轉並初步檢驗已呈現陰性反應。依據越南醫療部的統計，截至 2020/3/18 日止，越南確診案例共 76 例，已康復 16 例，尚無死亡案例。由於歐洲在中國肺炎剛開始蔓延之際疏於防範，導致現在災情慘重、醫療體系幾

近崩壞。在醫療資源有限下，當各國均以本國人為優先考量時，阮仙若繼續停留在英國確實存在非常大的生命風險。阮幸果然發揮其企業家快又準的本色，選擇花錢救命，目前的結果也證明他的選擇是對的。

／勞動報關於阮仙恢復狀況的報導。（圖片來源：越南勞動報）

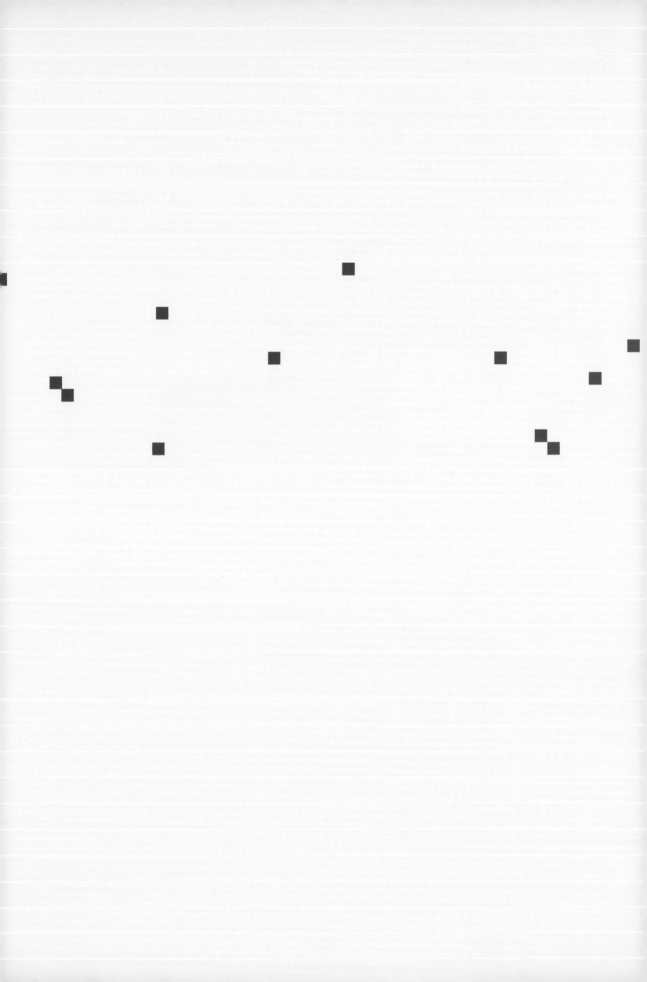

台文版
Taiwanese edition

越南灶神竟然騎伊飛上天庭

／ 越南灶神騎鯉魚飛上天庭 ê bàng-kah。
(圖片來源：TÁO LÊN CHÀU TRỜI bàng-gah)

　　越南人 ê 傳統節日內底 siōng 鬧熱 ê 算是舊曆正月初一
ê 過年 (Tết Nguyên Đán)。越南人過舊曆年 ê 氣氛大概 ùi 舊
曆 12 月 23 送灶神開始，到舊曆正月 15 上元節 (Rằm tháng
Giêng) 了 chiah tàuh-tàuh 恢復平常。

　　台灣 ê 送神日通常 tī 咱人 (舊曆)12 月 24，越南 ê 送神日
是 tī 舊曆 12 月 23，而且 kan-taⁿ 送灶神上天庭。越南 ê 灶神 (Táo
Quân) 有三位，二位 cha-po͘ 一位 cha-bó͘。根據越南陳玉添教授
tī 《探索越南文化本色》(中文版，亞細亞國際傳播社 2019 年
10 月出版) ê 記載，越南灶神 ê 民間傳說 tī 下底：

　　古 早 時 有 一 對 ang-á-bó tiāⁿ-tú teh oan-ke bē 合。 有
一 kang，bó 來離家出走，改嫁 hō͘ 另外 chit-ê khah 富裕 ê
ang-sài。某一 kang，有一位乞食到厝討食。Tng hit-ê bó 提
米 beh hō͘ 討食 ê 乞食，chiah 發現原來 chit-ê 乞食 tiòh 是伊
ê 前 ang。伊驚仔富裕 ê ang-sài 轉來了後會誤會，tiòh 叫伊
前 ang 先到後院 ê 稻草堆暫時 bih 一下。伊 ê 丈夫轉來了，入
灶跤 chhōe 灰肥 beh 去田地 iā 肥，但是伊 chhōe 真久 chhōe

lóng 無，tioh 將後院 ê 稻草堆點火燒去。看 tioh 前 ang tī 乾草堆內底 hông 燒死，bó· 非常悲傷，伊 tioh 跳入火坑 kap 前 ang 做伙死去。這時伊富裕 ê ang-sài 看 tioh，雖然 m̄ 知影發生 siáⁿ-mih 代誌，但是因為伊真愛 in bó·，所以 mā 跳入火坑 kap bó· 做伙燒死。天公伯仔感覺這三 ê 人有情有義，tioh kā in 封做灶神。其中 ang-sài 化身 ê「土公」(Thổ Công) 管轄灶跤內底 ê 代誌，前 ang 化身 ê「土地」(Thổ Địa) 管轄厝內 ê 代誌，bó· 化身 ê「土祇」(Thổ Kỳ) 管轄市場店面炊事。

傳說中 ê 越南灶神會 tī 舊曆 12 月 23 騎鯉魚飛上天庭向玉皇大帝稟告這戶人家一年來 ê 所作所為。所以，越南人會 tī 12 月 23 準備供品送這三位灶神上天庭。為 tioh hō· 灶神順利上天，有 kóa 越南人 mā 會準備鯉魚放生象徵協助灶神升天。到 29 mê，越南人 chiah 將灶神 kap 厝內 ê 祖先接轉來厝過年，初三 chiah-koh 送祖先轉去陰間。

送神了後，傳統上，越南家庭會 chhoân 粽 kap 麻糬準備過年。Chit-ê 民間風俗源自雄王 ê 傳說。雄王是傳說中古代越南人 ê 先祖，他有 22 ê 囝兒。

有一 kang 伊想 beh 試驗看佗一位囝 siōng 巧，beh 將王位傳 hō· 伊。伊要求所有 ê 囝仔 lóng 去 chhōe 珍奇 ê 寶物以便祭祖。結果第十八位王子所呈現 ê 供品 siōng 得 tioh 雄王 ê 欣賞，tioh 來繼承王位。伊所呈現 ê 寶物 tioh 是粽 kap 麻糬。

／越南 ê 二款粽。

粽是由糯米、豬肉 kap 綠豆組成 koh 用綠葉包做四方象徵大地山林。麻糬是糯米 cheng-cheng leh 做成浮起來 ê 圓形，象徵蒼天。Án-ne，粽 kap 麻糬 tio̍h 表示天地養育眾生，囝兒用 che 來回報父母 ê 恩情。

倒pêng／Tng teh做ê越南粽。
正pêng／已經熟ê越南四方粽。

倒pêng／越南過年布置ê桃花kap黃梅花。
正pêng／北部人kah-ì ê桃花。

　　過年期間 ê 布置一定會有花。越南過年 siōng tiāⁿ 看 tio̍h ê 花是桃花、黃梅花 kap 金桔。越南北部人佮意粉紅桃花，中部 kap 南部佮意黃梅花。會結金黃色果子 ê 金桔樹象徵豐收 ê 一 tang，tī 全國 lóng 真受歡迎。過年期間大概家家戶戶 lóng 會布置金桔、桃花 iah 是黃梅花。Án-ne 以外，南部人過年時 tiāⁿ 會 ke khǹg 一盤五種果子盤來祭拜神佛祖先。這盤果子盤 tio̍h 是「mãng cầu」（釋迦，代表請求 ê 意思）、「sung」（無花果，代表充滿、富足）、「dừa」（椰子，代表 tú-á 好 ê 意思）、

「đu đủ」(木瓜，代表有夠 giàh ê 意思)、「xoài」(soāiⁿ-á，代表開銷 ê 意思);iàh tiòh 是講家家戶戶 lóng 希望新 ê 一 tang 來到，會當趁錢趁有夠 giàh 來過日子(參閱陳玉添《探索越南文化本色》)。

Tī 台灣，元宵暝有「偷 bán 蔥，嫁好 ang;跳菜股，娶好 bó͘」ê 民俗。Tī 越南有 29 mê「祈祿」ê 風俗，透過 bán 樹枝 ê 幼葉仔祈求升官發財。

咱人初一，真 chē 人會去廟寺 iàh 是教堂祈求未來一 tang ê 平安好運勢。厝內 mā 會由大人包紅包 hō͘ 囡仔。Tī 越南，紅包無一定會用紅色 ê 紙 lok-á 來包，有 kóa 人 mā 會用白色 ê phoe-lông。所以，讀者 nā 有收 tiòh 越南人 ê 白色紅包 mā mài siuⁿ 過見怪。越南南北矮長，人口接近一億，各地過年風俗民情無完全 kāng 款。基本上，過年期間 mā 有一 kóa tiāⁿ 看會 tiòh ê 民俗信仰 kap 禁忌。像講 bē 當掃厝內 ê pùn-sò。Bē 當向別人借火，避免興旺 hông 分去。Bē 當 thīⁿ 衫褲、oan-ke、借錢、討賬、拍破物件等等。正月初二，越南人並無特別 ài 轉去後頭厝 ê 慣勢。正月初三有到老師厝內拜年 ê 習慣，特別是少年學生通常 lóng 會 sio 招去老師厝內拜年。Tī 河內 ê「文廟」(tī 台灣 tiāⁿ 叫做孔廟)過年期間 tiāⁿ 辦理一 kóa 文教活動。

越南 ê 舊曆十五是上元節，kap 台灣 ê 元宵節無完全 kāng 款。越南上元節重要 ê 節目 tiòh 是到廟寺去參加法會祈求平安。近年來，tī 越南作家協會 (Hội Nhà văn Việt Nam) ê 推廣下上元節有 táuh-táuh-á 形成越南吟詩節 ê 潮流，真 chē 單位 lóng 會 tī 上元節舉辦吟詩 ê 活動。親像越南作家協會 ta̍k tang lóng 會 tī 文廟來辦理吟詩節，每四 tang 擴大

辦理國際吟詩活動。Tī 2019 年 2 月 16 到 20 越南作家協會舉辦第四屆越南文學國際推廣盛會暨第三屆國際詩人大會，總共有來自 46 ê 國家，二百 gōa 位各國作家代表出席，台文筆會 mā 有十 gōa 名作家代表台灣出席。越南作家協會 ūi tiòh 配合吟詩活動，特別出版《Sông núi trên vai》越英雙語版詩集，精選越南 45 位作家 ê 作品。台文筆會 mā tī 第一時間得 tiòh 授權將這本詩集翻譯做台文 kap 中文，當年年底 tī 台灣正式出版。Che 表示 tī 新南向政策下台越雙方 ê 文學、文化交流已經得 tiòh 真大 ê 進步發展。

頂 koân・下 kha／越南作家協會2019年tī文廟辦理吟詩節活動。

● 蔣為文（主編譯）・陳玉添原著 2019《探索越南文化本色》台南：亞細亞國際傳播社。

延伸閱讀

越南春仔竟然 án-ne 寫 !?

／ 河內文廟邊 á ê 翁徒文化市集。

台灣 hām 越南 lóng 有過咱人舊曆年 ê 慣勢。越南 ê 舊曆年 tī 越南語 lìn 號做 Tết Nguyên Đán，iáh-sī 簡單講做 Tết。傳統上，越南人有過年前 chiūⁿ 街請「翁徒」(Ông Đồ) 寫春 á ê 慣勢。

「翁徒」就是類似台灣早期 ê「漢學仔仙」(Hàn-o̍h-á sian)。台語諺語講，「漢字 beh 讀會捌，喙鬚就拍死結 (Hàn-jī beh tha̍k ē bat, chhùi-chhiu tō phah sí-kat)」。Tī iáu 無國民義務教育 ê 封建時代，因為教育無普及，chiâⁿ chē 人是青盲牛。漢學仔仙 hām 翁徒就擔任傳授漢字、扮演初階漢學仔先生 ê 角色。越南 tī 1919 年廢除科舉制度，koh tī 1945 年正式廢除漢字 liáu，翁徒就無 koh 扮漢學仔先生 ê 角色，tàuh-tàuh-á chiâⁿ 做歷史名詞 kap 文化遺產。

越南因為有使用漢字二千外冬 ê 歷史，早期 ê 翁徒 lóng 會曉 kō͘ 漢字 (chữ Hán) iáh-sī 字喃 (chữ Nôm) 寫大字。M̄-koh 當代 ê 翁徒就無一定捌漢字 iáh-sī 字喃，多數改用越南羅馬字 (chữ Quốc ngữ)。目前，有一寡所在會 tī 過年前以文化市集

ê方式辦現代翁徒寫春仔iah-sī字畫ê活動。像講，河內市tiāⁿ tī文廟邊á，胡志明市就tī青年文化中心 (Nhà Văn hóa Thanh Niên) 邊á ê范玉石街 (Phạm Ngọc Thạch) 辦翁徒寫春仔迎新春ê活動。

台灣春á一定是以紅色做底，m̄-koh越南就無一定是紅色，in tiāⁿ以白色做底來寫字。M̄-nā án-ne，越南春仔照消費者ê需求有羅馬字、字喃iah-sī漢字ê寫法。羅馬字毋免是線性ùi倒手到正手ê排列法，mā有可能配合漢字外型soah排做四角型。傳統tek台灣會tī門口貼對聯，m̄-koh越南無流行tī門口貼對聯。

漢字tī古早中國統治越南ê北屬時期傳入越南。Hit時ê漢字主要用tī行政hām官員ê文教訓練。Hit chūn推行漢字文教上有名ê、類似台灣文學史上「沈光文」iah-sī「陳永華」這款角色ê人物是交趾太守「士燮」(Sĩ Nhiếp)。士燮ê祖先是魯國人，為tio̍h閃避「王莽」造反ê戰亂chiah走路到廣西省蒼梧縣ê「廣信」hit tah。士燮因為傳授漢字有功所以越南人尊稱伊做「士王」(Sĩ Vương)。

頂koân ／河內文廟邊á ê翁徒文化市集。
下kha ／國立成功大學台文系辦理ê羅馬字春á活動。

Tī北屬時期ê頭仔兩百冬，越南人就算khah捌漢字、khah gâu讀冊mā無法度做官、分享政治權力。這款情形就親像蔣介石政權統治台灣時期全款。一直到東漢末年「靈帝」

在位（公元 168-189）ê 時 chiah 有交趾本地人「李進」
（Lý Tiến）hông 提名做交趾刺史。

　　Ùi 公元 939 年越南脫離古早中國直接統治 ê
一千外冬以來，越南模仿中國建立 in ka-tī ê 封建
社會制度 kap 王朝。越南李朝（公元 1010-1225）
kap 陳朝（公元 1225-1400）期間 ùi 中國引進各式
政治、文物制度，特別是「科舉制度」kap「儒家思想」
thang 穩定越南朝代 ê 封建基礎。換一句話講，雖然
越南無 koh 受中國直接統治，但是中國對越南 iáu
是有真大 ê 影響。莫怪越南有名 ê 歷史學家陳重金
（Trần Trọng Kim 1882-1953）感慨講「m̄ 管大人、
囡仔，去到學校 lóng 無 teh 學越南史，kan-taⁿ 學
中國史。詩賦文章 mā tō 取材中國、照中國價值觀
來 kiâⁿ...」。回想台灣，中華民國政權統治台灣時
期 kám 毋是 mā án-ne? Hit 時 kan-taⁿ 有大中國教
育，無台灣本土教育。就算公元 2000 年以後國校每
禮拜有一節台灣本土語言課程，m̄-koh he 比例實在
毋是款：中國語言 hām 文學 ká-ná 是 chheⁿ-chhau
ê 滿漢大頓，台灣課程 ká-ná ám-moâi 一碗。

　　一般來講，漢字用 tī 行政、教育（科舉）、學術
著作 hām 古典文學創作。古早越南人用漢字寫作 ê 時，
書面是用文言文 ê 方式書寫，口語就用越南話 ê「漢
越音」(âm Hán Việt) 發音。台語 lāi-té 有所謂 ê 文
言音 hām 白話音 ê 差別，像講「三」ê 文言音是 /
sam/、白話音是 /saⁿ/。越南語裡 mā 有類似文、白
音 ê 差別，像講「三」ê 文言音是 /tam/、白話音是
/ba/。越南話 ê 文言音俗稱「漢越音」。這款情形類似
早期台灣人去漢學仔 hia 學四書五經 ê 時 tiòh 用台語
文言音來讀文言文教材。Ē-kha 咱以李白 ê《靜夜思》
做例，說明越南人是 án-chóaⁿ 用漢越音來讀唐詩：

床前明月光
Sàng tiền minh nguyệt quang
疑是地上霜
Nghi thị địa thượng sương
舉頭望明月
Cử đầu vọng minh nguyệt
低頭思故鄉
Đê đầu tư cố hương

　　真 chē 人誤認用台語來讀唐詩 siōng siak-phah、siōng 有台灣味。用頂面 chit ê 例 ē-sái 看出越南話 mā thèng-hó kā 唐詩唸 kah 真押韻、真 súi-khùi。事實上，用文言音來讀漢詩、漢文是漢字文化圈 lìn ê 共同特色，論真講是 hông 殖民統治 ê 痕跡，完全無法度突顯台灣氣味。

倒 pêng ／ 用越南羅馬字寫 ê 對聯。
正 pêng ／ 用越南羅馬字寫 ê「福祿壽」。

　　若 ùi 發展民族文學特色、突顯越南民族意識 ê 角度來看，越南所寫 ê 漢字作品大概分做二種：第一種是中國漢字作品 ê 延伸，並無法度突顯越南民族精神特色，像講「姜公輔」ê《白雲照春海賦》等。另外一種是真強烈突顯越南民族意識或者特色 ê 作品，像講「李常傑」（Lý Thường Kiệt 1019-1105）ê《南國山河》，「黎文休」（Lê Văn Hưu 1230 - 1322）ê《大越史記》，「張漢超」（Trương Hán Siêu ?-1354）ê《白滕江賦》，

「阮廌」（Nguyễn Trãi 1380-1442）ê《平吳大誥》、《抑齋詩集》，「阮秉謙」（Nguyễn Bỉnh Khiêm 1491-1585）ê《白雲音詩集》，「阮嶼」（Nguyễn Dữ 16 世紀）ê《傳奇漫錄》，「阮攸」（Nguyễn Du 1765-1820）ê《十類眾生祭文》、《清軒詩集》等。Chit koá 作者多數有一 ê 特色就是 in 同時 ē-hiáu 用漢字 kap 字喃字寫作，像講阮秉謙除了有頂面所講 ê 漢字詩集，iáu 有字喃字詩集《白雲國語詩》；阮攸 ê 著作 lāi-bīn siōng 有名 ê 是字喃故事詩《翹傳》。

／ 用漢字、字喃 hām 羅馬字書寫 ê 翁徒詩。

　　越南人有 chiah 久長使用漢字 ê 歷史，若按呢，in 是 án-choáⁿ 看待漢字 kap 漢字文學作品？

　　就算越南人 bat 用漢字二千外冬，m̄-koh 當代越南人全款認定漢字是中國文字冊是越南字。In 認為字喃字 hām chit-má teh 用 ê 越南羅馬字 chiah 是真正 ê 越南文字。若就漢字文學作品來講，越南學者 mā bat 有過爭論。過去有人主張因為漢字是外國文字，所以用漢字寫 ê 作品無算越南文學。Mā 有人認為，雖然漢字是外國文字，m̄-koh 只要作品

是「越南人用越南話寫 ê」就算是越南文學。若按呢，目前主流 ê 看法是 án-choáⁿ？一般 tek 來講，第二種看法 ê 人 khah chē。Iā 就是講，越南人一方面認為漢字是外國文字，m̄-koh 一方面 koh kā 用漢字寫 ê 作品有條件 ê 當作越南文學 ê 一部分。Che 看起來 ká-ná 真矛盾，其實 bē。因為越南人認為 in 是 ko͘-put-jī-chiong 之下 chiah 使用外國文字；雖然用漢字，m̄-koh in iáu 堅持作者一定 ài 是越南人而且作品本身 ài 用越南話來發音。所以像「四書五經」chit khoán 中國人寫 ê 漢文冊雖然對越南文學來講有伊 ê 影響力，m̄-koh 越南人並無 kā in 列入越南文學內面。越南人 m̄-nā 用「越南人用越南話寫 ê」chit khoán ê 標準來認定越南文學，koh 有一 ê 真 sim-sek ê 現象：大多數 khah 權威 ê 越南文學史編寫者 teh 寫越南書面語文學 ê 時 lóng ùi 越南建立獨立王朝 ê 10 世紀以後開始講起。若按呢，越南人是 án-choáⁿ 看待北屬時期 ê 漢字作品？基本上 in 是 kā 當作是 hông 殖民 ê 歷史文獻來看待。越南人 ê 脫漢思維，實在值得台灣人好好 á 思考。

左・右／越南 ê 士燮紀念祠。

●蔣為文 2017《越南魂：語言、文字與反霸權》台南：亞細亞國際傳播社。

延伸閱讀

原來越南人 chiah 是龍 ê 傳人 !?

／ 越南「龍囝仙孫」民間傳說 ê 電影版畫面。

　　Chin chē 人 lóng kiò-sī 中國人是「龍 ê 傳人」。但是事實「龍 ê 傳人」不過是 1980 年音樂人「侯德建」所發行 ê 音樂專輯名稱 niâ。真正有「龍 ê 傳人」民間傳說 ê 民族是中國 ê 厝邊越南人。

　　封建時期 ê 中國，龍 kan-taⁿ 皇帝專屬，皇帝 chiah 算是龍 ê 唯一囝孫。一般中國百姓 kan-taⁿ hông 當作是魚肉刣割，tó-ūi 有資格 thang 做龍 ê 傳人？「龍 ê 傳人」不過是過去黨國體制 kap 大中國意識操作下 hông 建構出來 ê 當代政治神話 niā-niā。Nā 認真 kā 看中國「盤古開天」起源 ê 傳說，伊內容 kap 龍是完全沒關係。Án-ne 中國 ná 會 hiông-hiông 變做是龍 ê 傳人？

　　比較起來，越南自古以來 tiòh 有「龍囝仙孫」(Con Rồng cháu Tiên) ê 民間傳說。傳說中龍種 ê「貉龍君」(Lạc Long Quan) 娶仙女「甌姬」(Âu Cơ) 了，生落一百 ê 囝仔。因為貉龍君慣勢 tòa tī 海 --lih，50 ê 囝仔 tiòh tòe 老爸去海邊發展，另外 50 ê tiòh tòe 老母 tòa 入山內。這一百 ê 囝仔 tiòh 是越南各民族 ê 起源。

　　越南學者陳玉添教授 tī 伊 ê 專冊《走 chhōe 越南文化本色》
內面指出：龍 m̄ 是越南皇帝貴族獨有 ê 靈物。Tiȯh 算是 tī 庄
腳所在 mā 真簡單看會 tiȯh 龍 ê 圖像出現 tiàm 一般人 ê 生活
內底。像講，北寧省 ê 亭榜鄉亭 lông 總有 500 外條龍 ê 圖形。
越南 ê 龍 kap 村民 kāng 款過平凡 ê 生活，mā 會有 sin 生囝，
生一堆龍仔囝，koh 會乖乖仔 hō͘ 越南庄腳穿裙、hâ 肚 kōaⁿ ê
cha-bó͘ 人騎 leh 跳舞。

／越南東山文化考古遺址 ê 鱷魚圖像。
（圖片來源：陳玉添提供）

　　龍 tī 無 kāng 時期 ê 形象 kap 特徵 mā lông 無 sio-siāng。
陳玉添指出，tī 遠古雄王時代 ê 龍真 sêng 伊 ê 本體鱷魚
(khȯk-hî)。李朝 ê 龍變做是鱷魚 kap 蛇 ê 結合，身軀長 khiau
長 khiau，代表社會平穩；毛髮厚厚，喙 kâm 珍珠，代表豪
華、高貴；龍發出一種軟 khiū、賢良 ê 模樣。陳朝 ê 龍輕鬆
koh 彎 khiau，代表時代 ê 活潑 kap 發展。胡朝 ê 龍外型大
kho͘ 大 kho͘，代表充足、勇敢。黎朝 ê 龍爪仔彎 khiau、模樣
真 pháiⁿ，ùi chia 看會出越南社會已經行入一 ê 新 ê 階段——
中華文化影響 siōng 深、siōng 強、儒教 chiâⁿ 做國教 ê 階段。
莫朝 ê 龍彎 khiau tiȯh khah 隨意、ko-ko 纏，代表混亂、分離、
真 chē 矛盾時代 ê 模樣。阮朝 ê 龍恢復真 pháiⁿ ê 外型，代表
儒教 koh choán 倒轉 -- 來做越南國教 ê 地位。

　　Nā án-ne，龍 ê 形象 kap 概念 ê 源頭是 ùi tó 來？有 bē
少學者指出「龍」是源自東南亞 ê 百越文化，後 -- 來 chiah
hō͘ 中國人接受 kap 普及化。Lō͘-se-a ê 學者 D.V.Deopik、
Ja.V.Chesnov kap 越南學者陳玉添、範揮通、陶維英等人
lông 是 án-ne 主張。

　　陳玉添指出，龍是結合鱷魚（頭、鱗、腳）kap 蛇（長身）
ê 特點來組成，充分表現出農業思維 ê 兩 ê 基本特徵，tiȯh 是

綜合 kap 活跳。古代越南是農業社會。農業居民偏重
感情，注重和諧，sớ-pái 來 kā 惡毒 ê 鱷魚變做善良
koh 高貴 ê 龍。龍 koh 表現出農業文化 ê 水 kap 火、
水 kap 天等對立 ê 概念 (ùi 水底出世了飛到天頂噴
出水來)，甚至無翅仔 mā 會當飛上天。越南人民相信
鱷魚 tī 長年修行了，得 tioh 正果 ê hit-kang chiū
會化做龍來飛上天頂。

頂 koân ／ Hâ 肚 kōaⁿ ê 越南 cha-bó͘ 人騎龍跳舞。
下 kha ／ 越南各朝代龍 ê 特徵。
（圖片來源：陳玉添提供）

(a) Rồng thời Lý

(d) Rồng thời Lê

(b) Rồng thời Trần

(e) Rồng thời Mạc

(c) Rồng thời Hồ

(f) Rồng thời Nguyễn

越南 tī 熱帶地區，國內有真 chē làm 仔地、湖
kap 樹林，這 kóa 地理條件 lóng tú 好是適合鱷魚

生長 ê 環境。古代華夏人來到百越地區，頭 pái 看
tio̍h 鱷魚，tiāⁿ-tú 去 hō͘ 伊 pháiⁿ-chhèng-chhèng ê
外型驚 --tio̍h。古冊內底 tiāⁿ 以「蛟」ia̍h 是「蛟龍」
來稱呼鱷魚，可見龍 siōng 頭起先 ê 原型 kap 鱷魚
有關係。Tī 越南 ê 東山文化考古遺址內底 koh 會當
發現有 bē 少「龍 ê 原型」鱷魚 ê 圖像。Tng 龍 ê
概念去 hông 普及化了，人對龍 ê 想像 mā lú 來 lú
豐富 kap 多元，chiah 形成現此時龍 ê 形象。

　　許慎《說文解字》紀錄：「蛟：龍之屬也。池
魚滿三千六百，蛟來為之長，能率魚飛。置筍水中，
即蛟去。從虫交聲。」意思是蛟是龍 ê 一種，換一
句話來講，tio̍h 是鱷魚是龍 ê 一種。

　　《淮南子》《原道訓》紀錄：「夫萍樹根于水，
木樹根於土，鳥排虛而飛，獸蹠實而走，蛟龍水居，
虎豹山處，天地之性也。」

　　《漢書》（卷六至卷七）紀錄：「張晏曰嚴故越人降
為歸襄侯越人於水中負人船又有蛟龍之害故置戈於
船下因以為名也 …… 自尋垣壇霆親射蛟江申攟之師
古曰許慎云蛟龍屬也郭璞說其狀云似蛇而四腳。細
頸頸有白嬰大者數圍卵生子如甲四斛搜能吞人也。」

頂 koân ／ 當代越南南部 ê 鱷魚。
下 kha ／ 胡志明市雄王廟 ê 龍形石雕。

　　《漢書》《地理志下》紀錄：「其君禹後，帝少康之庶子
云，封於會稽，文身斷髮，以避蛟龍之害。後二十世，至句踐
稱王，與吳王闔廬戰，敗之雋李。夫差立，句踐乘勝復伐吳，
吳大破之，棲會稽，臣服請平。後用范蠡、大夫種計，遂伐滅
吳，兼并其地。度淮與齊、晉諸侯會，致貢於周。周元王使使
賜命為伯，諸侯畢賀。後五世為楚所滅，子孫分散，君服於楚。
後十世，至閩君搖，佐諸侯平秦。漢興，復立搖為越王。是時，
秦南海尉趙佗亦自王，傳國至武帝時，盡滅以為郡云。」

　　Ùi 北方來 ê 華夏人接受南方百越蛟龍 ê 概念了，才 táuh-táuh-á 發展出各種龍 ê 形象。因為龍有伊 pháiⁿ-chhèng-chhèng ê 原型 kap 無平凡 ê 特性，最後 chiū 演變做是中國皇帝專屬 ê 龍。新中國建立了後，因為無 koh 有皇帝，龍 chiah táuh-táuh-á tī 民間開始使用。二戰了後中國分裂做中華民國 kap 中華人民共和國，龍 hông 政治化塑造做是兩岸 kāng 款屬於龍 ê 傳人，目的是 beh 訴求民族 ê 大一統。其實，m̄ 管中國人有相信家己是龍 ê 傳人無，he 是中國人家己 ê 主觀認同，是中國曆內家己 ê 代誌。但是，中國人無權干涉其他民族 kám 是龍 ê 傳人，mā 無權認定龍是中國人 ê 專屬圖樣。

／ 順化 ê 龍鳳外型 ê 果子籃。

 ● 蔣為文 (主編譯)‧陳玉添原著 2019《探索越南文化本色》台南：亞細亞國際傳播社。

神農氏 kám 有影是越南人？

／越南雄王祭祀信仰內底 ê 拍銅鼓活動。

有真 chē 人 lóng 真理所當然 kiò-sī「神農氏」是中國人。但是，越南學者陳玉添教授 tī 伊 ê 專冊《走 chhōe 越南文化本色》內底 tio̍h 主張神農氏其實是源自越南古代百越 ê 文化基層。源自北方遊牧民族 ê 古代中國人 ǹg 南征戰拓展版圖了後，沿用當地百越民族神農 ê 傳說，chiah 會來 hō͘ 後代 ê 中國人造成誤會，掠準神農是源自中國。

Hoān-sè 有 kóa 人會認為「神農氏是越南人」ê 講法 kan-taⁿ 是少數越南學者 ê 偏見。其實 m̄ 是！越南有真 chē 民間傳說 kap 信仰 mā lóng 呼應陳玉添教授等學者 ê 主張，親像 tī 2012 年得 tio̍h 聯合國教科文組織認定登錄做人類非物質文化遺產 ê 越南雄王祭拜信仰。雄王 chiū 是傳說中神農 ê 後代囝孫。

根據古籍《嶺南摭怪》ê 記載，越南鴻龐時代 ê 開國王「祿續」(Lộc Tục)，mā 是神農氏炎帝 ê 第四代囝孫，是五嶺仙女 in 囝。祿續 tī 公元前 2879 年左右登基做南方 ê 皇帝，號「涇陽王」(Kinh Dương Vương)，國號是赤鬼 (Xích Quỷ)。赤鬼國 ê 疆界北到洞庭湖、南到占城國、西到四川、東到南海。涇陽王祿

續娶洞庭湖王 ê cha-bó·-kiáⁿ 龍女 (Long Nữ) 了後，生「崇纜」(Sùng Lãm)，繼承王位號做「貉龍君」(Lạc Long Quan)。貉龍君娶「甌姬」(Âu Cơ) 生落一百 ê 卵胞，了後化做一百 ê gín-á。其中一半 tòe 老爸去海邊仔發展，另外一半 tòe 老母 tòa 入山內。後者來到今仔日 ê 富壽省 (Phú Thọ) 停落來，做伙推 sak 大漢後生做「雄王」(Hùng Vương)，建立「文朗國」。

傳說中 ê 神農是農業 kap 草藥 ê 神。Nā 神農 ê 概念 ùi 中國起源，這 ê 字詞應該照漢語 ê 語法號做「農神」chiah tiȯh，是 án-chóaⁿ 會長久以來 lóng 號做「神農」？「神農」(Thần Nông) ê 講法 tian-tò 是符合越南語構詞法 ê 順序：詞根 (Thần)+ 詞綴 (Nông)。無 kāng ê 語言會有無 kāng 款 ê 構詞法。Ṁ-nā 越南語 kap 漢語無 kāng，台語 kap 漢語 mā 無 kāng。像講，漢語 ê「公雞」tī 台語內底號做「雞公」(ke-kang)。台語使用者用漢字書寫 ê 時陣 chiū 會寫做「雞公」。所以咱 nā 是看 tiȯh 有人 án-ne 寫「雞公」，tō 知影作者絕對 m̄ 是漢語 ê 母語人士。Kāng 款 ê 道理，siōng 早創造「神農」這字詞 ê 人應該是使用 kap 越南語有 kāng 款構詞法 ê 民族，絕對 m̄ 是漢族人。Ṁ-nā 是神農無符合漢語 ê 構詞法，中國人 tiāⁿ 講 ê 帝堯、帝舜、帝嚳 mā lóng 是照越南 ê 構詞法來號名。

古代中國是以北 pêng 黃河流域民族為主 ê 社會。Kap 南 pêng ê 百越民族相比，北方 ê 農業發展 kap 南方根本無法度比 phēng。南方因為農業 khah 發展，神農 ê 概念當然 mā tiȯh ke khah 早、koh-khah 深入民間 ê 信仰。Án-ne 以外，神農 mā 號做「炎帝」。因為南方 ê 氣候比北方 koh-khah 燒熱，當然 tiȯh khah 簡單出現「炎」帝概念 ê 信仰。

　　越南學者丁嘉慶教授表示：「Kā 神農當作雄王 ê 六代祖先是越南人繼承古代東南亞文化基層成就 ê 跤跡。Hoān-sè 越南人 tī 接受中華文化進前 tio̍h bat kā 神農當作是家己 ê 先祖。Kan-taⁿ tī 有 hông 看做是熱帶地區農業 ê 創業神，神農 chiah 會當 hō͘ 種水稻 ê 雒越人祭拜 koh 將伊當作是家己 ê 先祖。Che 是真明顯 ê 道理。漢族從來 m̄-bat kā 神農當作是 in ê 先祖，in kan-taⁿ kā 看做是管理南方 ê 天神 niā-niā。」

　　陳玉添教授指出，傳說 ê 赤鬼國 ùi 越南中部北 pêng 來到洞庭湖（長江南邊），這 tō 是百越人 tòa ê 所在，mā 是構成古代越南文化原底 ê 文化空間。Ùi 時間頂來看，公元前第三千禧年（傳說中所指 ê 2879 年）tio̍h 是銅器時代初期，mā 是百越民族形成 ê 時期。越南文朗甌雒階段主要 ê 文化成就，除了水稻農業以外，chiū 是銅器 kap 冶金，像講真出名 ê 越南「東山文化」(Văn hóa Đông Sơn)。根據考古發現，東山人 ê 冶金、鑄銅 ê 技術已經到非常驚人 koh 精密 ê 水準。其中，銅鼓、銅缸 chiū 是東山鑄銅技術 siōng 典型 ê 遺產。Tī 這 ê 階段，東南亞 tī 民族文化歷史頂頭 ta̍uh-ta̍uh-á 創建出一 ê 燦爛文明 ê 時代，koh 造成區域文化內底真大 ê 影響，會當講是南方世紀真 chhiaⁿ-iāⁿ ê 成就。

／陳玉添 tī《走 chhōe 越南文化本色》台灣版新冊發表會致詞。

其實，神農氏到底是中國人 iah 是越南人，hoān-sè 一點仔 tiòh 無重要。神農氏並 m̄ 是 kan-taⁿ 指一 ê 人，伊是一 ê 集體統稱 ê 概念。Tiòh 像越南 ê 雄王 mā m̄ 是單一 ê 人物，是指各部落首領 ê 概念。Koh-chah 講，有 kóa 神話 kap 傳說本身 tiòh 會有跨國 ê 特色，咱 bē 當講伊 kan-taⁿ 屬於 tó 一 ê 國家。Án-ne 以外，古代 kap 當代對「中國」、「中國人」ê 定義 kap 認知 mā 會 tòe 時代改變會有無 kāng。Tng 中國人宣稱神農氏是中國人 ê 時，當然 mā 會引起 kāng 款有神農氏傳說 ê 民族不滿。Nā beh 爭論神農是中國人 iah 是越南人，不如換一 ê 角度講神農是亞洲農業國家 ê 共同民間信仰之一。

／ 越南歷史博物館內面展示 ê 東山文化考古發掘文物。

延伸閱讀　● 蔣為文 (主編譯)・陳玉添原著 2019《探索越南文化本色》台南：亞細亞國際傳播社。

二二八台語詩 tī 國際 tioh 獎

／ 越南文學盛會開幕典禮 chhāi 中華民國國旗。

　　越南政府 tī 2019 年 2 月 16~20 號舉辦第四屆越南文學國際推廣盛會暨第三屆國際詩人大會開幕典禮，總共有來自 46 ê 國家，二百外位各國作家代表出席。台灣由台文筆會代表團 lóng 總 14 人代表出席並 chhāi 中華民國國旗。中國為 tioh beh 抗議主辦單位 kap 台灣，臨時取消出席開幕，liām 五星旗 mā 收掉，形成會場 kan-taⁿ 有台灣 kap 其它參與國家 ê 國旗。

　　這 pái 活動由台文筆會秘書長、國立成功大學越南研究中心主任蔣為文教授負責 chhōa 領台文筆會到越南參加文學盛會。台文筆會是主張用台灣語文創作 ê 文學團體，長期 kap 越南文學界做雙 pêng ê 文學交流，因為 án-ne 交情真深，真受越南文學界 ê 重視。最近越南 kap 中國因為 1979 年越中邊界戰爭 ê 議題來有政治 siōng ê 衝突，導致中國駐越南大使館抗議反對這 pái ê 文學活動。越南政府 2019 年授權越南社科院 tī 2 月 15 盛大舉辦越中邊界戰爭 40 週年紀念研討會並且 tī 媒體大宣傳。Tioh 算是 án-ne，越南 iû-goân 是 m̄ 驚中國，繼續辦理這屆 ê 文學活動，koh 透過越南國家副主席鄧氏玉盛 tī 國家主席府（類似台灣總統府）親自接見台文筆會 kap 各國代表。

　　越南政府自 2003 年開始 ta̍k-tang lóng tī 元宵節前後辦理越南吟詩節來提倡越南文學。2019 年度 ê 吟詩節訂 tī 2 月 17，tú 好是 1979 年中國發動大軍侵略越南北部邊境 ê 日子。今年除了 tī 首都河內舉辦吟詩大會以外，koh 到下龍灣 kap 北江等地巡迴辦理國際詩人聯歡大會以促進越南作家、民眾 kap 各國作家 ê 交流。台文筆會 mā 受 tiȯh 邀請 tī 吟詩大會上台吟紀念二二八大屠殺 ê 台語詩，koh 得 tiȯh Lō͘-se-a 作家協會頒發文化交流友誼獎。

／台文筆會會長陳明仁上台唸台語詩。

　　台文筆會這 pái 有二位團員受 tiȯh 邀請 tī 吟詩大會讀台語詩。分別是台文筆會會長陳明仁 ê「拍賣老台灣」kap 秘書長蔣為文 ê「In tī 佗位」。拍賣老台灣描寫 tī 中國國民黨獨裁統治下台灣歷史文化受壓抑 ê 困境。In tī 佗位是書寫受難家屬食魷魚糜來紀念消失 ê 二二八台灣菁英 ê 故事。蔣為文教授表示，當初會創作「In tī 佗位」起因是二二八大屠殺受難者 ê 故事。公元 1947 年 3 月初 10，台北市律師公會會長李瑞漢 tī 厝內 kap 厝內人、朋友食魷魚糜。Hiông-hiông 有黨國憲兵 kap 便衣前來非法 liȧh 走李瑞漢等人，結果 soah 一去 lóng 無轉來。日後便到 3 月初 10 李瑞漢家屬 tiȯh 會食魷魚糜來做紀念。除了李瑞漢以外，koh 有真 chē 台灣菁英 tī 這場二二八大屠殺當中受難，譬如湯德章、王育霖、

林茂生、陳澄波等等。為 tio̍h 紀念 chia 來為台灣犧牲 ê 英靈，
台文筆會 kap 台灣羅馬字協會等真 chē 團體 tī ta̍k-tang
二二八前後 lóng 會來辦理二二八台語詩歌文化節，用吟台語
歌詩 kap 食魷魚糜、魷魚絲 ê 新民俗活動來感謝 kap 紀念諸位
護國 ê 台灣先賢先烈。(詳細活動資訊請參閱網站 http://www.
de-han.org/taiwan/228/)。「In tī tó-ūi」原作如下：

In tī 佗位？
1947，228 消失 ê 台灣頭人。

Tī 外來統治下，
無真相，
無元兇，
Kan-taⁿ chhun 一碗，
等待親人 ê 鰇魚糜。

Hit 碗鰇魚糜，
有滿墘 ê siàu-liām。
Mā 有正義 hām 勇氣 ê 滋味，
見證時代 ê 哀悲。

In tī 佗位？
轉型正義 iáu teh chhiau-chhōe。

Hit kho͘ 賊頭 iáu teh 做神。
伊 ê 虎仔 iáu teh chhio-tiô hiau-pai。
若無真心認罪，
免想 beh 和解共生！

In tī 佗位？
In tī 咱 ê 心肝內。
In 是春天 ê 百合。

頂 koân ／ 台文筆會秘書長蔣為文上台唸台語詩紀念二二八。
下 kha ／ Lō·-se-a 作家協會頒贈文化交流友誼獎 hō· 台文筆會。

　　蔣為文受邀請上台唸詩 ê 時陣全程用越南語 kap
台語雙語進行，透過越南 ê 電視台全程現場轉播。
會後 bē 少來自越南、Lō·-se-a、日本、美國等國 ê
作家前來致意關心，聲援台灣 ê 國際處境。有 bē 少
越南電視台 mā tī 會後做專訪，探討台越文化交流 ê
經驗。因為台文筆會訪問團成員主動 kap 各國文友
交流建立交情，所以得 tioh 與會 ê Lō·-se-a 作家
協會頒贈文化交流友誼獎，肯定台文筆會 ê 拍拚。
駐越南 ê 中國大使館得 tioh 消息了後 mā 向越南主辦
單位抗議，但主辦單位無接受無理 ê 要求。

　　蔣為文教授進一步指出，越南是主權獨立國家，立國精神標語是「獨立、自由、幸福」，中國大使館無權干涉越南內政 kap tī 越南 ê 言論自由。Koh-khah 講二二八大屠殺是由蔣介石政權所造成，kap 中華人民共和國無關係。二二八起義 ê 時，當時 ê 中共政權 koh 發布新聞譴責蔣介石並聲援台灣人民 ê 抗暴精神。Ūi siáⁿ-mih 72 tang 了後中國共產黨 soah 急 beh 替中國國民黨 àm-khàm 屠殺台灣人 ê 歷史罪行？Án-ne 看來中國國民黨 kap 中國共產黨真正是兩岸一家親 ê 中國政權。

　　台文筆會會長陳明仁表示，台文筆會 ê 宗旨 tio̍h 是 beh 促進台灣 kap 世界各國 ê 作家 ê 文學交流。台文筆會成員 lóng 堅持用台語、客語創作。用台灣語文創作 chiah 會當 hō͘ 各國作家清楚了解台灣人抵抗中國霸權 ê 決心。台文筆會成功 ê 案例凸顯 NGO ê 重要，而且顯示台灣人只要團結、目標一致絕對會當 tī 國際上突破中國無理 ê 外交封鎖。

／ 越南詩人陳潤明 kap 台文筆會成員合影 tī 下龍灣。

頂 koân ／ 國際詩友 tī 北江省吟詩大會合影。
下 kha　／ 越南國家副主席鄧氏玉盛接見台文筆會 kap 各國代表。

延伸
閱讀

● 蔣為文 2014《喙講台語．手寫台文》台南：亞細亞國際傳播社。

越南二二八 ê 啟示（上）

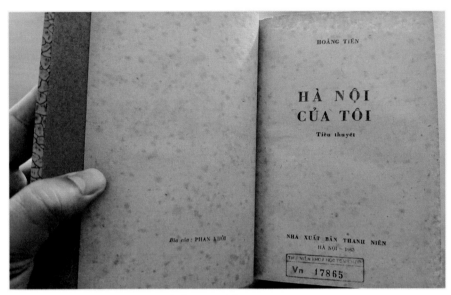

／越南老兵作家黃進 ê 歷史小說《我 ê 河內》。

　　Tī chit-ê 台灣國殤日二二八 ê 時陣，筆者 tī chia 先向所有受害 ê 台灣英靈 kap in ê 家屬表示萬分 ê 悼念 kap 感謝。其實，m̄-nā 是 tī 台灣有二二八事件／大屠殺，tī 越南 mā 有二二八事件。雖然台灣 kap 越南 ê 二二八無完全 kâng-khoán，soah 有共通 ê 特質，tiȯh 是 lóng kap 獨裁者蔣介石趁機會入侵有關係。

　　公元 1946 年 2 月 28，蔣介石代表 ê 國民政府 kap 法國臨時政府簽訂「中法關於法國放棄 tī 華治外法權 kap 有關 ê 特權條約」、「中法關於中越關係 ê 協定」、「關於中國駐越北軍隊由法國軍隊接防 ê 換文」。是 án-chóaⁿ 蔣介石 beh kap 法國簽訂 chia ê 條約 kap 協定？原來，因為蔣介石企圖利用戰後到越南接受日軍投降 ê 機會佔領越南 ê 陰謀無來成功，只好退一步將越南當做籌碼 kap 法國交換利益。

　　蔣介石 kap 越南關係 ê 源頭 ē-sái ùi 1937 年日本發動蘆溝橋事變對中國全面侵略 ê 行動開始講起。因為法屬越南公路 kap 中緬公路 tī 彼當時 lóng 是援華重要 ê 國際路線，ūi-tiȯh beh 切斷中國 ê 補給路線，日本 tī 1940 年 6 月派軍進佔越南

北部，隔 tang ê 7 月進一步進佔南越。日軍進駐越南 ê 初期，名義上 iû-goân 是尊重法屬印度支那總督統治越南 ê 正式地位，形成 kap 法國共治越南 ê 曖昧情形。一直到大東亞戰爭尾期，日軍 ūi-tiòh beh 避免法屬印度支那總督接應英美盟軍登陸越南，tiòh tī 1945 年 3 月初 9 發動「三九事變」推翻法屬印度支那政權。日軍宣稱將主權交還 hō͘ 越南傳統王朝阮朝 ê 尾任皇帝「保大皇帝」。

三九事變了過無幾個月，日本天皇 tī 1945 年 8 月 15 正式向聯軍無條件投降。聯軍統帥「麥克阿瑟」隨 tī 9 月初 2 發布一般命令第一號 (General Order No.1) 指派蔣介石代表聯軍到中國戰區 (扣除東北地區)、台灣 kap 越南北部 (北緯 16 度以上) 接受日本軍 ê 投降，siâng 時，越南南部由英國代表接受日本軍 ê 投降。「越南獨立同盟」(Việt Nam độc lập đồng minh，簡稱「越盟」Việt Minh) ê 領導人「胡志明」(Hồ Chí Minh) 隨把握日本天皇投降 ê 契機發動「八月革命」、呼籲全國民眾武裝起義 koh tī 8 月 16 成立越南臨時政府。短短二禮拜越盟已經成功掌握全越南大多數 ê 城鎮。胡志明拍鐵趁燒，選擇 tī 麥克阿瑟發布命令 ê kâng chit kang tī 河內巴亭廣場 (Quảng trường Ba Đình) 宣布越南獨立。

頂 koân ／ 1945 年蔣介石 ê 部分軍隊 tī 海防集結。
中央 ／ 1945 年何應欽上將到越南河內視察受降成果。
　　　　 (照片提供：越南博物館)
下 kha ／ 巴亭廣場已經變成國內外出名 ê 景點。

　　雖然當時 tī 胡志明宣布越南獨立 ê 時陣，國際上無任何 ê 國家 beh kā 承認，soah 是非常重要 ê 一步：向國際發聲表達越南人追求越南民族獨立建國 ê 訴求。因為有行這步，1950 年 1 月開始 chiah 陸續有中華人民共和國、蘇聯等國相連 sòa 承認越南是獨立 ê 國家。一直到 taⁿ，越南（正式國名號做「越南社會主義共和國」）ê 國慶 tio̍h 訂 tī ta̍k-tang ê 9 月初 2，胡志明獨立宣言 ê 日子。胡志明 mā hō͘ 越南人尊稱做「胡伯仔」(Bác Hồ)，意思 tio̍h 是國父 ê 政治地位。

倒 pêng ／ 1945 年蔣介石 ê 部分軍隊 tī 海防集結。
正 pêng ／ 1945 年蔣介石 ê 軍隊進入越南河內。
（照片提供：越南博物館）
下 kha ／《我 ê 河內》描述蔣介石軍隊進入河內。

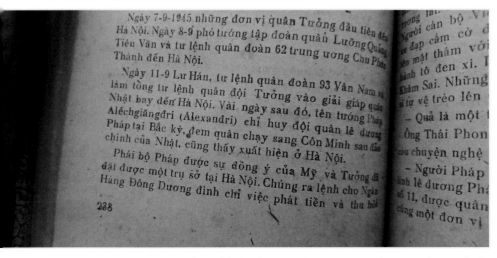

　　是 án-chóaⁿ 胡志明彼當時 beh 趕 tī 1945 年 9 月初 2 宣布越南獨立？原來，tī 1942 年 8 月到 1943 年 9 月期間，胡志明

hō͘人懷疑是中國共產黨 ê 間諜，tioh án-ne hō͘蔣介石 ê 中國國民黨 liah 去關 tī 廣西 ê 監獄內底。胡志明真著名 ê《獄中日記》tioh 是 hō͘人關 ê 期間所寫 ê 漢詩。因為胡志明對中國歷史 kap 當代局勢相當了解，i 知影中國沙文主義 tī 有能力 ê 時陣 tioh 會來侵略越南 ê 企圖。I bat 講過：「Nā beh 一世人食中國人 ê 屎，甘願暫時去聞法國人 ê 臭屁。」因為 án-ne，胡志明 tioh 趕 tī 麥克阿瑟發布命令 ê 時陣，對國際宣布越南獨立 ê 決心，hō͘蔣介石無通光明正大賴 tī 越南無 ài 走。

因為聯軍麥克阿瑟 ê 第一號命令，蔣介石真正派雲南 ê「盧漢」將軍擔任總司令指揮二十萬大軍 ùi 雲南 kap 廣西分批進入越南北部。借問，nā 無 beh 佔領越南 ê 企圖，是 án-chóaⁿ 單純接受日本軍 ê 投降需要二十萬大軍？彼當時留 tī 越南 ê 日本軍 mā chiah 三萬外人 niā！

1945 年 9 月初 9，雲南第 93 軍已經來到越南首都河內。盧漢 mā tī 9 月 11 坐飛行機飛到河內準備 9 月 28 ê 受降典禮。何應欽上將 mā tòe 後壁飛到河內視察受降成果。根據越南老兵作家「黃進」(Hoàng Tiến) ê 歷史小說《我 ê 河內》(Hà Nội của Tôi) kap 美國二戰期間「戰略情報局」(Office of Strategic Services)「帕蒂」中校 (Archimedes L. A. Patti) ê《Why Vietnam》歷史專書描述，蔣介石 ê 軍隊紀律非常 ê bái，一進入河內 tioh 親像土匪 kâng-khoán 四界偷四界搶，壓迫當地 ê 老百姓，而且 koh 將傳染病 chah 入越南。M̄-nā án-ne，蔣介石 koh 利用聯軍 ê 委託，一方面對越南大量收刮糧食 kap 各種資源，一方面 koh 扶持親蔣 ê「越南國民黨」 kap「越南革命同盟會」進行政治干涉。

　　蔣介石將當時 tī 中國已經差不多是廢紙 ê 紙票「關金券」提到越南使用 koh 強迫越南人用非常 koân ê 匯率兌換，對越南 ê 財政剝削，造成當時越南物價非常通貨膨脹，人民已經活 bē 落去。Án-ne 以外，蔣介石 koh 要求越南臨時政府 ta̍k 個月 ài àn 時交付大量 ê 糧食 hō͘ 中國軍隊使用。當年越南 tng 遭遇農作物大欠收、飢荒 ê 困境，koh ài 應付蔣介石親像土匪 kâng-khoán ê thún 踏。根據日本學者「古田元夫」(FURUTA Moto) kap 越南社科院史學所合作調查 ê 結果，當年大約有二百萬越南人死 tī 這場人為贏過天 ê 大災難。

　　蔣介石 m̄-nā 對越南進行經濟剝削，koh 利用政治暗殺、外交壓迫等各種手段迫胡志明將臨時政府 kap 國會 ê 部分席次讓 hō͘「越南國民黨」kap「越南革命同盟會」ê 成員。譬如，tī 蔣介石 ê 支持下，出身黃埔軍校 ê 越南人「阮海臣」(Nguyễn Hải Thần) tio̍h 擔任國家副主席。蔣介石 ê 陰謀 tio̍h 是隨時 beh 策動越南人政變來推翻胡志明政權。

　　當時胡志明所領導 ê 越盟 kan-taⁿ 有萬 thóng ê 游擊隊員，實力 iáu 真歹 kap 二十萬中國軍隊正面做比拚。胡志明政權 ta̍k-kang tio̍h ài 面對隨時來 hō͘ 蔣介石推翻 ê 危機。Chit-ê 無 sè-jī，越南 tio̍h 可能變成中華民國 bē-tàng 分割 ê 一省。胡志明到底是 án-chóaⁿ 突破艱難，將蔣介石二十萬大軍撤退轉去中國？

● 蔣為文 2008〈1945 年蔣介石軍隊代表聯軍同時佔領台灣 kap 北越〉，《台灣風物》期刊，58(3)，頁 9-15。

延伸閱讀

越南二二八 ê 啟示（下）

／胡志明 kap 法國代表簽訂三六協定。

　　為 tioh beh 避免越南變做蔣介石政權 ê 殖民地，胡志明 tioh 親像田螺含水過冬，表面上無 beh kap 蔣介石發生衝突，私底下誘引法國勢力干涉介入。

　　原來，戰後法國一直 lóng koh 期待有機會當轉來殖民越南。胡志明升掌握法國殖民政權 ê 心態，kap 法國代表講條件，表示只要法國會當幫贊越南趕走中國軍隊 tioh 同意加入「法蘭西聯邦」（Union française；Liên hiệp Phát）、歡迎法國轉來越南。為 tioh beh 爭取繼續殖民越南 ê 機會，戰後法國臨時政府決定 kap 當時蔣介石代表 ê 國民政府談判，以放棄 tī 華治外法權 kap 有關 ê 特權做誘因迫使蔣介石接受 ùi 越南撤軍 ê 條件。

　　二次大戰結束了後蔣介石 ê 國際聲勢一時間突然大起。Tioh 算是 án-ne，中國國民黨 kap 中國共產黨雙 pêng ê 矛盾 m̄-nā 無來減少 tian-tò lú 來 lú bái，甚至爆發第二 pái ê 國共內戰。因為國共內戰 ê 局勢 chhèng-ian giâ-koân，蔣介石需要將駐越 ê 二十萬大軍調轉去中國 thang 消滅共匪。另外，蔣介石 mā 盤算透過法國放棄 tī 華 ê 無平等條約來挽救家己 tī 中國 táuh-táuh-á 失去 ê 民心。Koh-khah 講來，蔣介石 tī 越南 mā

已經達成經濟剝削、政治操控 ê 目的。所以蔣介石 tio̍h 同意法國臨時政府提出 ê 條件,用越南當做是利益交換 ê 籌碼,tī 1946 年 2 月 28 簽下:「中法關於法國放棄 tī 華治外法權 kap 有關特權條約」、「中法關於中越關係 ê 協定」kap「關於中國駐越北軍隊 iû 法國軍隊接防 ê 換文」。

根據「關於中國駐越北軍隊 iû 法國軍隊接防 ê 換文」內容規定,「駐越南北緯十六度以北 ê 中國軍隊交防 tī 3 月初 1 到 15 號期間開始,siōng 慢 ài tī 3 月 31 完成」。事實上,中國軍隊大約 koh 拖到 1946 年熱 -- 人 chiah 全部撤出越南。

胡志明為 tio̍h 騙取法國 ê 信任,mā tī 1946 年 3 月初 6 kap 法國代表 Sainteny 簽訂「三六協定」(Hiệp định sơ bộ 6-3,越南人 ê 日期 lóng 是 khǹg tī 月份頭前,所以號做「六三協定」)。內容主要包含:承認越南民主共和國是「法蘭西聯邦」ê 一部份,享有獨立 ê 政府、國會、軍隊 kap 財政;越南政府同意法國派軍 1 萬 5 千人進入北部來替換中國軍隊,而且這 1 萬 5 千法國兵仔 ài tī 5 tang 內分批撤退。

胡志明 tio̍h 是利用「聯合次要敵人打擊主要敵人」ê mê-kak,chiah 有 thang tī 帝國 làng-phāng 內底求生存。這段歷史 tī 越南 ê 高中歷史教科冊內底 lóng 有記載。因為 án-ne,越南人只要有高中學歷 ê lóng bat 蔣介石 (越南名叫做 Tưởng Giới Thạch),而且 tī in ê 心目中 Tưởng Giới Thạch 是 chiok 有侵略越南野心 ê 獨裁者。Ùi 越南 ê 案例會當 hō͘ 咱知影促進台灣十二年國教歷史課綱陳列出歷史真相 ê 重要性!

Tī 智退蔣介石二十萬大軍了後,kám 講胡志明 tio̍h 甘願 hō͘ 法國人 koh-chài 統治越南?當然 mā 無!I 用時間交換空間,利用戰後法國軍事勢力衰退無法度快速遠征越南 ê 情況下加強越盟軍隊游擊戰 ê 能力。為 tio̍h 獨立建國,越南人民發揮「草蜢仔 lāng 雞公」ê 精神,ùi 1946 年開始抗法戰爭。一直到 1954 年 5 月越方軍隊 tī「奠邊府戰役」(Chiến dịch Điện

Biên Phủ) 大贏法國軍隊，迫使法國簽定「幾內瓦協議」(Geneva Accords) 了後 chiah 確立法國退出中南半島。

除了利用軍事 kap 政治手段爭取越南獨立之以外，胡志明 koh 透過文化 kap 教育 ê 手段培養越南民族意識當做是抵抗外來統治 ê 文化防線。譬如，胡志明 tī 1945 年 9 月初 2 宣布成立「越南民主共和國」以後，新政府 tī 9 月初 8 tiòh 馬上宣布廢除漢字 kap 法文，全面推行改用羅馬字 ê 教育政策。事實上，tī 胡志明建立政權進前，i 對文化建國 ê 觀念已經相當清楚。I 本身 iā 實踐用越南羅馬字 (tī 越南號做「國語字」chữ Quốc ngữ) 寫作 kap 教學 ê 習慣。I 絕對 bē 拖拖沙沙講等到建立本土政權了後，chiah koh 來處理語言 kap 文化 ê 議題。

倒 pêng ／ 1945 年越南游擊隊 teh 研習越南語文。
正 pêng ／ 越南各地民眾響應胡志明 ê 羅馬字政策。

越南真有名 ê 歷史學家「陳重金」(Trần Trọng Kim 1882-1953)tī i ê 名著《越南史略》(Việt Nam Sử Lược) 話頭內底 bat 感慨過封建時期 ê 越南社會：「M̄ 管是大人、gín-á，去學校學 ê lóng m̄-sī 越南史，kan-taⁿ 學中國史。詩賦文章 mā kóng ùi 中國採樣、一切 lóng àn 照中國價值觀 …。」

lợi cho sự học vấn là mấy.

Sử của mình viết đã không hay, mà người mình lại không mấy người biết sử. Là vì cái cách học tập của mình làm cho người mình không có thể biết được sử nước mình. Bất kỳ lớn nhỏ, hễ ai cắp quyển sách đi học thì chỉ học sử Tàu, chứ không học sử nước nhà. Rồi thơ phú văn chương gì cũng lấy điển tích ở sử Tàu, chứ chuyện nước mình là nhất thiết không nói đến. Ấy cũng là vì xưa nay mình không có quốc văn, chung thân chỉ đi mượn tiếng người, chữ người mà học, việc gì cũng bị người ta cảm hóa, chứ tự mình thì không có cái gì là cái đặc sắc, thành ra thật rõ như câu phương ngôn: "Việc nhà thì nhác, việc chú bác thì siêng!"

Cái sự học vấn mình như thế, cái cảm tình của người trong nước như thế, bảo rằng lòng vì dân vì nước mở mang ra làm sao được?

Nhưng dẫu thế nào mặc lòng, nước ta đã có sử ta thì cũng có ... ...biết được những sự đã qua ở nước ta, và có thể bở ....n hệ đến vận mệnh nước mìn...

／ 陳重金 tī 越南史略 ê 話頭。

　　原來，古代越南 tī「北屬時期」（大約公元前 111 年到公元 938 年）bat 受古代中國直接統治千 gōa 年。一直到 939 年越南人「吳權」建立政權了後 chiah 開始有越南家己 ê 封建王朝。自彼時陣開始到 19 世紀法國介入中越關係 ê 這一千年，越南 kap 中國 lóng 保持某種程度 ê 宗藩關係。Tī 這二千年長 ê 歷史當中，封建時期 ê 越南主要是用漢字做官方文字。雖然自 10 世紀開始越南民間 tauh-tauh 出現「喃字」(chữ Nôm)，但是喃字一直無法度取代漢字 ê 正統地位。大約到 17 世紀初期，西方傳教士將羅馬字傳入越南。初期主要 tī 教會使用，一直到 19 世紀後半期了後 chiah 漸漸 tī 各領域內底使用。羅馬字變做是越南 ê 正式文字 ài 一直等到 1945 年胡志明提 tióh 政權了後 chiah 來達成。

　　根據美國漢學家 John DeFrancis ê 估計，1945 年越南全國認 bat 羅馬字 ê 人口大約 kan-taⁿ 有 20%；tī 全面推行羅馬字了後，1953 年已經提升到 70%。當時越南 iáu-koh teh 戰亂動盪，會當得 tióh án-ne ê 成果確實是無簡單。Chit-má ê 越南社會已經差不多人人 lóng bat 國語字，而且認為 chữ Quốc ngữ chiah 是越南文字，漢字是 100% ê 外來中國字。Tng 越南民眾 liān siōng 基本 ê 語言文字，越南字 kap 中國字

ê 差別 lóng 會當清楚區分 ê 時，當然 mā 無國家認同錯亂 ê 困擾 ah。

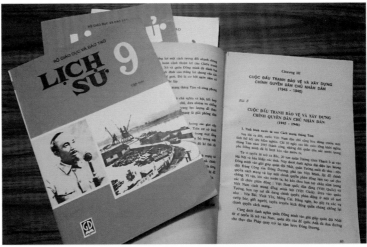

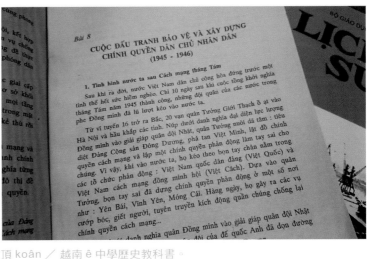

頂 koân ／越南 ê 中學歷史教科書。
下 kha ／越南高三歷史（第 12 冊）講 tiòh 蔣介石派軍侵入越南。

越南女性革命抗暴先鋒：
二徵夫人

／ 越南東湖民間版畫中 ê 二徵夫人除漢賊 ê 形象。

　　Ta̍k tang ê 3 月初 8 國際婦女節，是源自 1857 年 3 月初 8 美國 New York ê 女工為 tio̍h beh 抗議低薪 kap 惡質 ê khang-khòe 環境來行上街頭。一直到 1975 年聯合國 chiah 正式認定國際婦女節並且確認婦女 ê 平等地位 kap 參政權。Tī 越南，早 tī 2000 tang 前 tio̍h 有婦女 chhōa 頭抗暴、爭取權益 ê 案例，in tio̍h 是俗稱「二徵夫人」(Hai Bà Trưng) ê「徵側」(Trưng Trắc)、「徵貳」(Trưng Nhị) 二姊妹。

　　公元前 111 年古代中國漢朝「漢武帝」出兵侵略越南，tī 當地設立「交趾」、「九真」kap「日南」三郡。這三郡大約是等於 chit-má 越南 ê 北部 kap 中北部地區。這段歷史 tī chit-má 越南 ê 主流史觀內底號做第一 pái「北屬時期」。Tī 北屬時期，越南人 tio̍h 算 bat koh khah chē ê 漢字，koh-khah án-chóaⁿ 有學問，mā 是無可能來做官、分享統治 ê 權力。

這種情形 tioh 親像蔣介石政權統治台灣時期台灣人受 tioh ê 政治壓迫 kâng-khoán。Án-ne 以外，北屬時期 ê 越南 mā kap 清國統治台灣時期 kâng-khoán「三年一小反，五年一大亂」，tiān-tiān 起義抗暴。台語俗諺語講「做官 nā 清廉，食飯 tioh kiáu 鹽」。這句話 m̄-nā 適用 tī 清國殖民台灣 ê 時期，mā 適用 tī 越南 ê 北屬時期。

公元 34 年東漢光武帝派「蘇定」做交趾太守。蘇定是 chit-ê 貪財、粗殘 ê 惡官，引起真 chē 當地人 ê 怨恨。公元 40 年蘇定 thâi 死徵側 in ang「詩索」(Thi Sách) 引起徵側 kap 徵貳聯手起兵攻拍蘇定 koh 將 i 趕轉去中國廣東。當時九真、日南等郡 ê 民眾 lóng 紛紛來起義響應二徵夫人。二徵夫人 ê 軍隊善用大象協助作戰，勢面 chiân 好連贏 65 城，最後自立為王，定都故鄉「麓冷」(Mê Linh，tī chit-má 河內市 óa 機場附近)。徵側 ē-sái 講是越南古代版 ê「代夫出征」！這種案例 tī 台灣民主化過程中應該 mā bē 少 chiah tioh！

可惜，二徵夫人 ê 政權 kan-tan 存在三年 tioh hō· 光武帝派來 ê「馬援」(俗稱「伏波將軍」) 拍敗。二徵夫人面對馬援 ê 追擊，堅持 m̄ 投降，最後 tī 農曆 2 月初 6 跳溪自殺。Tioh 算是 án-ne，tī 越南 ê 歷史上，二徵夫人 mā 是 hō· 真 chē 史學家像講黎文休、陳仲金等等 kap 民間尊稱做二位女英雄。

中國人 tiān 講「勝者為王，敗者為寇」。因為二徵夫人最後來敗 hō· 馬援，中國史書 tioh kā 二徵夫人看做是賊仔做亂。Tioh 算 án-ne，中國總理周恩來 mā bat tī 訪問越南 ê 時陣到二徵夫人 ê 墓園獻花，毛澤東 mā bat o-ló 二徵夫人是了不起 ê 女英雄。Nā ùi án-ne kā 看起來，chiân 做頭 chit-ê chhōa 領越南人對抗中國暴政 ê 二徵夫人，雖敗猶榮！無 in chhōa 頭抗暴 tio̍h 無後來獨立 ê 越南民族！台灣 kám 有法度出現 án-ne ê 女英雄 leh？

目前，越南首都河內市有二徵夫人郡、二徵夫人路、二徵夫人廟 (Đền Hai Bà Trưng) 等等來紀念 kap 表揚徵側、徵貳兩姊妹 chhōa 領越南人抵抗中國正義 kap 勇氣 ê 行為。河內市麓冷縣 ê 二徵夫人廟 ê 祭典活動 tī 2018 年 2 月 21 得 tio̍h 越南中央政府 ê 認定變做國家級非物質文化資產。2 月 21 tú 好 mā 是聯合國教科文組織所訂 ê「國際母語日」(International Mother Language Day)。越南人真正是 chiok gâu 掌握時機來做應該 ài 做 ê 代誌！

／河內市二徵夫人郡 ê 二徵夫人廟。

Tī 越南，除了 3 月初 8 國際婦女日以外，iáu koh 有 10 月 20 ê 越南婦女節。越南婦女節源自 1930 年 10 月 20 成立「越南反帝婦女會」(Hội Phụ nữ phản đế Việt Nam) ê 歷史。Tī 越南，10 月 20 ê 越南婦女節受重視 ê 程度超過國際婦女日。原因一方面是越南主體性 ê 表現，另外一方面是越南婦女 m̄-nā 是爭取個人 ê 權益 mā 是爭取民族國家 ê 獨立，有雙重 ê 意義。Tī 過去爭取越南獨立 ê 抗爭當內底，越南女性 m̄-nā 無欠席過、甚至 koh 扮演積極 ê 角色，因為 án-ne 得 tio̍h 政府 kap 社會各界 ê 肯定。

Ngày mai (21/2), Lễ hội đền Hai Bà Trưng nhận danh hiệu Di sản văn hóa phi vật thể quốc gia

BÀI VÀ ẢNH: HỒ HẠ   20-02-2018 14:50

[Like 0] [Share] [G+]

Kinhtedothi - Ngày mai (21/2/2018 – tức mùng 6 Tết), Lễ kỷ niệm 1978 năm khởi nghĩa Hai Bà Trưng và Lễ khai hội đền Hai Bà Trưng sẽ hứa hẹn nhiều hấp dẫn cho người dân, du khách trong nước và quốc tế khi Lễ hội đền Hai Bà Trưng được đón nhận Danh hiệu Di sản văn hóa phi vật thể quốc gia.

TIN LIÊN QUAN

10 lễ hội Xuân được mong đợi nhất dịp tết Nguyên đán ở Hà Nội

頂 koân ／《都市經濟報》有關二徵夫人廟祭典活動 ê 報導。
（圖片來源：《都市經濟報》）

中央　　／ VTV1 有關二徵夫人廟祭典活動 ê 報導。（圖片來源：VTV1）

下 kha　／ 二徵夫人廟 ê 祭典活動。（圖片來源：VTV1）

中國 tī 越中邊界戰爭踢 tio̍h 鐵枋 ê 原因

／越南士兵對中國進行自衛戰反擊。（圖片來源：引自越南 Zing.vn 網站）

　　公元 1979 年 2 月 17 鄧小平 hiông-hiông 發動 chiaⁿ 十萬大軍侵略越南北部邊界，koh hoah 聲講幾 kang 內 tio̍h thèng 好 kā 越南拍落來，迫越南政府投降。這批軍隊分別 ùi 雲南省 kap 廣西壯族自治區向越南 ê 諒山、高平、下江、老街、萊州出兵。結果這批 hiau-pai ê 中國軍去踢 tio̍h 南方鐵枋，tī 短短一個月內底死傷 chiaⁿ 萬人。最後，鄧小平自我安慰來宣稱已經達到「懲罰越南」ê 目的所以停戰，tī 3 月 17 將中國軍隊完全撤退。撤退 ê 路中 koh kah 起痟全款，tiau-kang 毀害沿途 ê 病院、民厝 kap 所有建築。

　　原本越南政府對越中邊界戰爭相當低調，tī 媒體 kap 公開場合一字 lóng 無講。然後，因為中國習近平霸權主義 ê 崛起，越南 kap 世界各國全款開始抵制中國。譬如，越南政府 tī 今年 (2019) 2 月 15 高調舉辦越中邊界戰爭 40 週年紀念研討會，公布真 chē 珍貴 ê 史料。Án-ne 以外，越南政府 mā tī 2 月初 9 盛大舉辦阮惠大敗清國軍隊，戰贏 230 週年紀念日。這場越清

戰役發生 tī 1789 年初,當時大約有二十萬名清軍 iáu tâi tī 河內棟多郡 (今仔日 ê 阮惠紀念公園)。

　　到底是按怎鄧小平 beh 發動對越南 ê 戰爭?是按怎中國軍隊無法度來拍贏越南?這場戰爭對台灣有 siáⁿ-mih 啟示?

倒 pêng ／ Hō͘ 中國軍隊破壞 ê 諒山省政府。
正 pêng ／ Hō͘ 越軍摧毀 ê 中國 tank。
(圖片來源:引自越南 Zing.vn 網站)

　　中華人民共和國 tī 1949 年成立了後到 1970 年代進前,中國 kap 蘇聯提供大量 ê 武器 kap 物資 hō͘ 胡志明領導 ê「越盟」(越南獨立同盟會 Việt Nam Độc Lập Đồng Minh Hội),甚至 koh tī 1950 年代先承認胡志明領導 ê 越南民主共和國。是按怎越南最後會 kap 中華人民共和國失和、甚至 tī 1979 年發生大規模 ê 軍事衝突?

　　其實,中越雙方 tī 1954 日內瓦協議進前 tiòh 種下衝突 ê 遠因。Tī 越南抗法戰爭後期,中國一直對越盟施加「接受南北越分裂」停戰和談 ê 壓力。當時越盟因為有中國 kap 蘇聯 ê 武器援助,所以對法抗戰 ê 局勢 lú 來 lú 好,拍算戰贏法國軍隊了後,

beh 利用聲勢再度收復南越，koh 佔領邊仔 ê 寮國 kap 柬埔寨，建立以越南為主 ê「印度支那聯邦」。但是中國考慮 tio̍h 本身 ê 利益，所以無支持越盟：第一，分裂 ê 越南對中國 beh 控制越南比較 khah 有利。第二，中國無希望越南吞併寮國 kap 柬埔寨了後變做大國。第三，中國想 beh 透過打擊共產越南來改善 kap 西方國家 ê 關係。

／越南總理出席戰贏清軍 230 週年紀念日。
（圖片來源：引自越南 dangcongsan.vn 網站）

雖然越盟勉強接受中國 ê 建議，tī 1954 年 kap 法國、英國、中國、蘇聯、南越、寮國 kap 柬埔寨議決南北越以北緯 17 度做分界線、和平分治 ê 協議。越盟對中國彼種以自我民族利益盤算做代先考量 ê 反應已經記 tī 心內、對中國保持戒心。M̄-koh 後來因為美國強力介入越南問題，越盟 iáu-koh 需要爭取中國 ê 支持 chiah 會當對付美軍，不得已 kan-taⁿ 會當先按下對中國 ê 不滿。這份不滿 ê 情緒一直到 1979 年，越南統一了後 chiah 爆發。Tī 越南正式公開 kap 中國對嗆進前 tio̍h 有一 kóa 代誌，mā 造成日後 ê 中越武裝衝突。其中包含：

第一，北越自從 1968 年以來明顯 ùi 中國路線行向蘇聯路線。中華人民共和國建國以後漸漸仔想 beh 取代蘇聯變成社會主義國家新 ê 老大。蘇聯為 tio̍h beh 預防中國勢力 tī 東南亞坐大，

tioh 積極 giú 越南做蘇聯 tī 東南亞 ê 代言人，像講，越南 tī 1978 年加入蘇聯領導 ê「經濟互助委員會」koh 簽訂了《蘇越友好合作條約》。Tī che 進前，中國 tī 1969 年 chiah kap 蘇聯發生「烏蘇里江」邊界武裝衝突。看 tī 中國眼內，當然對越南行蘇聯路線非常 ê 無歡喜。

第二，越南 tī 1978 年底出兵柬埔寨推翻中國扶持的 Pol Pot 政權（赤柬）。Chit-ê 政權是中國共產黨支持 ê (1925-1998) tī 1975 年政變成功了成立 ê Pol Pot 政權。Pol Pot 掌權期間進行全國大清算、實施恐怖政治，大約有將近 200 萬柬埔寨人 hông 殺害。越南利用 Pol Pot 政權得 bē tioh 民心 ê 情形下，tī 1978 年 12 月出兵攻拍，無幾 kang ê 時間，tī 隔 tang ê 1 月初 7 佔領首都「金邊」(Phnom Penh)。中國為 tioh beh 避免柬埔寨落入越南手頭，緊急來出兵、利用邊界戰爭來迫使越南將主力部隊調離。

第三，中越雙方對領土主權有爭議。中越雙方對陸地邊界界線、北部灣劃界 kap 西沙群島 (Hoàng sa)、南沙群島 (Trường sa) ê 主權歸屬有爭議。領土爭議當中，因為 tī 西沙、南沙群島海域有豐富 ê 天然資源 kap 戰略地位，主權爭議 siōng 大。1975 年 tī 南北越統一進前，南越政權佔有西沙 kap 南沙部分島嶼。當時 ê 北越為 tioh beh 避免 kap 中國正面引起主權衝突，tioh 承認這 2 ê 群島屬於中國。M̄-koh 當越南統一了後，越南宣稱繼承南越對這 2 ê 群島 ê 主權。致使雙方到 taⁿ 對這 2 ê 群島 ê 主權問題 lóng iáu-bē 解決。

／ 河內街頭有關戰贏清軍 230 週年紀念日 ê 宣傳旗。

第四，越南採取排華政策。越南 tī 戰贏法國以後，無論是南越 iah 是北越政權，對 tī 越南 ê 華人 lóng 採取同化政策。一直到 1975 南北越統一，越南社會主義共和國進一步採取積極排華政策，包含強制同化、趕 in 出境、將私人企業國有化等等 ê 策略。Tī 彼段時間到 1979 年為止，預計大約有 40 萬華僑離開越南。

中華人民共和國自 1949 年建國以來，前 30 tang 一直得 bē tio̍h 美國 ê 外交承認。Tī 中蘇關係交惡 ê 1970 年代，中華人民共和國積極改善自身 kap 美國 ê 關係，最後 tī 1971 年取代中華民國變成聯合國安理會 ê 常任理事，koh tī 1979 年 1 月 kap 美國正式建交。中國一方面 beh 修理越南 hō͘ 美國 kap 蘇聯看，一方面 beh 報復越南排華 kap 領土主權 ê 爭議，siâng 時 mā beh 阻擋越南 tī 柬埔寨 ê 勢力增加。

邊界戰爭結束雙方 lóng 宣稱家己得 tio̍h 自衛戰 ê 勝利。中國雖然宣稱得 tio̍h 勝利，m̄-koh 事實上戰爭結果無完全達到 i 預期 ê 效果。主要 ê 原因是越南軍隊有長期抗戰 ê 經驗，顛倒是中國軍隊無 siáⁿ 經驗，無法度 tī 短時間來拍贏越南。雖然中國最後有攻下諒山等重要 ê 邊界城市，koh 迫使越南將安置 tī 柬埔寨 ê 主力軍隊調往北越應戰，中國 iáu 是付出真大 ê 代價。

鄧小平為 tio̍h 家己 ê 利益 kap 轉移國內政治鬥爭 ê 焦點來發動所謂 ê「懲越戰爭」。邊界戰爭 ê 結果雖然無完全照鄧小平 ê 意思實現，但是 soah 來促成鄧小平 tī 1981 年變成中國實際上 siōng 懸 ê 領導人。

越南 tī 邊界戰爭以後，雖 bóng 無達成「印度支那聯邦」ê 政治目的，soah mā 成功 tī 柬埔寨 kap 寮國建立親越政權。另外，成功抵抗中國軍隊 ê 入侵 mā hō͘ 越南加添信心，增加越南扮演 tī 東南亞區域軍事強國 ê 份量。

　　雖 bóng 講中國宣稱出兵越南是 beh kā 越南教示、上課，台灣咱 kám 有法度 ùi「台 kha」看 tiȯh siáⁿ-mih? 我想，至少有下底這 kúi 項啟示：

　　第一，台灣人應該 ài 有堅強 ê 敵我意識。越南人會當抵抗中國 ê 侵略，其中有一項要緊 ê 因素 tiȯh 是「越南人」ê 國家認同。台灣人 nā 無認同台灣是國家，tiȯh 算有 koh-khah 好 ê 武器 mā 無辦法面對中國文攻武統 ê heh 驚。

　　第二，台灣人 ài 隨時注意國際局勢 ê 變化，tī 適當 ê 時機做有利台灣人 ê 決定。

　　第三，台灣應該 ài 好好仔處理南沙群島 ê 主權問題。台灣應該用共存共利 ê 態度 kap 方式來 kap 越南以及其他週邊國家共同享用「東南亞海」(Southeast Asian Sea) 資源。面對中國 ê 威脅，台灣 ài 聯合東南亞國家，以合作取代競爭，che chiah 是對台灣有利 ê 做法。

／ 越南政府辦理越中邊界戰爭 40 週年紀念研討會。
（圖片來源：引自越南 plo.vn 網站）

● 蔣為文 2009〈1979 年中越邊界戰爭對台灣 ê 啟示〉，《大國霸權 or 小國人權》二二八事件 61 週年國際學術研討會會後論文集，頁 736-751，台北，二二八基金會。
● 蔣為文 2017《越南魂：語言、文字與反霸權》台南：亞細亞國際傳播社。

越南 kám 有母親節？

／越南母道、佛教 kap 道教
三教一體 ê 圖畫。

　　台灣 kap 真 chē 國家 kāng 款 lóng kā 五月 ê 第二 ê 禮拜日看做是母親節。雖 bóng 台灣政府無 kā 母親節訂做正式 ê hioh 假日，但是民眾 kap 商業活動 lóng 真慣勢，自然來慶祝母親節。是講，越南 kám 有 kap 台灣 kāng 款 teh 慶祝母親節？答案是無。Kám 講越南人無重視老母 ê 偉大？Mā 不是 án-ne 講，越南是用婦女節 kap「母道」ê 信仰來表示對老母 ê 重視。

　　越南 ê 婦女節有兩 ê，分別是 3 月初 8 ê 國際婦女日 kap 10 月 20 ê 越南婦女節。1975 年，國際婦女日透過聯合國正式認定了後 chiah 開始 tī 國際上普及。越南婦女節源自 1930 年 10 月 20 越南共產黨成立「越南反帝婦女會」(Hội Phụ nữ phản đế Việt Nam)。Tī 越南，10 月 20 ê 越南婦女節比國際

／古芝地道所展示 ê 越南女游擊隊蠟像（正 pêng）。

婦女日 koh-khah 受 tióh 重視。這一 kang，各年歲層 ê 女性 lóng 會收 tióh 男性朋友 iah 是同事送 ê 小禮物。越南婦女節會受 tióh 特別重視 ê 原因，一方面是越南主體性 ê 表現，另一方面是越南婦女 tī 過去爭取民族國家獨立 ê 抗戰內底做出積極 ê 貢獻。

除了婦女節以外，越南 ê「母道」(Đạo Mẫu) 信仰 mā 顯示出母親 ê 形象 tī 越南人心目中 ê 重要。越南學者陳玉添教授 tī《走 chhōe 越南文化本色》冊內 mā 認定母道信仰是越南 siōng 典型 koh 普遍的本土信仰；母道、佛教 kap 道教 tī 越南形成一種平民化 kap 綜合性 ê「三教」。Che kap 中國傳統 ê 三教 (儒教、道教 kap 佛教) 無 kāng。

／越南作家協會文藝晚會中關 tī 母道信仰 ê 表演。

越南 ê「母道」(Đạo Mẫu) 信仰源自「柳幸」公主 (Liễu Hạnh) ê 傳說。柳幸 mā 有人寫做「柳杏」。柳幸 kap 傘圓 (Tản Viên)、扶董天王 (Thánh Gióng)、褚童子 (Chử Đồng Tử) 四位合稱「四不死」(Tứ bất tử，四 ê bē 死 ê 人)，是越南特別 ê 信仰。

／「瓊狀元」電影劇 ê 劇照。（圖片來源：作者翻拍自電影宣傳片）

　　Tī 傳說中，柳幸公主是玉皇大帝 ê cha-bó͘-kián，bat 落凡間三 pái 定居 tī 南定省。柳幸 ūi-tiȯh beh 體會 siáⁿ-mih 是自由 kap 幸福，拜託玉皇大帝 hō͘ 伊落凡間變做平凡 ê 婦女過平凡 ê 生活。Mā 有人講是柳幸違反天條，所以去 hō͘ 玉皇大帝處罰拍落凡間。柳幸 ê 形象出現 tī 獨尊儒教 ê 越南後黎朝（大約 15-16 世紀）。Tī 各地 ê 民間傳說內底，柳幸 ê 形象大概有分做二種：第一，利用法術懲罰 hit-kóa tī 封建制度下底，誘拐良家婦女 ê 男性高官。第二，柳幸生一 ê 頭殼好、巧又 koh 有正義感 ê「瓊狀元」(Trạng Quỳnh)。Ùi 柳幸 án-ne ê 形象來看，che mā 反映出越南人民對傳統封建制度儒家掌控下底男性社會 ê 不滿。Chia--ê 不滿 lóng 透過柳幸 kap 瓊狀元 ê 民間各種傳說 tháu 放--出來。因為柳幸有好親近、親切母親 ê 形象，後--來，越南人民虔誠 kā 敬拜 mā 尊稱伊做聖母，iȧh 號做「Bà Chúa Liễu」（柳主娘）。

　　越南有一句俗諺語講：「八月祭祀父，三月祭祀母」(Tháng 8 giỗ Cha, tháng 3 giỗ mẹ)。Tī chia 老爸是指對抗中國 ê 名將「陳興道」(Trần Hưng Đạo)，老母 chiū 是指柳幸聖母。陳興道 tī 1300 年 8 月 20 過身，劫泊（海興省）ê 陳興道廟會 tī ták-tang 舊曆 8 月 15 到 20 舉辦。舊曆 3 月初 3 柳幸過身；

祭祀柳幸 ê 廟寺府一四界 lóng 有，像講南河 ê 鞋府、河內 ê 西湖府、清化省 ê 松廟 kap 埔吉廟、胡志明市 ê 鞋府廟等。

／ 國立成功大學越南學生會 tī 越南婦女節活動 ê 合影。

延伸閱讀
● 蔣為文（主編譯）、陳玉添原著 2019《探索越南文化本色》台南：亞細亞國際傳播社。
● 蔣為文（編）2019《越南文化：從紅河到九龍江流域》台北：五南圖書。

是 án-chóaⁿ 越南人
無 beh koh 過清明？

／ 越南西南部河仙地區民眾拜祖先了會 tī 墓前 kap 厝內 ê 人做伙食飯。

　　「清明」原底是舊曆 ê 二十四節氣之一。過去 tī 亞洲 bat
用過農曆 ê 國家真 chē，像講中國、越南、韓國、日本 kap 台灣
lóng bat 有過清明 ê 風俗。Sòa-- 來，因為各國 ê 風俗民情
kap 歷史發展無 kāng，最後 mā 演變出無 kāng ê 清明節民俗
內容。譬如，清明節日 tī 越南 ê 氣味 lú 來 lú 薄，已經改做是
過年前去培墓拜祖先。

　　現此時 ê 中華民國 kap 中華人民共和國 lóng kā 清明節列做
國定 hioh 假日，kap 培墓拜祖先牽做伙，實在是近代大中國
思想政治操作 ê 結果。唐代時期 iáu 無清明節，是用寒食節 ê
方式流傳。唐代進前，東亞地區 tian-tò 是時行「上巳節」，
用舊曆三月 ê 第一 ê 巳日 (後 -- 來發展出固定 tī 3 月初 3)
chiâⁿ 做清除災厄、春天出遊 chhit-thô ê 節日。上巳節 koh 號

做「三日節」iảh 是「三月節」。唐宋時期清明節 kan-taⁿ 是寒食節 ê 一部分，到元代過，寒食節風俗 tảuh-tảuh-á 退燒，清明節無 koh 時行。Tī 明代了後因為清明節 kap 上巳節 ê 日子真接近，這二 ê 節日 tiỏh tảuh-tảuh 結合做伙，變做是培墓結合出遊 chhit-thô ê 新形態，培墓 ê 日子 mā 無一定是 tī 清明 (陽曆 4 月初 4 iảh-sī 初 5) 彼 kang，是照各地方 ê 慣勢安排 tī 前後幾 kang lóng 會用得。像講，台灣早期有 kóa 人是以三日節做培墓節。有 kóa 地區，譬如高雄岡山，會 tī 大年初二去探墓厝。

倒 pêng・正 pêng／中華人民共和國國務院 tī 1999 年、2007 年公布 ê 全國年節 kap 紀念日放假辦法。
（圖片來源：作者掠自中國政府官網）

　　中華民國建立了後，北洋政府 tī 1915 年接受孫文 ê 建議將清明列做培墓節。1935 年，面對日軍侵華威脅 ê 國民黨政府宣布，ūi-tiỏh beh 提懸民族意識、尊崇炎黃祖先，訂定每 tang ê 清明日做民族培墓節。國民黨政府 tī 二戰了後統治台灣 ê 期間，

ūi-tiȯh beh 加強中華文化意識教育，tī 1972 年 koh 將清明節提升做國定 hioh 假日。國民黨萬年總裁蔣介石 tī 1975 年 4 月初 5 過身了後，國民黨政府 koh tiau-kang kā 清明節訂做「先總統蔣公過身紀念日」。這 ê「先總統蔣公過身紀念日」一直 hông 沿用到 2007 年 chiah 去 hō˙ 當時執政 ê 陳水扁政府取消，恢復單純 ê 清明培墓節。當時 ê 中華人民共和國因為煩惱陳水扁將國定 hioh 假日去中國化，tiȯh tī kāng 一 tang ê 12 月初 7 由國務院緊急通過增加清明節、端午節 kap 中秋節做中國全體公民放假 ê 節日（詳細請比較 1999 年 kap 2007 年中華人民共和國國務院令 ê 差異）。中國 ê 用意 chiū 是 beh hō˙ 中國 kap 台灣有 kāng 款 ê 民俗國定 hioh 假日，利便好 thang 進行文化一中 ê 統戰宣傳。

國共兩黨期待透過清明節去培墓，灌輸兩岸 lóng 屬中國人 ê 觀念。這 ê àu-pō˙ 早 tō hō˙ 越南人看破。古代 ê 越南人因為受古代中國 ê 影響 bat 有過清明節 kap 上巳節 ê 風俗。筆者 bat 寫 -- 過，越南文化 ê 特色之一 chiū 是將外來文化吸收消化了後，轉換做有本土色彩 ê 文化。Ūi-tiȯh beh 突顯越南 ê 特色，歷代越南人 táuh-táuh-á kā 清明節 kap 上巳節習俗 ê 內容做調整，koh 另外發展出 tī 過舊曆年前去培墓拜先祖 ê 風俗習慣。

Kap 中國比起來，當代越南人 m̄-nā 無 kā 清明節 kap 上巳節列做國定 hioh 假日，過清明 kap 及上巳節 ê 色彩 mā lú 來 lú 薄，lú 來 lú 少越南人知道有這 ê 風俗。像講，知名 ê 越南學者陳玉添教授 tī 伊 ê 名著《走 chhōe 越南文化本色》內底 tiȯh 無 kā 清明節 kap 上巳節列入越南特色。Tī 當代越南，koh 會過清明節 iȧh 是上巳節 ê 人通常是華人 ê 後代。越南主要民族京族人 ê 民間培墓風俗是 tī 舊曆 12 月 23 kā 灶 kha 神送走了後到 29 mê 中 kéng 一日去祭拜祖先。越南 ê 天主教徒會 tī 新年初二舉辦祭祖禮拜。越南各地方 ê 培墓慣勢因為歷史文化背景無 kāng mā 會有精差。像講，越南北部有 tī 上巳節食圓仔 ê 習慣。越南西南部有 khah chē 華裔後代，só˙-pái 用培墓結合春天出遊 chhit-thô，祖先拜了會 tī 墓前 kap 厝內 ê 人做伙食飯。

越南北部富壽省會 tī 舊曆 3 月初 10 雄王忌日，舉辦祭拜越南祖先起源 ê 雄王祭典風習。2007 年，越南政府 kā 雄王祭典列做正式 ê 國定 hioh 假日，koh tī 2012 年得 tiȯh 聯合國教科文組織公認列做人類代表非物質文化遺產名錄。Án-ne 以外，各地方 ê「扶董天王廟」(đền Phù Đổng) kap「朔廟」(đền Sóc) mā lóng 會 tī 舊曆 4 月初 7 到初 9 舉辦扶董天王節來感念伊趕走古代中國敵人。扶董天王是指越南傳說內底 ê 神童「Gióng」，伊 kan-taⁿ 三歲，但是食量非常 ê 大。有一 kang，ùi 北方來 ê 中國敵人入侵文郎國。雄王 tng-teh 思考退敵策略 ê 時，Gióng 家己推薦家己，hiông-hiông 變做真大隻 ê lòh-kha 勇士 chhōa 領族人拍敗敵人 (請參閱蔣為文編《越南文化：從紅河到九龍江流域》，五南出版)。

／越南 ê 天主教徒 tī 正月初二舉辦祭祖禮拜。

Ùi chia 咱看會出 -- 來，東亞地區 ê 清明節 kap 上巳節因為各地方民情 ê 無 kāng，會有所消長 kap 變化。Tī 越南，清明節 kap 上巳節 táuh-táuh-á 已經 hō͘ 扶董天王節 kap 雄王祭典所取代，民間 ê 大規模培墓，是 tī kā 灶 kha 神送走了後到過年前這段期間進行。台灣 mā 會當來參考越南 ê 作法，民族

培墓節 hoān-sè 會當改做新曆 ê 2 月 28 結合二二八紀念日來 siàu 念 hia，ūi 台灣犧牲 ê 先賢。清明節 tiòh 改做單純鼓勵國民出遊 chhit-thô ê hioh 春假期。Án-ne，放假 ê 天數無改變，但是意義深遠，mā koh-khah 符合台灣歷史文化特色。

頂 koân ╱ 胡志明市 ê 扶董天王雕像。
下 kha ╱ 越南富壽省雄王基廟。

／越南富壽省雄王祭典鬧熱陣。

• 蔣為文（主編譯）・陳玉添原著 2019《探索越南文化本色》台南：亞細亞國際傳播社。
• 蔣為文（編）2019《越南文化：從紅河到九龍江流域》台北：五南圖書。

媽祖竟然 mā 渡海過越南

╱ 會安福建會館 ê 媽祖神像。

　　咱人（舊曆）3 月 23 是媽祖生。Tī ta̍k-tang ê 舊曆 3 月這段期間 lóng 有 bē 少媽祖刈香（koah-hiuⁿ）、繞境 ia̍h 是慶祝 ê 活動。媽祖會當算是台灣 siōng-kài 受歡迎 ê 神明之一。其實，媽祖信仰 m̄-nā 是 tī 台灣存在，東亞、東南亞 mā lóng 會當來 chhōe tio̍h 媽祖 ê kha-jiah。像講 tī 越南，媽祖 ê 信仰 tio̍h 真普遍存在 tī 中南部。Ùi án-ne 看來，媽祖會當講是無分國籍、無分種族 ê 國際海神。I siōng 重要 ê 特色之一 tio̍h 是幫贊苦難 ê 人渡海移民到新天地釘根生湠。

　　媽祖信仰會傳播到越南，kap 大明國 ê seng-lí-lâng 到會安去做 seng-lí 有關係。其實 m̄-nā 是媽祖，其他 ê 神明親像關公、玄天上帝等等，任何有法度安慰新移民心靈 ê 民間信仰 mā lóng tòe 唐山 ê 移民傳播到越南。

　　會安是 15~19 世紀時東南亞重要 ê 國際貿易港口之一。當時，tī 會安做 seng-lí ê seng-lí-lâng 包括有 ùi 葡萄牙、大明國、日本、台灣、荷蘭等地來 ê 人。明人大多數趁冬季東北季風南下到會安，koh 利用夏季吹西南季風時回國。因為 án-ne 明人 mā hō͘ 當地越南人號做「người Tàu」（越南喃字寫做「人

艙」），意思是「坐船來 ê 人」。Chit-ê 用詞一直沿用到 taⁿ，tī 現此時 ê 越南語口語內底 người Tàu tiòh 是指中國人。

　　早期 ê 會安大明商人聚集 ê 所在號做「大明客庸」，後來 iàh 叫做「大唐街」，lóng 屬於臨時性 ê 僑居地。大明國亡國了後，lú 來 lú chē 明人為 tiòh beh 逃難 iàh 是無願意向滿清投降遷徙到會安。當時越南 tú 好分裂做南北兩 ê 政權。阮主 ê 廣南國離滿清 khah 遠，khah 無清軍侵略 ê 壓力。因為 án-ne，阮主 tiòh 採取歡迎 ê 態度，tú 好利用明人來對抗北方鄭主政權 kap 促進越南南疆 ê 開拓。

／越南會安福建會館外表。

　　無論是 beh 做 seng-lí iàh 是逃難，當時到會安 ê 明人 kap 唐人主要 lóng 是透過海運來。當時 ê 船隻 khah 小隻，海上 ê 風湧 koh 大，本身有海神形象 ê 媽祖 tiòh tàuh-tàuh-á 變做是船員祈求平安上岸 siōng 好 ê 選擇。台語俗諺語講：「唐山過台灣，心肝結 kui 丸」。這句話 tiòh 說明當初時唐人渡過黑水溝來到台灣 ê 危險。這句話 kāng-khoán mā 適用 tī 渡海到越南 ê 海上風險。

　　大約 17 世紀尾期，鄭成功 ê 舊部將龍門總兵「楊彥迪」(Dương Ngạn Địch)、高雷廉總兵「陳上川」(Trần Thượng Xuyên) 等人率兵三千 gōa 人投靠當時越南 ê 阮氏政權。阮主收留 chia-ê 人了後，命令 in 協助越南開拓南部疆域。Chia-ê 人 tiòh kap 越南軍隊做伙拍下 chit-má ê 同奈、平陽、西貢 kap 西南部 ê 大片土地。大多數 ê 明鄭士兵尾仔 lóng kap 當地越南人通婚，in ê 後代俗稱號做「明鄉人」(người Minh Hương)。

　　明鄉人 tī 越南中南部釘根生湠了後，媽祖 kap 關公 ê 信仰 mā tàuh-tàuh-á tī 當地發展起來。法國殖民統治越南 ê 期間，法國用西貢 (chit-má 改名做胡志明市) 做經濟貿易中心，koh hō͘ 華僑經商特權來吸引華人到越南來做 seng-lí。因為 án-ne，陸續有 bē 少華人移民到越南經商，chia-ê 人 lóng 變做是媽祖虔誠 ê 信仰者。因為媽祖信仰 tī 越南 ê 普及，有 bē 少越南人，特別是中南部 ê seng-lí-lâng mā lóng 會 giàh hiuⁿ tòe 華人祭拜媽祖，因為相信媽祖會當保庇 in 平安大趁錢。Chit-má ê 越南人普遍稱呼媽祖「天后」(Bà Thiên Hậu)。

　　越南 ê 媽祖廟通常 óa 附 tī 明鄉人 kap 華人所成立 ê 會館。各時期 ùi 中國移民到越南 ê 明人 / 清人 / 華人 lóng 會建立 iàh 是用原底 tiòh 有 ê「會館」做活動中心。Chia-ê 會館通常會祭拜神明、祖先，是真重要社群網絡 ê 聯繫中心。

頂 koân ／胡志明市霞漳會館 mā 叫做天后媽祖廟。
下 kha 　／霞漳會館 ê 媽祖神像。

Chia-ê 會館會當分做二大類：頭一類是由明鄉人主導，俗稱明鄉會館 ê 會館。第二類是華人主導 ê 五幫會館。Chia-ê 會館照原屬族群（幫）籍貫來劃分地盤，像講，福建會館、廣肇會館（廣東幫）、潮州會館、瓊府會館（海南幫）kap 客家會館等等。Tioh 算是 ùi kâng chit-ê 省分出來，mā 會因為語言 / 城市 ê 精差來分地盤。譬如講胡志明市 ê「霞漳會館」（漳州）kap「溫陵會館」（泉州）等。因為明鄉人已經越南化做越南人，所以 chit-má ê 明鄉會館大多數已經無傳統 ê 功能。但是華人會館大多數 iáu koh 維持原有 ê 功能，有真 chē 人拜，香火 chiân 旺。

／ 胡志明市溫陵會館 ê 媽祖神像。

　　咱以會安古城 ê 福建會館做例說明。這間會館 tī 陳富路 46 號，是目前會安地區佔地 siōng 闊、建築 siōng tōa-pān kap 香火 siōng 旺 ê 媽祖廟。福建會館 siōng 早大約是 tī 1690 年代起 ê 一間草廟（當時號做金山寺），主要供奉媽祖。後來 tī 1757 年由福建幫出資改建做瓦廟（新名號做「閩商會館」）。1849 年 koh 再增建後殿供奉六姓王爺公，最後 tī 1895 年動工到 1900 年完工 chiah chiân-chò 今仔日 ê 規模。福建會館主殿奉待「媽祖」，後殿供奉「六姓王爺公」、「金花娘娘」kap「財神爺」。六姓王爺

公是當初反清復明 ê 六位將軍。後殿 ê 六姓王爺公神像分別用
漢字寫「欽王爺」、「張王爺」、「舜王爺」、「朱王爺」、「十三
王爺」以及「黃王爺」等六位王爺。福建會館 ta̍k-tang tī 舊
曆 ê 2 月 16 祭拜六姓王爺，2 月初 1 拜金花娘娘 kap 3 月 23
媽祖生是全館 ê 三大活動，其中祭拜六姓王爺是 siōng 鬧熱、
人數 siōng chē ê 活動。雖然福建會館目前是華人管理 ê 會館，
但是 mā 有真 chē 當地 ê 越南人來 chia 祭拜求子 ia̍h 是求財。
越南 ê 媽祖信仰有真明顯 ê 特色 tio̍h 是在地化 kap 自主化。
早期唐山 ê 媽祖是「出海媽祖」，主要是漁民 ê 信仰海神。
如今越南媽祖 kap 台灣媽祖 kāng-khoán，m̄-nā 是漁民，koh
在地化做所有行業 ê 人 lóng 會來祭拜 ê「過海媽祖」。但是
mā 是有 sió-khóa-á bô-kâng，tio̍h 是越南媽祖無轉去祖廟刈
香 iat-chó͘ ê 慣勢。台灣 ê 媽祖習慣轉去祖廟刈香分靈，甚至
有一段時間竟然相爭轉去福建媚洲島刈香，實在是真 gê-sé。
比較之下，越南媽祖強調自主化 kap 無階級差別，每一間媽祖
廟 lóng 是家己 ê 祖廟，lóng kā 家己變做是各地方 ê 保護神。
Án-ne ê 思維 kap 做法實在是值得台灣參考！

倒 pêng ／越南華人廟 ê 香柱寸尺特別大枝。
正 pêng ／Ùi 國內外來 ê 香客 lóng 會添油香。

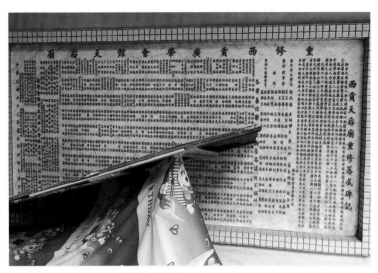

／西貢廣肇會館天后廟重修落成碑記。

● 蔣為文（編）2019《越南文化：從紅河到九龍江流域》台北：五南圖書。
● 劉金華、潘安、何增、陳大新 2015《越南南部華人文化概要》胡志明市：文化文藝出版社。

我 tī 越南看 tio̍h 鄭南榕 ê 形影

／美聯社記者 Malcolm Browne tī 現場所 hip ê 釋廣德自焚。（圖片來源：Wikipedia）

屬於外省人第二代 ê「鄭南榕」ūi-tio̍h 捍衛台灣人有主張
台灣獨立言論自由 ê 權利，選擇 tī 1989 年 4 月初 7，「侯友宜」
chhōa 隊進攻《自由時代周刊》雜誌社時，點 tó 汽油桶用自焚
殉道 ê 方式堅持 i ê 理念。5 月 19，tī 鄭南榕 ê 出殯隊伍行過
總督府前，另外一位建國烈士「詹益樺」身 phāiⁿ「生為台灣
人、死為台灣魂」ê 布條，突然用藏好 ê 汽油淋 tī 家己身上，
tòe 鄭南榕 ê 跤步，用自焚殉道 ê 方式向中華民國獨裁統治當局
表達 siōng 嚴肅 ê 抗議。

想 bē 到 án-ne ê 情景 mā bat tī 越南出現過！ He 是發生
tī 1960 年代南北越分裂時期 ê「釋廣德」和尚 (Hòa thượng
Thích Quảng Đức) kap i ê 追隨者。

公元 1963 年 6 月 11，釋廣德和尚坐 chit-chiah 車牌 DBA-
599 Austin ê 轎車，tī 大約 350 位僧人 ê 保護 kap 追隨下，來

到西貢（胡志明市舊稱）原「潘廷逢」大道 (đại lộ Phan Đình Phùng) kap「黎文悅」路 (phố Lê Văn Duyệt) 十字路口 ê Combodia 大使館頭前聚集。示威隊伍人人手提英語 kap 越語 ê 抗議布條 kap 牌仔，譴責當時南越 ê「吳廷琰」(Ngô Đình Diệm) 政權實施迫害佛教徒 ê 政策，訴求言論自由 kap 宗教平等 ê 權利。

　　釋廣德和尚落車了後行到路中央以佛教盤腿打坐 ê 方式坐定位。I ê 助手馬上 kā 五加侖 ê 汽油淋 tī 釋廣德身上。釋廣德人真平靜手轉佛珠嘴唸南無阿彌陀佛。一時間，大火燒起來，kā i ê 袈裟 kap 肉體吞食落去，chhèng 出烏煙。釋廣德 tiòh tī 在場真 chē 僧侶 kap 軍警 ê 面頭前來 ūi 理念殉道。

／釋廣德自焚進前所坐 ê 轎車目前收藏 tī 順化天佬寺。

　　釋廣德自焚現場 tú 好有 New York 時報 ê 記者 David Halberstam kap 美聯社 ê 攝影記者 Malcolm Browne 兩人親目瞌看 tiòh。David Halberstam tī i ê 報導內底作證：「Tī 大火 teh 燒 ê 時陣，釋廣德異常 ê 平靜，肉體 chit-sut-á 振動 to 無，mā 無 sió-khóa 哀疼 ê 叫聲，kap 邊仔圍觀哀叫吵雜 ê 民

眾形成強烈 ê 對比」。另外，Malcolm Browne mā 用 i ê 相機記錄這瞬間、震撼全世界 ê 一幕。這張照片後來 hō͘ 人選做世界新聞攝影比賽 (World Press Photo) ê 得獎作品。釋廣德 ê 自焚事件造成吳廷琰政權最後 ê 崩盤。

越南 tī 1954 年奠邊府戰役大贏法國軍隊了後，迫使法國政府同意撤出中南半島。根據 1954 年 7 月 21 簽署「Geneva 協議」(Geneva Accords) ê 內容，越南一分做二，以北緯 17 度做分界。北部由胡志明領導 ê 越南民主共和國統治，南部 tiòh 交 hō͘ 美國後壁支持 ê 吳廷琰，成立越南共和國統治。

／ 天佬寺對釋廣德轎車 ê 紹介。

吳廷琰出世 tī 越南中部廣平省 ê 天主教家庭。因為 i 是天主教徒 koh 反共，相對北越 khah 簡單得 tiòh 西方國家 ê 支持。Tng 吳廷琰得 tiòh 以美國 ûi 主西方國家支持了後，i tiòh kap 蔣介石政權統治台灣 kāng-khoán，直接實施獨裁統治。I ê 政權 m̄-nā 歪哥腐敗，koh 實施獨尊天主教、迫害佛教 ê 政策。像講 1963 年 5 月初 8 佛陀生日 hit-kang，tī 順化有 9 ê 平民因為抗議吳廷琰禁止佛教公開懸掛佛教旗仔，soah hō͘ 軍隊 chhèng 殺。Tī 越南，佛教徒大約佔當時社會八成左右 ê 人口，天主教徒 kan-taⁿ 無到一成。吳廷琰獨尊天主教 ê 政策當然致使真 chē 越南佛教徒 ê 不滿。

釋廣德和尚選擇自焚殉道了後，西方國家媒體大量報導，檢討吳廷琰政權存在 ê 必要性。吳廷琰 ê kīm-á「陳麗春」(Trần Lệ Xuân) 竟然 koh 無人性 ê 公開來起笑「Nā koh hō͘ 我看 tiòh BBQ 和尚 ê 戲，我一定拍 phok-á 叫好。In nā 無汽油，我 ē-sái 來提供。」M̄-nā án-ne，吳廷琰政權 koh 公開 phì-siùⁿ 釋廣德

是因為食毒 chiah 來自殺。這種奧步 tī 中國國民黨獨裁統治台灣時期 ká-ná mā 是 tiāⁿ-tiāⁿ 看 tioh！

台語俗諺語講：「人 teh 做，天 teh 看」，「惡馬惡人騎」。Koh-khah án-chóaⁿ 獨裁 ê 吳廷琰 mā 閃 bē 過政變之災。釋廣德自焚 hit tang ê 11 月初 2，美國私底下允准南越將領楊文明 (Dương Văn Minh) chhōa 頭發動軍事政變，chhèng 殺吳廷琰，結束 i 爭議 ê 一生。

釋廣德 tī 越南中南部 ê 慶和省萬寧縣 ê 農村家庭出世。17 歲開始追隨佛學大師「釋弘深」(Hòa thượng Thích Hoằng Thâm) 研習佛教，20 歲正式受戒。I bat 到 Combodia 學上座部佛經 2 tang，sòa 來 tī 越南中部 kap 南部傳教，koh 起真 chē 間佛教寺院。當初時 i 自焚進前所坐 ê 車目前收藏 tī 順化知名 ê 天佬寺 (Chùa Thiên Mụ，mā hō-chò 靈佬寺 chùa Linh Mụ)。Chit-ê 所在 chit-má 已經變做是國內外遊客來順化參觀 ê 著名旅遊景點。

／順化天佬寺景觀。

Siáⁿ!? 五四運動是受 tio̍h 越南 kap 台灣 ê 啟發

／ 越南東京義塾 ê 羅馬字教科書。

中國 tī 1919 年 5 月初 4 爆發「外抗強權、內除國賊」ê 五四運動。五四運動內底包含政治面 kap 文化面兩層次 ê 議題。有人主張講五四運動 ê 源頭是 ùi 陳獨秀、魯迅 iah 是胡適等人新文化運動 ê 主張開始。事實上，nā ùi 時間點來看，中國 ê 五四運動比起越南 kap 台灣 ê 新文化運動 koh-khah òaⁿ 真 chē。Hoān-sè 咱 thèng-hó 講，中國 ê 五四運動其實是受 tio̍h 越南 kap 台灣間接 ê 影響 chiah 得 tio̍h ê 啟發。

有 bē 少歷史學者 kā 新文化運動 ê 起源標 tī 1915 年陳獨秀創辦 ê《青年雜誌》。Mā 有人歸功 tī 胡適 ê〈文學改良芻議〉

（1917）iáh 是魯迅 ê 白話小說〈狂人日記〉（1918）。事實上，無論是 siáng 先起新文化運動 ê 火，tī 時間點 téng-koân lóng 比越南 kap 台灣 koh-khah òaⁿ。

　　越南 ê 智識份子早 tī 1907 年 tiòh tī 河內創辦推廣新文化運動 ê 團體「東京義塾」(Đông Kinh Nghĩa Thục)。「東京義塾」ê 主要成員是 chit-kóa tī 日本留學 ê 越南智識份子。因為受 tiòh 日本慶應義塾 kap 日本新文化運動 ê 影響，感觸真深。所以設立東京義塾來傳授西方思想以及科學新智識等等。In 認定 nā beh 達成啟發民智 ê 目的，tiòh 必須 ài ùi 教羅馬字、普及國民教育開始。所以「東京義塾」ê 第一要務 tiòh 是普及用越南羅馬字書寫 ê 白話文。In beh 透過羅馬字來教育民眾、hō͘ 大眾有智識 thang 對抗法國殖民統治。「東京義塾」雖然成立無到 chit-tang tiòh 來 hō͘ 法國殖民者強迫關門，但是 in ê 主張 tī 智識份子內底得 tiòh 真普遍 ê 支持 kap 認同。

　　東京義塾成員主張推廣越南羅馬字，tiòh 是源自 17 世紀西方傳教士傳入越南 ê 羅馬字。Tī 整理真 chē 傳教士 ê 成果之下，法國籍傳教士「得路」(法文名是 Alexandre de Rhodes) tī 1651 年出版頭一本越南羅馬字辭典《越南、葡萄牙、拉丁語 3 語對照辭典》(Dictionarium Annamaticum, Lusitanum et Latinum)。經過 chē 年 ê 發展以後，越南 tī 1865 年發行頭一份 ê 羅馬字報紙《嘉定報》(Gia Định Báo 1865-1910)。嘉定報 tiòh 親像台灣 tī 1885 年出版 ê 頭一份羅馬字報紙《Tâi-oân-hú-siâⁿ Kàu-hoē-pò》kāng-khoán，有 chhōa 頭普及羅馬字白話文 ê 貢獻。

／ 越南東京義塾 ê 原址已經改做賣衫褲店。

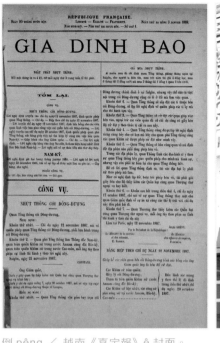

倒 pêng ／ 越南《嘉定報》ê 封面。

正 pêng ／ Tī 西貢美術館內張永記 ê 雕像。

下 kha　／ 台灣羅馬字協會成員前往 tī 西貢 ê 張永記紀念堂
弔念。

《嘉定報》ê 主編是「張永記」(Trương
Vĩnh Ký 1837-1898)。張永記 mā 叫做「Pétrus
Ký」，出世 tī 越南南部「永隆省」ê chi̍t-ê
天主教家庭。張永記真有語言天份，m̄-nā 會
曉越南羅馬字 kap 法文，mā bat 漢文、字
喃、拉丁文、希臘文、英文、日文 kap 印度
文等等，lóng 總 27 種語言。I m̄-nā 做過《嘉
定報》ê 主編，koh 出版超過一百本冊。因為
張永記 ê 冊讀真飽，所以 tī 公元 1874 年得
tio̍h 法國推薦入選做世界十八文豪當中 ê 第
十七位 (唯一入選 ê 亞洲人)。了後，張永記
tī 1883 年 koh 得 tio̍h 法國科學院院士頭銜。
張永記 ê 成就 m̄-nā tī 越南國內得 tio̍h 肯定，
mā 得 tio̍h 當代國際上 ê 認可，親像大英百科
全書 (Encyclopaedia Britannica) 內底 tio̍h 有
紹介張永記。

　　台灣 ê 白話文運動 kap 越南 kāng-khoán，源頭自傳教士，mā 比中國五四運動 koh-khah 早真久。英國長老教會 ê 醫療宣教師「馬雅各」(James L. Maxwell 1836-1921) 來到台灣，1865 年正式 tī 台南設教堂傳教。Tī chit-pái 真 tú-hó ê 機會內底，「馬雅各」發現西拉雅族 bat 用羅馬字書寫新港文書 ê 歷史，tiòh án-ne 來得 tiòh 靈感，深信羅馬字對 chhui-sak 信徒讀聖經有真大 ê 幫贊。所以將羅馬字引進台灣，開始翻譯羅馬字聖經。Tī 馬雅各以後，馬偕牧師 (Rev. George Leslie Mackay 1844-1901)、甘為霖牧師 (Rev. William Campbell 1841-1921) kap 巴克禮牧師 (Rev. Thomas Barclay 1849-1935) 等等 sio-liân-sòa 投入羅馬字白話文 (俗稱「白話字」Pėh-ōe-jī) ê chhui-sak，落尾 hō͘ 白話字 thang tī 台灣落塗釘根，tàuh-tàuh-á 生枝發葉。

　　馬偕將 i 所學過 ê 台語，筆記整理做《中西字典》(Chinese Romanized Dictionary of the Formosan Vernacular)，這本字典 tī 1874 年編輯完成，1891 年委託上海美華書館印刷出版。Che 是傳教士頭一部以台灣話做標準所出版 ê 字典。甘為霖 tī 台南本地人林錦生、陳大鑼 ê 協助下編撰白話字工具書《廈門音新字典》(簡稱「甘字典」)。這本字典 tī 1913 年出版，是台灣教會公報社第一本發行 ê 白話字字典，mā 是台灣目前 siōng 普遍流傳使用 ê 白話字字典。這本字典 tī 2009 年重新編印並正名做《甘為霖台語字典》。

　　白話字會當 tī 台灣受 tiòh 普遍 ê 使用，並且對台灣白話文學 kap 新文化運動造成真大 ê 影響，其中 ê 大功臣之一 tiòh 是巴克禮牧師。I tī 1875 年來到台灣傳教，1935 年 tī 台南來過身，lóng 總 tī 台灣貢獻 60 tang ê 歲月。巴克禮牧師引進印刷術、

印刷機，創立印刷所「聚珍堂」（1884 年創立」），開辦第
一份白話字報紙《台灣府城教會報》，設立教育機構「台南神
學院」，重新翻譯新、舊約聖經，編印《廈英大辭典增補》等等。

倒 pêng／《台灣府城教會報》(1885 年) 第一期封面。
正 pêng／全台頭一間出版社 kap 印刷所「聚珍堂」ê 原樣。
　　　　（圖片來源：台灣教會公報社提供）

　　咱 nā kā《台灣府城教會報》掀開，會發現講 tī 五四運動
進前 tioh 已經有真 chē 以台語白話字書寫 ê 現代小說。譬如，
1886 年 1 月《台灣府城教會報》第 7 期有一篇小說名號做
〈Jit-pún ê koài-sū〉，內容主要是講 chit-ê siáu 貪 ê 旅店頭家
去 hō͘ chit-ê 假做老狐仙 ê 人客騙錢 ê 故事。這篇小說比魯迅
ê 白話小說〈狂人日記〉iah 是胡適 ê〈文學改良芻議〉 koh-
khah 早 30 gōa tang ！

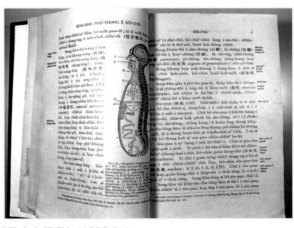

倒 pêng／台語白話字小說〈日本 ê 怪事〉(1886 年)。
正 pêng／戴仁壽醫生編寫 ê 台語醫學教材《內外科看護學》(1917 年)。

除了傳教士 ê 貢獻以外，當然 mā 有台灣人 sio-liân-sòa khiā 出來，譬如講林茂生、蔡培火、鄭溪泮、賴仁聲、王育德等等。Ūi-tióh beh 感念 chit-kóa 前人 ê 貢獻，鄭兒玉牧師 tī 在生進前號召聯合台灣羅馬字協會、台灣教會公報社、長榮中學、台南神學院等等 ê 單位 tī 2013 年 5 月共同辦理第一屆台灣羅馬字文化節，了後 ta̍k-tang ê 5 月份 lóng 會 tī 台南來舉辦，預計有文史導覽、白話字文史比賽、查台語詞典比賽等活動，現場 koh ē-sái 體驗操作全台第一台 ê 印刷機。有興趣 ê 讀者請上台灣羅馬字協會官網查詢 < http://www.tlh.org.tw/ >。

倒 pêng ／ 國立台灣文學館出版 ê《台語白話字文學選集》。
正 pêng ／ 台灣羅馬字文化節 tī 教會公報社現場體驗操作古老 ê 印刷機。

• Chiung, Wi-vun. 2020. TAIWAN AND VIETNAM: LANGUAGE, LITERACY AND NATIONALISM. Tainan: Center for Vietnamese Studies NCKU.
• 蔣為文 2017《越南魂：語言、文字與反霸權》台南：亞細亞國際傳播社。
• 蔣為文、周定邦、楊蕙如 (編) 2016《探索台語白話字的故事》台南：台灣羅馬字協會、國立台灣文學館。
• 蔣為文 2014《喙講台語‧手寫台文》台南：亞細亞國際傳播社。
• 蔣為文 2011 總編輯《台語白話字文學選集》(一套五冊) 台南：國立台灣文學館。

延伸閱讀

越南大學 Siōng Hang ê 學系
竟然是 chit-ê 系

／ 河內國家大學所屬社會人文大學越南學系 kap 國立成功大學越南研究中心簽約合作。

　　越南自 1986 年實施改革開放以來，tàuh-tàuh 吸引 lú 來 lú chē 外國資本入來投資。因為外商到越南投資 ê 量增加，造成越南真 chē 間大學 chit-kóa 熱門 ê 科系崛起。其中，人文類別熱門 ê 科系之一 tiȯh 是「越南學系」(Khoa Việt Nam Học)！

　　各大學 ê 越南學系，大部分 lóng tī 2000 年左右 sio-liân-sòa 來成立。Tī che 進前，每一間大學負責對外國人教越南語 ê 單位主要是越南語中心。但是因為外國人對學越南語 ê 需求 lú 來 lú chē，所以 ták 間大學 tiȯh 開始正式成立越南學系來招生。越南學系主要 ê 招生對象有兩大類：第一是想 beh 到越南做 khang-khòe ê 外國人。第二是想 beh 對外做越南語教學 ê 越南本國人。Tī 每一間名星學校 ê 越南學系內底，外國學生通常 lóng 比本國學生 koh-khah chē。M̄-nā 是外國學生 chē，外國學生 ê 學費 mā 照國際標準 teh 收 (ták-tang 大約是 6 萬 kho

台幣），因為 án-ne，越南學系 ê 財源收入一直 lóng 比其他系 koh-khah chē，變做是 siōng hang siōng gâu 賺錢 ê 學系。

目前，tī 越南 siōng 老牌、siōng 有名、siōng chē 學生 ê 越南學系分別是這三間學校：河內國家大學所屬社會人文大學 (Trường Đại Học Khoa Học Xã Hội và Nhân Văn – Đại Học Quốc Gia Hà Nội)、國立河內大學 (Trường Đại Học Hà Nội) kap 胡志明市國家大學所屬社會人文大學 (Trường Đại Học Khoa Học Xã Hội và Nhân Văn – Đại Học Quốc Gia TPHCM)。這幾間名校 ê 越南學系外國學生 lóng 比越南本國學生 koh-khah chē。其中，胡志明市國家大學所屬社會人文大學越南學系大部份 lóng 是外國學生，內底韓國學生佔大多數。北部 ê 河內大學 kap 河內國家大學越南學系 mā 是外國學生過半，主要有韓國、中國 kap 日本學生。真 phah-sńg，台灣學生 ê 人數 tī 越南學系 soah 是稀微 chhōe 無 kúi-ê。

Che 是因為 siáⁿ-mih 原因？筆者認為是受 tiòh 中華民國黨國時期國語政策 ê 影響，造成台灣人 kan-taⁿ 獨尊華語（中國北京話），單一語言文化思想 ê 餘毒。獨尊華語 ê 思想 m̄-nā thâi 死台灣 ê 本土語言，mā 造成台灣人誤會只要 bat 華語 kap 英語 tiòh ē-sái 行遍全世界。結果台商 tiòh tī 越南去踢 tiòh 鐵板！台商 tī 越南 ê 勢力 kap 影響力原本佔前三名，大贏韓國企業。公元 2000 年以後，韓國企業 ùi 後壁 jiok 起來，現此時 ê 韓國已經遠遠超過台灣，變做是越南第一大外資投資國 kap siōng 有影響力 ê 外商。韓國成功 ê 關鍵之一 tiòh 是 in 鼓勵韓國 ê 少年家先到越南學系讀 4 tang 了後 chiah koh 入去當地 ê 韓國企業服務。因為韓國員工 bat 越南

語言 kap 文化，所以 tio̍h 有法度真準掌握越南消費者 ê 消費心理。Kap 韓國比起來，真 chē 台商 iû-goân iáu 是靠越南籍員工 teh 做語言翻譯。Siáng 輸 siáng 贏，一看 tio̍h 知影！

／ 胡志明市國家大學所屬社會人文大學越南學系有真 chē 韓國籍學生。

　　越南學系到底 teh 學 siáⁿ-mih？In ê 課程 àn 學習 ê 對象分做二類。外國學生 ê 部分，必修越南語言、歷史、文化、地理、文學等科目。Tī 越南學系，越南語 m̄-nā 是 kan-taⁿ 修 kúi-ê 學分 niā-niā，mā 有列做畢業 ê 門檻！通常 ài 有高級 (C1) 以上 chiah 會當畢業。而且上課全程 lóng 是用越南語授課。Án-ne 4 tang ê 訓練落來，差不多 ta̍k-ê 越南學系 ê 外國學生 lóng 有才調講一嘴 liú-lia̍h ê 越南話。Tī 本國籍學生 ê 部分，因為越南人本身 tio̍h 有越南語 ê 能力，所以課程訓練 ê 重點 tio̍h khǹg tī 培訓學生有能力對外國人教學越南語 kap 紹介越南社會文化。研究所 ê 課程是以培訓越南研究人才為主。越南人因為有國家，有主體性，mā 真清楚越南學系發展 ê 目標，所以變成熱門 ê 學系。相對之下，台灣大約 mā tī 2000 年左右，陸續成立台灣文學相關系、所。可惜，因為國家認同 kap 定位無清楚，台文系 ê 發展 mā 受 tio̍h 拖累，致使已經有幾間學校 ê 台文系所停止招生。台語俗諺語講：「Beh 好，龜 peh 壁；beh 敗，水崩山。」越南學系 ê 發展模式實在是值得台文系做參考！

／ 河內國家大學所屬社會人文大學越南學系辦理新春晚會。

越南學系 ê 外國學生 beh án-chóaⁿ 檢定 in ê 越南語能力是 m̄ 是有符合畢業門檻？通常越南學系會家己辦理越南語認證考試。目前，越南並無統一 ê 越南語認證制度。越南教育部 tī 2015 年 9 月初 1 (Só: 17/2015/TTBGDĐT) 針對越南語能力公布分級標準，lóng 總分做三階六級 (3 cấp 6 bậc)。每一間校只要照 chit-ê 標準去辦理越南語認證 lóng 是有來承認。目前，tī 越南，téng-koân 講 tiòh 三間大學 ê 越南學系辦理 ê 越南語認證 siōng chē 人報考。

越南以外，台灣是頭 chit-ê tī 越南境外辦理越南語認證 ê 國家。台灣 ê「國際越南語認證」(iVPT) 是由國立成功大學越南研究中心 chhōa 頭研發 koh 聯合社團法人台越文化協會做伙辦理。因為國立成功大學越南研究中心 kap téng-koân 所講 tiòh 三間大學 ê 越南學系 lóng 有簽約合作 kap 互相承認 ê 證書，所以「國際越南語認證」算是台灣自有品牌、國際認可 ê 越南語認證制度。辦理 ê 時間 ta̍k-tang 分做春秋兩季，tī 全國北中南做伙舉辦。除了有台灣考場之外，日本 mā 採用國際越南語認證 koh tī 大阪 hām 東京設考場。有趣味 ê 人，會當 chiūⁿ 國際越南語認證官網 < http://cvs.twl.ncku.edu.tw/ivpt >

頂 koân ／ 胡志明市國家大學所屬社會人文大學越南學系 kap 國立成功大學越南研究中心相互承認證書。

中央 ／ 河內國家大學所屬社會人文大學越南學系 kap 國立成功大學越南研究中心簽約合作。

下 kha ／ 哈佛大學越南學程吳主任 kap 成大越南研究中心蔣主任合影。

Siáⁿ!? 端午節是源自越南

／ 雄王祭典活動現場示範包四方粽。

　　真 chē 人 lóng kiò-sī 端午節（五日節／肉粽節）ê 源頭是 ùi 中國來，其實端午節 siōng 早是源自南方 ê 百越民族。越南 tiòh 是目前唯一有獨立國家地位 ê 百越民族後代，因為 án-ne 咱 thèng 好講越南是端午節 ê 原始起源國 mā 無超過。

　　古代中國是 ùi 北 pêng 黃河流域起源 ê 華夏民族。Tng 華夏民族接觸 tiòh 南方 ê 百越民族了後，將南方 ê 端午節民俗傳轉去北方，華夏民族 chiah 開始有端午節 ê 風俗。Tī 後來 ê 歷史發展內底，華夏民族 tàuh-tàuh 向南方征戰 kiam 消滅 iàh 是同化各百越民族。因為大多數 ê 百越民族已經被消滅 iàh 是同化，自 án-ne 來失去端午節 ê 解說權。Koh 因為 ùi 北 pêng 來 ê 華夏民族已經佔領大多數百越民族原有 ê 領土，所以造成當代 ê 中國人來誤會端午節源自 in 中國家己本身。Ka-chài，有百越觀點 ê 端午節源頭 iáu-koh 保留 tī 當代 ê 越南。

　　越南胡志明市國家大學文化學系 ê 陳玉添教授 tī i 出名 ê 著作《探索越南文化本色》內底 tiòh 有講 tiòh án-ne ê 百越觀

點 (原著越文版 tī 1996 年出版，今年 9 月成大越南研究中心 àn 算策畫 tī 台灣出版中譯本)。陳玉添教授 tī 冊內寫 tiòh「五月五日節，叫做端午節。真 chē 人誤解 chit-ê 節 ùi 中國來，其實，che 是南方百越人 ê 節日。」

陳玉添教授解說，南方 chit-ê 所在 khah 燒熱，chit-ê 節日 tiòh 是為 tiòh beh 紀念一年內底 siōng kài 熱 ê 時間點。古早時越南語內底 ê tháng Một (字面 siōng 是「一」月) 是指舊曆 ê 十一月，因為彼時用十一月做年初。每一個月 ê 初二 tiòh 是月初，叫做「tháng lui, ngày tiến」(退月、進日)。Kan-taⁿ 用 ùi 十一月開始 ê 這種曆法，五月初五端午節 chiah 有正確 ê 意義，tiòh 是指年份正中 ê 彼一 kang (siōng kài 熱 ê 日子)。因為 chit-ê 時間 ê 天氣 siōng kài 燒熱，真簡單 tiòh 會破病造成傳染病 sio òe，越南人 koh kā 五月初五號做 thāu 蟲節。Tī 五月初五這一 kang，越南人透早 lim 糯米酒食酸果來 kā in 身體內 ê 寄身蟲 thāu 死。Án-ne 以外，這一 kang 越南人 koh 會用藥葉抹 tī 指甲來保護 kap 美化指甲，並且 tī 端午透中晝陽氣 siōng iāng ê 時陣去 bán 藥葉，然後將藥葉 phàk ta 做未來一年 beh 用 ê 藥仔。

當代越南人過端午 ê 氣氛 lú 來 lú 薄，無像台灣 iàh 是中國。南部華人 koh 有維持中國式 ê 端午節風俗習慣。因為越南華人 kan-taⁿ 占全國人口 ê 1%，chit-ê 風俗習慣對越南全國來講影響真有限。

事實上，每一 ê 對端午節 ê 傳說，是 m̄ 是 ài 食粽 kap pê 龍船 ê 慣勢 lóng 無仝款。端午節食粽 kan-taⁿ 是當代中國人 ê 習慣 niā。Kā 端午節當做詩人節，koh-khah 是 1939 年重慶文藝界抗敵協會議

定用 chit-kang 來紀念屈原（根據教育部國語辭典 ê 解說），借 che 用來提升中國人民 ê 愛國意識。有 bē 少人 kā 屈原 kap 中國民族主義連結做伙其實 lóng 是一種扭曲歷史事實 ê 當代想像 niā-niā。屈原是楚國人，i 主張楚國獨立 koh 拒絕秦國 ê 併吞。屈原是拒絕 hō· 人大一統 ê 人，ná 會 soah 變做統一中華民族 ê 代言人？

Tī 越南，端午節並無食粽 ê 慣勢。粽顛倒是越南人過舊曆年 ê 特色料理，i 源自雄王 ê 傳說。

雄王是越南傳說內底 ê 先祖。某一 kang，雄王召集 i 全部 ê hāu-seⁿ 表示 siáⁿ 人會當 tī 年底進前 chah 珍奇寶物轉來 hō· 雄王歡喜，tio̍h 會將王位傳給 i。Sòa 落來 in hāu-seⁿ tio̍h 四界走 chông 走 chhōe 寶物。最後，雄王 kéng 第十八位 hāu-seⁿ chah 轉來 ê 珍寶 — 象徵天圓地方 ê 粽。原來，雄王 ê 第十八 hāu-seⁿ 用糯米 kap 芭蕉葉做四方 kap 圓型 ê 二款粽。圓 ê 象徵天，四方 ê 代表地，表示天地養育眾生，囝兒用粽來報答父母 ê 恩情。雄王非常歡喜，tio̍h 將王位傳 hō· chit 位有智慧 ê 第十八位王子。

越南 tī 舊曆過年（正月初一）ê 時 iû-goân iáu koh 保留食粽 ê 風俗習慣。北部人 khah 慣勢食正四方 ê 粽（越南話號做 Bánh chưng），南部人慣勢食圓柱仔形 ê 粽（南部叫做 Bánh tét）。越南 ê 傳統粽通常寸尺比台灣粽 khah 大，而且內底包 ê 餡以肥豬肉 kap 豆沙為主，ài khǹg tī 水內底 sa̍h 十幾點鐘 chiah thang 完成。傳統上，四方粽 kan-taⁿ 有鹹 ê 口味一種。圓柱仔形 ê 粽會有鹹 kap 甜二種，甜 ê 內底包芎蕉。越南粽因為寸尺 khah 大，通常會先切幼了後 chiah 食。而且越南人一般無 teh 用刀子切，是用幼線來切粽。

另外，因為受 tio̍h 當代西貢華人 chia̍h-sit ê 影響，南部 ê 越南人 mā 有類似台灣三角外形 ê 粽，越南話號做 Bánh ú。但是 Bánh ú 是用芭蕉葉，m̄ 是用竹葉來包。Bánh ú ê 口味分

做鹹 kap 甜二種。Án-ne 以外，越南南部 mā 有類似台灣 ê 甜粽 (正確來講應該是 kiⁿ 粽)，號做 Bánh ú lá tro。越南甜粽 mā 是用竹葉包，koh 分做兩種，第一種 kap 台灣甜粽差不多，粽本身無甜味，ài ùn 糖漿 iàh 是蜂蜜做伙食。第二種本身 tiòh 有甜味，內餡是綠豆沙。各位讀者 nā 到越南 chhit-thô，會當來試看 māi 越南粽 kap 台灣粽 ê 差別 tī tó-ūi。

倒 pêng ／ 越南北部傳統方形 ê 粽。
正 pêng ／ 越南南部傳統圓柱仔形 ê 粽。
下 kha ／ 越南南部 ê 甜粽。

延伸閱讀 ● 蔣為文 (主編譯)、陳玉添原著 2019《探索越南文化本色》台南：亞細亞國際傳播社。

越南竟然靠 che 來帶動國際觀光

／ 坐船 chhit-thô 下龍灣。

　　到越南旅遊 ê 國際旅客這幾年來大量增長，ùi 2000 年開始 ta̍k-tang 200 萬國際遊客增加到 2017 年 1300 萬國際遊客。國際觀光客大量增長 ê 主要原因之一 tio̍h 是靠世界遺產 ê 國際知名度帶動國外遊客到越南旅遊。

　　越南自改革開放以來積極向聯合國教科文組織 (UNESCO) 參與，申請登錄世界遺產 (World Heritage)。到 2017 年底為止，目前越南已經成功登錄 8 ê 世界遺產，12 ê「非物質文化遺產」(intangible cultural heritage)。

　　越南 ê 世界遺產包含「下龍灣」kap「Hong-nga-ke-bang」2 ê 天然景觀遺產，「順化古城」、「會安古城」、「美山聖地」、「升龍古皇城」kap「胡朝古城」等 5 ê 文化遺產，kap「長安名勝古蹟」1 ê 綜合型遺產。已登錄 ê 非物質文化遺產包含「順化宮廷雅樂」、「西原鑼鉦文化」、「北寧官賀民謠」、「歌籌音樂」、「扶董天王廟會」、「富壽省 ê 迎春曲」、「雄王祭祀信仰」、「南部才子月琴唸歌」、「義安 kap 河靜省對唱民歌」、

「Giú-tōa-soh 比賽 kap 儀式」、「三府母神信仰」kap「中部發牌唱曲藝術」。

越南 ê 世界遺產 kap 非物質文化遺產有幾點特色：第一，凸顯越南民族 ê 歷史文化 kap 精神。第二，反映越南各地方 ê 風俗民情。第三，包容越南少數民族 ê 歷史文化。分別 tī 下底簡介：

下龍灣 (Vịnh Hạ Long) tī 越南東北部廣寧省 ê 海域，大約分佈二千座石灰岩島嶼。Chit-kóa 島嶼分散 tī 大片 ê 海域內底非常壯觀。因為 chia-ê 島嶼 lóng 是石灰岩成分，所以有 bē 少島嶼內底 lóng 有天然 ê 石母乳 pōng-khang。下龍灣 tī 1994 年 hō͘ UNESCO 列做世界遺產，是越南頭 1 ê 世界級 ê 自然遺產。真 chē 國際觀光客到下龍灣會選擇來坐船欣賞美景，mā ē-sái tī 船頂 kòe-mê，sńg chit-kóa 水上活動。越南廣寧省當代真出名 ê 詩人陳潤明有一首詩「你 KÁM BEH 轉來下龍灣」：

你 kám 有意願 hām 我轉來下龍灣
見證石頭 mā 會 sio 意愛
tng 海中央浮出 ang-á-bó͘ 石
草木 lám sio-óa，tī 月光下溫存
Chiah 過一分鐘 tō chhōe lóng 無
山 kā 雲 lám tiâu-tiâu，風 mā 無 châi-tiāu kā in 拆散

我 kā 秋天 ê ut-chut 留 hō͘ 你
tng 寒霜落 tī 白檀葉
Taⁿ 你 tú-tio̍h 我，tio̍h-sǹg 我 tī 雲頂漂撇
像下龍灣，日頭光 chiūⁿ 海湧
雨水 mā ná 山 hiah 水
你 lú 來 lú 水 mā lú 少年

我 iáu tī 你身邊，你 thái 會知？

Tio̍h-sī tng 你 chhùi-tûn 感覺 tâm-tâm ê 時陣

輕輕仔感受 tio̍h chhiú-pô ê 溫暖

無風 teh 吹你 ê 聲 mā 會振動 ê 時陣

Hong-nga-ke-bang (Vườn quốc gia Phong Nha-Kẻ Bàng) 是 tī 越南中北部 ê 國家自然風景區，mā 是越南第 2 ê 世界級自然遺產，tī 2003 年得 tio̍h UNESCO 公認。Chit-ê 風景區是岩溶地形，有 bē 少珍貴 ê 陸上石母乳 pōng-khang。

順化古城 (Quần thể di tích Cố đô Huế) tī 越南中部，是越南第 1 ê 世界級文化遺產，tī 1993 年得 tio̍h UNESCO 承認。順化是越南最後 1 ê 封建王朝阮朝首都 ê 所在地。目前留下珍貴 ê 越南阮朝皇城、皇陵 kap 歷史建築物群。

會安古城 (Phố cổ Hội An) 是越南中部 ê 老城鎮，是 15 到 19 世紀東南亞重要 ê 貿易港口，tī 1999 年得 tio̍h UNESCO 公認。當時有 ùi 明國、清國、日本、台灣、荷蘭等，真 chē 東西方國家來 chia 做買賣。鄭成功 ê 部下 mā 有 chit-kóa bat 移民到會安定居，有 tī chia 留落歷史遺跡。

倒 pêng ／ 順化阮朝古皇城。

正 pêng ／ 會安古城 ê 日本橋。

美山聖地 (Thánh địa Mỹ Sơn)tī 越南中部廣南省，是古代占婆王國 tī 4 世紀到 14 世紀中所建立 ê 印度教寺廟遺址，1999 年得 tio̍h UNESCO 公認。

　　升龍 (mā 寫做昇龍) 古皇城 (Hoàng thành Thăng Long) tī chit-má 河內市巴亭廣場附近，siōng 早是 11 世紀越南李朝所起，後 -- 來 ê 陳朝 kap 後黎朝陸續增建。升龍古皇城象徵越南脫離古代中國統治，建立有越南家己特色 ê 獨立王朝。升龍古皇城 tī 2010 年得 tiòh UNESCO 公認。

倒 pêng・正 pêng ／ 昇龍古皇城考古遺址。

　　胡朝古城 (Thành nhà Hồ) 是 15 世紀初越南胡朝開國君主「胡季犛」用石頭所起 ê 古城堡，mā 叫做「西都城」，tī 2011 年得 tiòh UNESCO 公認。胡季犛 (Hồ Quý Ly) 是主張用越南喃字取代中國漢字 ê 頭 1 ê 越南皇帝。可惜執政無幾 tang tiòh 去 hō͘ 前來侵略 ê 大明國軍隊拍敗，hō͘ 人 liàh 到明國首都金陵。

　　長安名勝古蹟 (Quần thể danh thắng Tràng An) koh 號做陸龍灣，tiòh 是陸地版本 ê 下龍灣，所在 tī 越南北部寧平省。長安名勝古蹟是結合自然生態 kap 歷史古蹟 ê 旅遊景點，會使坐船 sńg pōng-khang，參觀越南丁朝、前黎朝 kap 李朝前期 ê 歷史古蹟。丁朝 ê 首都華閭 (Hoa Lư) tiòh 是 tī chit-ê 所在。

頂 koân ／ 胡朝古城。
下 kha　／ 長安名勝古蹟 ê 自然生態區。

　　順化宮廷雅樂 (Nhã nhạc, âm nhạc cung đình Việt Nam) 是越南阮朝時期 ê 宮廷音樂，tī 2003 得 tióh UNESCO 登錄做人類非物質文化遺產代表作。Chit-má nā 遊客到順化旅遊，lóng 會當 tī 香江頂坐船，欣賞現場宮廷 ê 音樂表演。

　　西原鑼鉦文化 (Không gian văn hóa Cồng chiêng Tây Nguyên) 是越南西原高地五省 ê 鑼鉦樂器文化，tī 2005 得 tióh UNESCO 登錄做人類非物質文化遺產。

　　北寧官賀民謠 (Dân ca quan họ Bắc Ninh) 是 tī 越南北部流傳，特別是北寧省 kap 北江省 ê 男女對唱民歌，tī 2009 得 tióh UNESCO 登錄做人類非物質文化遺產。官賀民謠有點仔 sêng 台灣 ê 桃花過渡調歌謠。

頂 koân ／順化坐船聽宮廷音樂。
下 kha ／男女對唱官賀民謠。

　　歌籌音樂 (ca trù) tī 越南北部 kap 中北部流傳，是一種古代宮廷音樂，結合歌詩 kap 音樂 ê 表演方式，tī 2009 得 tiòh UNESCO 登錄。

　　扶董天王廟會 (Hội Gióng ở đền Phù Đổng và đền Sóc) tī 2009 得 tiòh UNESCO 登錄。扶董天王是越南雄王時期 ê 傳說人物，屬於越南民間信仰「四不死」ê 其中一位神童。扶董天王年歲雖然細漢 soah 非常英勇，chhōa 領越族人拍敗 ùi 中國來 ê 敵人。

　　富壽省 ê 迎春曲 (Hát Xoan Phú Thọ) tī 2011 年得 tiòh UNESCO 登錄，是結合歌唱、音樂 kap 舞蹈 ê 迎春舞曲。

　　雄王祭祀信仰 (Tín ngưỡng thờ cúng Hùng Vương) tī 2012 年得 tiòh UNESCO 登錄。雄王是越南傳說中建國 ê 開基祖，是越南人 ê 共同祖先。Ta̍k-tang 舊曆 3 月初 10 是雄王祭祖日，各地 lóng 會有祭拜儀式，特別是 tī 富壽省越池市義岭山頂上 ê 雄王廟遺跡區 tiān 有數十萬人前來祭拜。規模 tiòh 親像台灣 3 月 ê 媽祖 koah 香活動。

倒 pêng ／ 胡志明市 ê 扶董天王雕像。
正 pêng ／ 福壽省 ê 雄王祭典活動之一。

南部才子唸歌 (Nghệ thuật đờn ca tài tử Nam Bộ) tī 2013 年得 tio̍h UNESCO 登錄,是越南南部特有 ê 唸歌藝術。Chit-ê 藝術結合原有中部 ê 宮廷雅樂 kap 民間文學,形成 tī 19 世紀。

義安 kap 河靜省 ê 對唱民歌 (Dân ca Ví, Giặm Nghệ Tĩnh) tī 2014 年得 tio̍h UNESCO 登錄,是流傳 tī 義安省 kap 河靜省 (台塑煉鋼廠所在地) ê 一種民間歌謠。

Giú-tōa-soh 比賽 kap 儀式 (Nghi lễ và trò chơi kéo co truyền thống) tī 2015 年得 tio̍h UNESCO 登錄,主要流傳 tī 紅河三角洲流域 kap 越南中北部。

三府母神信仰 (Tín ngưỡng thờ Mẫu Tam phủ) tī 2016 年得 tio̍h UNESCO 登錄。祭拜母神是越南民間信仰之一。越南人 kā 自然界分做四區,分別由四位母神管理。母神信仰 ê 代表地區 tī 南定省。

╱ 越南母神信仰。

　　中部發牌唱曲藝術 (Nghệ thuật Bài Chòi Trung Bộ)tī 2017 年得 tiỏh UNESCO 登錄，是 tī 越南中部流傳 ê 一種民間歌謠藝術。

　　台語俗諺語講：「M̄-thang 看貓無點。」雖然越南 ê 人均收入 m̄ 比台灣，但是越南國際觀光客 ê 人數是贏台灣 thiám-thiám。可見越南政府 tī 行銷越南觀光 kap 自然文化遺產 ê 用心。

延伸閱讀 ● 蔣為文（編）2019《越南文化：從紅河到九龍江流域》台北：五南圖書。

台、日、越聯合 chhui-sak 新南向

／ 台日越與會學者開幕合影。

　　台灣新舊南向政策陸續推動，台灣學術界 tī 東南亞研究領域 ê 成果 mā 漸漸得 tio̍h 國際 ê 肯定 kap 關注。國立成功大學越南研究中心 tī 2019 年 3 月初 8 成大台文系館辦理越南語言文化國際工作坊，結合日本、越南 kap 台灣 ê 學者共同探討交流越南語教學 kap 國際越南語認證合作事項，成功將成大研發 ê 國際越南語認證 sak 向國際舞台。

　　Chit-pái ê 工作坊由成大越南研究中心、台越文化協會、台灣亞洲交流基金會、文化部、內政部移民署等單位共同合作辦理。工作坊 ê 目的 tī kap 日本、越南建立跨國 ê 越南研究國際聯盟，推廣成大研發 ê 國際越南語認證 (iVPT)。總統府資政暨台灣亞洲交流基金會董事長蕭新煌教授、成大校長蘇慧貞教授、文學院院長陳玉女教授等 lóng 有來大會致詞。蕭新煌董事長 tī 開幕典禮宣布成大越南研究中心正式成為台灣亞洲交流基金會合作聯盟團隊之一。

　　成大越南研究中心主任蔣為文教授表示，工作坊 tī 台文系館辦理有真特別 ê 歷史意義。台文系館 chit-má 是台南市定古蹟，前身是日本時代 ê 日軍台南衛戌病院，經過 4 年整修了後 chiah 變成台文系 ê 教學空間。工作坊 tī 台文系館舉辦象徵台日合作、共創雙贏 ê 新時代意義。

頂 koân ／ 與會學者 kap 歷史古蹟台文系館合影。
下 kha　／ 與會學者參觀成大校園。

　　因為東南亞國家新移民人數連年 ê 增加，東南亞語言 kap 文化 tī 台灣 mā lú 來 lú 受重視。教育部甚至已經正式將東南亞語文列入國小一禮拜一節課 ê 選修課程。東南亞 ê 新移民內底 koh 以越南人數 siōng chē，所以越南語 kap 文化 mā 是目前國內 tī 國小 kap 大學開課數量 siōng chē ê 東南亞相關課程。早 tī 新南向政策推動進前，國立成功大學 tiòh 開始投入東南亞研究，特別是越南語教材、師資培訓 kap 越南語認證等方面。國立成功大學是國內 siōng 早從事越南語教學 kap 研究 ê 頂尖大學 mā tī 2016 年開始自行研發開辦國際越南語認證。這 ê 認證是第一 ê tī 越南以外辦理 koh 得 tiòh 台灣教育部 kap 越南各大學承認 ê 越南語認證，預定 tī ták-tang ê 春秋兩季辦理。

　　除了國際越南語認證以外，國立成功大學越南研究中心 mā kap 真 chē 間越南知名大學 iah 是學術機構簽訂合作協議共同推動台越學術交流 kap 比較研究。親像越南社會科學院、河內國家大學、胡志明市國家大學、越南文化藝術院、河內大學、順化大學等。國立成功大學越南研究中心 mā 開辦越南語學分班，koh 有 kap 胡志明市國家大學所屬社會人文大學越南學系合作辦理暑期越南遊學團，chhōa 台灣學生到越南學習越南語 kiam 體驗越南文化。

頂 koân ／ 成大越南遊學團參觀越南歷史景點古芝地道。
下 kha 　／ 國際越南語認證 ê 考試現場。

　　Tī 台越交流平台建立穩固了後，國立成功大學 mā 積極 kap 越南以外 ê 越南研究社群建立學術交流關係。附近 ê 國家

內底，厝邊日本算是真早 tioh 投入越南研究 kap 教學 ê 國家，收成 mā 真豐沛，經驗真值得咱台灣做參考。因為 án-ne，這屆工作坊特別邀請 tī 日本從事越南語教育知名大學 ê 學者前來參加，譬如大阪大學 ê 清水政明、東京外國語大學 ê 安達真弓、神田外語大學 ê 岩井美佐紀、立命館太平洋大學 ê 田原洋樹、大東文化大學 ê 清水英里等等。會中台日雙 pêng 學者深入探討未來 tī 日本共同舉辦國際越南語認證 ê 具體事項。Án-ne 以外，三方 mā 商討 beh 共同發行越南研究國際期刊。參與 ê 學者一致認為台、日、越合作交流一定會當創造多贏 ê 局面 koh thang 促進亞太區域 ê 和平發展。

頂 koân ／日本學界 mā 採用成大研發 ê 國際越南語認證。
下 kha ／國際越南語認證 ê 日本考試現場。

新南向 hō͘ 台越文化交流燒烙

／ 第四屆台越人文比較研究國際研討會開幕。

　　國立成功大學越南研究中心 kap 社團法人台越文化協會等
單位 tī 2019 年 11 月 23 到 24 共同合作 tī 成大台文系館辦理
第四屆台越人文比較研究國際研討會，場面鬧熱盛大，有 ùi
越南、日本、美國、Lō͘-se-a、韓國、新加坡、比利時、印尼、
泰國、法國、英國、香港 kap 台灣等二百 gōa 位學者參與，
是往年來規模 siōng 大 ê 一 pái。

　　這 pái 會議主題是國際合作 kap 永續發展。開幕典禮代先
由游素玲教授代表成大對與會來賓致詞問好。總統府資政蕭新
煌教授 mā 代表蔡英文總統 kap 台灣亞洲交流基金會致詞歡迎
全體來賓。成大越南研究中心主任蔣為文教授代表主辦單位全
程用越南語致詞，紹介研討會 ê 宗旨 kap 由來。立法院外交委
員會王定宇委員 mā 到場祝賀大會成功。

　　自 2010 年辦理第一屆台越人文比較研究國際研討會開始，
成大越南研究中心固定每三年辦理一 pái 研討會，而且規模一
pái 比一 pái koh-khah 大。第一屆會議大約有 40 gōa 名學者
參與。這 pái kan-taⁿ 是 ùi 越南來 ê 學者 tiȯh 超過 100 人。

Án-ne 以外，各國專研越南 ê 知名大學，像講美國哈佛大學、美國德州大學、Lō͘-se-a 社科院、日本神田外語大學等單位 mā lóng 有派人出席參加。Án-ne 看起來，tī 新南向政策 ê 推 sak 下，m̄-nā 成功帶動台灣 kap 越南之間 ê 學術、文化熱烈交流，甚至已經 hō͘ 台灣成為國際上引 chhōa 越南研究領域 ê 重鎮。

這 pái 大會 lóng 總安排三場專題演講。頭一場專題演講由蕭新煌教授紹介新南向政策 ê khang-khòe kap 對未來 ê ǹg-bāng。第二場專題演講由原籍 Lō͘-se-a，現任美國德州農工大學 ê Olga 教授提供，內容 teh 探討 1960-1970 年代台灣 kap 越南之間青年政策 ê 比較。第三場專題演講由東華大學康培德教授探討劉永福 tī 越南、台灣 kap 中國 ê 無 kāng 形象。這 pái 台越國際研討會 ê 議題包括語言、文學、文化、歷史、社會、族群、藝術、宗教等各領域，lóng 總有 26 ê 無 kāng 議題 ê 場次。豐沛 ê 內容確實已經成功促進台灣、越南 kap 各國學術、文化 ê 交流。

倒 pêng ／第四屆台越人文比較研究國際研討會開幕致詞。
正 pêng ／圓桌會議討論越南、台灣、日本 kap 美國多邊合作推廣國際
　　　越南語認證。

台灣 hām 越南雖然無正式外交關係，但是實質交流是 lú 來 lú 燒熱。像講，成大越南研究中心長期 hām 越南各知名大學合作從事越南語教學、越南語

認證 kap 越南研究。因為有 chia-ê 交流合作 chiah 會當促成越南語教學 kap 越南研究 tī 台灣 ê 蓬勃發展。Án-ne 以外，由成大越南研究中心研發 ê 國際越南語認證 (iVPT) m̄-nā 得 tio̍h 越南學術界承認，mā 陸續得 tio̍h 日本、美國 kap 澳洲 ê 越南研究重點大學承認，像講日本大阪大學、神田外語學院、美國哈佛大學、澳洲國立大學等。成大越南研究中心 mā 結合美國、日本、越南 kap 台灣 ê 學者正式出版《越南學研究》半年刊。

　　近年來台越之間 ê 翻譯出版 mā 有得 tio̍h bē 少成果。親像 2018 年成大越南研究中心、台文筆會 kap 越南作家協會合作翻譯出版《戰火人生：越南詩人陳潤明詩選》（台文 kap 中文版）；tī 越南出版台灣布袋戲劇本《決戰西拉雅》越文版。Án-ne 以外，葉石濤 ê《台灣文學史綱》、《葫蘆巷春夢》，吳晟 ê《甜蜜的負荷》mā lóng 陸續出版越文譯本。今年台越雙方 koh 再合作出版《肩上江山：越南詩選》(台文 kap 中文版)，利便 hō͘ 台灣讀者會當熟似越南文學 ê 水。大會 mā 針對《肩上江山：越南詩選》安排新冊發表。越南作家協會由副會長陳登科 chhōa 團，8 ê 人專工前來參加新書發表會。台文筆會會長陳明仁、理事陳正雄、王藝明等 mā 代表台灣文學界參與交流。會中 koh 由詩人陳光貴等人吟詩交流，現場氣氛非常鬧熱。

／《肩上江山：越南詩選》發表會合影。

　　有 bē 少台灣讀者已經期待真久，開 8 tang 時間 chiah 翻譯完成越南學者陳玉添 (GS. Trần Ngọc Thêm) 教授 ê 經典名著《探索越南文化本色》mā tī 最近正式出版。陳玉添教授是越南出名 ê 文化研究專家，tī Lō͘-se-a 聖彼得堡大學提 tióh 博士學位，bat 擔任越南胡志明市國家大學社會人文大學文化學系主任、文化研究中心主任 kap 俄羅斯社會科學院名譽院士。

／《探索越南文化本色》新書發表會。

　　《探索越南文化本色》lóng 總有 27 章，全冊 40 gōa 萬字，是想 beh 熟似越南文化 ê 人一定 ài 讀 ê 經典名著。這本冊 ê 總編輯 kap 總校訂者蔣為文教授指出，這本書 ê 貢獻是替越南文化 ê 特色 kap 主體性發展做出學術性 ê 解說。過去，tī 大中國沙文主義 ê 思維下，總是 kā 包含越南在內 ê 東南亞 lóng 當做野蠻 ê 邊陲，經過中華文化傳播了 chiah 來啟蒙，chiah 有文化。然後，陳玉添教授提出論證反駁 án-ne ê 謬論。像講，伊指出中國人 tiāⁿ 用 ê

「龍」siōng 早其實是 ùi 東南亞 ê 蛇 kap 鱷魚被抽象化來產生 ê 概念 kap 圖騰；「神農」mā 是源自東南亞百越民族 ê 農業文化。

　　總統府資政、台灣亞洲交流基金會董事長蕭新煌教授推薦這本冊講：「這本冊對越南文化系統 ê 描述詳細 koh 活潑，對文化類型 ê 比較相當新奇、有創見。我真幸運 thang 先看 tio̍h 翻譯初稿，親像是上過一學期 ê 越南文化 cháu-chhōe kap 演化課程，感覺得 tio̍h 真 chē。」策畫出版這本冊 ê 成大越南研究中心 kap 台越文化協會 tī 2019 年 12 月 25 kap 27 分別 tī 台南 kap 台北辦理新冊發表 kap 讀友分享會。

● 蔣為文、蔡氏清水 (編譯) 2018《戰火人生：越南詩人陳潤明詩選》(越、台、中三語版) 台南：亞細亞國際傳播社。
● 蔣為文 (主編譯)、陳玉添原著 2019《探索越南文化本色》台南：亞細亞國際傳播社。
● 蔣為文 (主編譯) 2019《肩上江山》越南現代詩選 (越中台三語版)。 台南：亞細亞國際傳播社。

延伸閱讀

台灣竟然是靠 che tī 越南得 tiòh 正名

／ 王藝明布袋戲團 hām 河內水上柴尪仔戲交流。

自從民進黨全面執政了後中國 tī 外交頂頭對台灣全面打壓。想 bē 到透過新南向 ê 文化交流，竟然 hō͘ 台灣突破中國外交封鎖，tī 越南得 tiòh 正名。

由台文筆會、台越文化協會、台灣羅馬字協會、王藝明布袋戲團、國立成功大學越南研究中心等所組成 ê 台越文化交流團 tī 2018 年 ê 8 月 13 chái 起 tī 越南首都河內 kap 越南作家協會舉辦《決戰西拉雅》越南語版新冊發表 kap 文學交流，lóng 總有百 gōa 名越南作家參與盛會。Tiòh 算是中國四界對台灣打壓，越南 mā 無受 tiòh 中國因素 ê 影響，全程 ê 全部人員 lóng 用「台灣」來 kā 咱稱呼。越南媒體譬如國會電視台、青年日報 lóng 有大篇幅 ê 報導。Chit-pái ē-sái 講是空前成功 ê 文化外交，替台越文化交流行 ǹg 新 ê 里程碑。

越南作家協會 (Hội Nhà văn Việt Nam) tī 1957 年成立，是越南 siōng 大 mā siōng 有權威 ê 作家協會。《決戰西拉雅》用台灣西拉雅英雄做故事 ê 主線，原著是台江台語文學季刊主編陳建成，譯者是台越文化協會前秘書長呂越雄，由國立

成功大學越南研究中心主任蔣為文擔任總監。這本冊是第一本台灣布袋戲劇本翻譯做越南文，koh tī 越南出版 ê 文學專冊，由越南知名 ê 世界出版社出版，這本冊 ê 冊皮有印台灣文化部 ê logo kap 贊助 ê 字樣。

　　Bat 擔任越南國會代表（相當是台灣 ê 立委）ê 越南作家協會會長 Hữu Thỉnh mā 親身出席主持新書發表會，參與 ê 來賓包含越南作家協會會員、越南文化藝術院院長裴懷山、社科院文化所所長阮芳簪、國家大學文學系主任、越南學系主任阮善南 kap 越南媒體等等百 gōa 名。這本冊透過國立成功大學越南研究中心主任蔣為文擔任紹介人，由 Hữu Thỉnh 來擔任對話人。王藝明布袋戲團 mā tī 現場表演決戰西拉雅 ê 精彩片段，得 tióh 真 lāu-jiȧt ê phȯk-á-siaⁿ kap 歡迎。蔣為文表示，越南 ê 傳統戲劇有水上柴尪仔戲，i ê 發展歷史 kap 表演內容 kap 台灣布袋戲有 sio-kāng ê 所在。透過布袋戲交流，ē-sái 真 kín tióh giú-óa 台越兩國 ê 交情。越南作家協會會長 Hữu Thỉnh 表示每 chit-ê 國家 lóng 有對抗外敵 ê 英雄故事，台灣 mā 無例外。Hữu Thỉnh koh 進一步表示，tī i 任內會加強台越兩國 ê 文學交流 kap 合作出版。

／ Tī 越南作家協會辦理新冊發表會。

　　Chit-pái 活動 mā 包含兩 pêng 詩人吟詩 ê 交流。台灣詩人陳明仁、蔣為文、陳正雄、高月圓、陳永鑫、蔣日盈等等 lóng 有上台發表台語詩，koh 透過呂越雄翻譯做越南文。詩人 siâng 時 mā 是編曲家 ê 陳永鑫 mā 現場表演台灣民謠思想起。

Ūi tiȯh beh 配合這 pái ê 文學交流，主辦單位特別 kéng 越南國家文藝獎得主、詩人陳潤明 ê 詩篇翻譯做台文 kap 中文，透過台灣 ê 亞細亞出版社用《戰火人生》三語版正式出版。這本詩集是第一本 tī 台灣出版 ê 越南詩集，由蔣為文親自擔任台文版翻譯，成大台文系碩士畢業生蔡氏清水擔任中文翻譯。

除了 tī 河內 kap 越南作家協會交流以外，台越交流團 koh 到順化大學 kap 會安古城表演布袋戲互相交流。會安古城 (Phố cổ Hội An) 是越南中部 ê 老城鎮，是 15 到 19 世紀東南亞 ê 重要貿易港口，tī 1999 年得 tiȯh 聯合國科教文組織 UNESCO 公認 ê 世界文化遺址，目前 tȧk-kang 大約 lóng 有 5000 到 7000 名國內外觀光客來到會安參觀。

Chit-pái ê 台越交流團 tī 會安 ê 表演有分室內 kap 室外兩場，現場 lóng 有越語、英語、法語、日語 kap 韓語 ê 口譯服務，提供國際觀光客 jīn-bat 台灣文化。表演 ê 過程精彩 koh 趣味，mā kap 現場 ê 觀眾互動，得 tiȯh 民眾真好 ê 評價。表演 soah koh 有越南當地記者主動來採訪 kap 提資料。因為會安是國際知名 ê 文化遺產，tȧk-kang 有真 chē 國際觀光客來參觀。Chit-pái ê 活動已經透過街頭布袋戲表演 ê 方式成功 hō͘ 真 chē 國際友人有機會 jīn-bat 台灣 ê 文化藝術。

頂 koân ／ 陳潤明《戰火人生》詩選三語版。
中央 ／ 台越交流團 tī 順化大學表演布袋戲。
下 kha ／ 順化大學 ê 布袋戲演出現場。

頂 koân ／ 王藝明布袋戲團 tī 會安戲劇中心室內演出。
下 kha ／ 王藝明布袋戲團 tī 會安戶外演出。

　　台灣 kap 越南有真 chē sio-kāng ê 歷史 kap 文化背景。
像講，台灣 kap 越南 lóng bat 受過帝國主義 ê 殖民統治。兩
國人民 lóng bat ūi-tio̍h 追求民族獨立運動來犧牲。台灣 kap
越南 kâng-khoán lóng 是多族群 ê 國家。越南 tī 1865 年發行
ê 第一份羅馬字報紙《嘉定報》。這份報紙由精通 27 種語言
ê 世界級越南文豪張永記擔任主編。台灣 mā tī 1885 年發行第
一份 ê 羅馬字報紙《台灣府城教會報》。這兩份報紙分別促進
越南 kap 台灣 ê 白話文運動，比 1919 年 ê 中國五四白話文運
動 koh-khah 早真早！

　　Ùi chit-pái 台越文化交流團成功 ê 案例會當了解 NGO 非
政府組織扮演文化交流 ê 重要性 kap 可行性。Tī 中國 ê 外交
打壓之下，beh án-chóaⁿ 加強 NGO ê 文化外交功能是台灣未
來重要 ê 課題之一。

武漢肺炎 chhàng-chhiu 下台越之間 這件代誌 soah 熱 phut-phut

／《舌尖 hām 筆尖》越文版台南場發表會。

今年 (2020) 雖罔受 tiȯh 武漢肺炎 ê 影響造成國際活動 hiông-hiông kiat 凍，m̄-koh 台灣 hām 越南之間 ê 文學譯介出版 soah 熱 phut-phut！Siōng siân 人注意 ê 出版品有二本，分別 是廖瑞銘 ê《舌尖 hām 筆尖：台灣母語文學 ê 發展》(越南文版) hām 阮登疊 ê《越南現代文學》(中文 kap 台文雙語版)。

《舌尖 hām 筆尖：台灣母語文學 ê 發展》由國立台灣文學館 委託國立成功大學越南研究中心翻譯做越南文 koh chham「越南 作家協會出版社」合作正式 tī 越南出版。這本冊 tī 7 月 16 日 tiàm 國立台灣文學館辦新冊發表。因為這是頭擺以越南文紹介 台灣母語文學史 ê 專冊，發表會現場來賓 chin kah 塞塞 tīn， 吸引台越二國文學界愛好者來鬥鬧熱。這顯示台越兩國 ê 文學 交流已經進入真 mat-chih ê 階段。

Chit 本冊 ê 原著是台文筆會過身 ê 前理事長廖瑞銘教授。 廖瑞銘教授 kui 世人投入台灣母語運動 koh 捌擔任戰後發行 siōng 久 ê 台語文學雜誌《台文通訊 Bong 報》主編。越文版 主編是成大台灣文學系兼越南研究中心主任 ê 蔣為文教授。 蔣為文教授精通越南語 koh 長期從事台越文化交流。這擺翻譯

團隊由蔣為文教授召集成大台文系越南籍優秀畢業生蔡氏清水、范玉翠薇、呂越雄等做伙翻譯。蔣為文教授表示，成大台文系十幾年前就超前部署積極前往越南招生 koh 促進台越二國 ê 文學 hām 文化交流。因為成大台文系長期 ê 經營 chiah ē-tàng 培訓一批專攻台越文學比較 ê 人才，mā chiah ē-tàng 促成這本冊翻 liáu 準 koh 順利出版。

國立台灣文學館館長蘇碩斌教授表示，in 自 2010 年推動台灣文學外譯以來 lóng-chóng 完成九種語言、一百外本台灣文學作品 ê 翻譯出版。當初選定廖瑞銘教授 ê《舌尖 hām 筆尖：台灣母語文學 ê 發展》，就是考量母語文學 ê 發展代表台灣作家追求民族語言 hām 文學主體性 ê 精神。這本冊 ê 出版 mā 是台文館推動文學新南向 ê 重要成果。台文館前館長鄭邦鎮教授 kap 台文筆會理事長陳明仁 mā 親自出席發表會 koh 講出 éng-kòe 廖瑞銘教授盡心推廣台灣語文 ê 辛苦代。

／《舌尖 hām 筆尖》越文版台南場發表會。

越南社科院文學所所長阮登疊教授 mā 寫推薦文 o-ló 這本冊 ê 出版 ē-tàng 增進越南人對台灣文學 ê 認捌。阮教授表示，語言是文化 ê 載體，mā 是民族文化 ê 重要象徵。伊對台灣人拍拚以台灣母語創作 ê 精神印象深刻，mā 相信台灣 ē-tàng chham 越南全款 tó-tńg 去以民族母語創作台灣文學。高雄大學東亞語文學系越語組裴光雄教授 kap 陳氏蘭教授 mā 代表越南學者出席發表會 koh 肯定這本冊對台越文學交流 ê 貢獻。中央廣播電台

越南語主播武海燕 mā 現身現場 koh hō˙ 這本越南文譯本真 koân ê 評價。

「越南作家協會出版社」是越南作家協會直屬 ê 知名出版社,專門出版文學類 ê 專冊。越南作家協會是越南政府中央級文藝組織,負責越南政府 ê 文藝政策,下面有國立越南文學館、出版社 hām 電影院等。蔣為文教授表示,台灣 hām 越南雖罔無正式邦交,m̄-koh 這擺 tī 中國打壓下 koh ē-tàng 得 tio̍h 越南作家協會出版社同意合作出版。這顯示台越二國 ê 實質交流比形式上 ê 外交 khah 有效,越南已經 chiân 做咱東南亞國家中 ê 重要盟友之一。

《越南現代文學》原作者是越南社科院文學所阮登疊教授。這本冊是根據 2016 年越南社會科學出版社 ê 原作 MỘT SỐ VẤN ĐỀ VĂN HỌC VIỆT NAM HIỆN ĐẠI 翻譯做中文 hām 台文雙語版。這本冊紹介十九世紀以來越南文學 ùi 傳統文學 kiân-ǹg 現代文學 ê 歷程,是台灣國內第一本專門紹介越南現代文學發展 ê 專著。

／《越南現代文學》三位譯者 tī 台南場發表會合影。

台灣亞洲交流基金會董事長、總統府資政蕭新煌教授 mā 替這本冊寫推薦文:「綜觀全書 ê 立論,越南文學 ùi 頭到尾 lóng teh 追求文學 ê 主體 koh hām 外在世界 ê 交流。我 tī chia 推薦這本冊 hō· 所有越南 hām 東南亞研究 ê 學者。」

頂 koân ／《越南現代文學》三位譯者 tī 台南場發表會合影。
下 kha ／《越南現代文學》台北場發表會。

　　想想論壇主編許建榮博士 mā 推薦：「越南 ê 現代文學，承載 tiòh 越南民族 ê 精神 kap 靈魂；só·-pái，透過《越南現代文學》，咱 thèng-hó 充分了解越南 ê 生命力來自 tó 位。」蔣為文教授表示，tī 文學 ê 發展道路 lìn，台灣 hām 越南 ē-sái 講 ká-ná 兄弟 á hit-khoán，有全款 ê 文學歷史背景 koh 發展出無完全全款 ê 現代文學。台灣 hām 越南全款 lóng khiā tī 中華帝國 ê 邊仔，mā lóng bat hō· 古中國 chau-that hām 影響。像講，越南 bat 用漢字二千外冬 koh 受中國文學傳統影響。到 kah 十九世紀後半期，tī 法國殖民政府 ê 介入下，越南文學 chiah 開始透過越南羅馬字 tńg tōa-lâng，拍開文學現代化 ê 道路。像講，越南 ê 第一份羅馬字報紙《嘉定報》tī 1865 年 ùi 南部開始發行，koh phah 開東、西方文學譯介 ê 門 chhòaⁿ。到

kah 1945 年 9 月 2 日，胡志明選擇 MacArthur 發布第一號命令 ê 仝 hit kang 宣布越南獨立。隔無外久，胡志明 koh 宣布實施母語教育，kā 越南羅馬字正式訂做國語字 thang 取代漢字。胡志明 ê khiáu-pō͘ m̄-nā hō͘ 越南文學持續 kiâⁿ ǹg 現代化，koh khah hō͘ 越南文學開創出具有越南民族特色 ê 國民文學！

對照之下，台灣 tī 1885 年 mā 發行第一份羅馬字報紙《台灣府城教會報》，koh 創造出比中國五四運動 (1919 年) koh khah 早 ê 台語白話文學史。事實上，就時間點來看，中國 ê 五四白話文運動 m̄-nā 落後台灣，mā 比越南 ê 白話文運動 khah 慢。可惜，二次世界大戰 soah，台灣人無把握 tiòh 戰後獨立 ê 機會 koh 淪落殖民地。Tī 蔣政權統治下，反共文學 hām 中國文學 hō͘ 殖民體制 tiau-kang 扶持，台灣文學 soah hông hē 性命 phah。像講，台灣 ê 公立大學竟然不准成立台灣文學系，這款 ê 禁忌到 kah 公元 2000 年國立成功大學台灣文學系成立 liáu chiah 拍破。Tòe 各國立大學 ê 台灣文學相關系所成為潮流，台灣文學 mā tàuh-tàuh 朝向台灣母語文學 ê 方向前進。出版單位特別 kā《越南現代文學》這本冊翻譯做中文 hām 台文二款語言 thang 凸顯台灣文學邁向台灣母語前進 ê 深層意義。

● 蔣為文、蔡氏清水、鄭智程 (編譯) 2020《越南現代文學》(台、中雙語版) 台南：亞細亞國際傳播社。

● 蔣為文 2020(主編)《舌尖與筆尖：台灣母語文學的發展》(越文版) 河內：越南作家協會出版社。

戰火 lìn 溫純 ê 歌詩：
越南詩人陳潤明

/ 《戰火人生》越、中、台三語版冊皮。

　　台灣人對「越南新娘」無 chheⁿ-hūn，m̄-koh 對「越南詩人」soah lóng m̄-bat 熟似過。越南算是 1 ê 有千 gōa tang 歷史 ê 古老國度，tī 久長 ê 歷史內底，當然 mā 發展出 phong-phài ê 文學內涵。越南人算是愛吟詩、讀詩 ê 民族，大部分 ê 越南人 lóng 有 châi-tiāu chhìn-chhái tiòh 讀出 18 世紀尾期知名詩人、文豪「阮攸」(Nguyễn Du) ê 作品《翠翹傳》(Truyện Kiều) 內底 ê 詩句。Tiòh-sǹg 是 tī tng-teh 戰爭，越南人 mā koh tī 槍聲、砲彈聲內底寫詩、讀詩。越南國家文藝獎得主、詩人陳潤明 tiòh-sī 當代知名代表人物之一。

　　1944 年，二次世界大戰結束 ê 前一 tang，陳潤明 tī 越南北部 ê 海陽省南策縣田池村出世。Chit-má tòa tī 廣寧省下龍灣市。I bat 擔任過廣寧省文藝協會會長、《下龍灣報》主編等文藝要職，tī 2007 年得 tiòh 第二屆越南國家文藝獎殊榮。Tī i 大漢 ê 過程中，越南一直 lóng tī ūi-tiòh beh 爭取民族國家

獨立對外抗戰 ê 階段 (1945~1975 年)。I bat 入伍
做過 kúi-nā tang ê 兵，親身見證戰爭 ê 無情 kap
恐怖。Tioh-sǹg 是 án-ne，越南人 mā-sī 選擇用肉
身 beh 來 chhiâⁿ-ióng chit-ê 新而獨立 ê 國家，期
待 i ē-ēng-tit 擺脫殖民地 ê 命運 kap 各國做伙 khiā-
khí。我想，che 應當 mā 是咱台灣當前 siōng 欠缺
ê 精神 chiah-tioh！

頂 koân ／《戰火人生》新冊發表會河內場。
中央 ／陳潤明 (左二) 出席河內場《戰火人生》新冊發表會。
下 kha ／《戰火人生》新冊發表會台南場。

陳潤明 tī 戰時 1972 年創作 ê 詩作〈Tī 急救 ê pōng-khang 內〉(Chuyện trong hang cấp cứu) án-ne 寫：

Chit-ê 身軀有火藥味 ê cha-bó͘ hiông-hiông cháu 入 pōng-khang
無 gōa 久 i 開始有催陣
手術台變接生台
咱 kā 疼痛吞 lòe，無人 kam 哀叫
Thang hō͘ i 平安 kā 囝仔生落來

Beh hō͘ i 平安 kā 囝仔生落來
炸彈 hiông-hiông piāng--khui，你有 án-nóa 無？
Siáng 料會 tio̍h 所有 ê 艱難 hām 風險
我聽 tio̍h 隔壁 teh 喘氣 ê 聲
Khang-chhùi khah 痛 mā m̄-ká ⁿ 哀
Thang hō͘ i 平安 kā 囝仔生落來

Beh hō͘ i 平安 kā 囝仔生落來
所有 ê 人 lóng kā 心事集中 tī i hia
Tī 空襲中出世 ê 囝仔
　　是奇妙 ê 囝仔
　　未來會 án-chóaⁿ？阮 lóng 真緊張......

等待 ê 時刻像 giú ân ê soh-á
Tú-tio̍h âng-eⁿ-á 哭聲 chiah 斷去
Âng-eⁿ-á ê 哭聲
　　thàng 過阮 ê 心肝

像熱--人 ê sih-nà
Ta̍k-ke lóng 歡喜 kah tiô 起來
Hit-ê 老母 mā 歡喜 kah bē-kì-tit thiám
伸手 kā so 看是 cha-po͘ ia̍h cha-bó͘
Sui-bóng 無人知 hit-ê 老母是 siáng

／敵軍 hō͘ 越南拍落 ê 武器殘骸。

M̄-koh i ká-ná 咱 ê 親人
我伸手 beh kā 邊仔 ê 人叫醒，i 已經離開世間
Chhùi-tûn hō͘ chhùi-khí kā nōa，mā 無 hìⁿ-haiⁿ 半聲

Hō͘ âng-eⁿ-á 出世
Tī 平安 ê 時陣

　　老一輩 ê 台灣人 nā 讀 tiòh 這首詩應該會有很 chē 感觸。二次大戰尾期，因為當時台灣是日本 ê 屬地，só͘-pái tiān-tiān 受 tiòh 美軍 ê 空襲造成真 chē 人傷亡。當時 ê 台灣人 ūi-tiòh beh bih 美軍 ê 空襲，mā 時常 tiòh ài cháu 去防空壕避難。可惜，án-ne tī 台灣發生過 ê 歷史事實，soah 無 hō͘ 人列入十二年國教課綱 ê 歷史課綱內底，kan-na 會當看已經 chiūⁿ 歲 ê 存活者，去 hō͘ 外來政權 àm-khàm 消滅。

　　陳潤明對故鄉越南 ê 愛，tiòh 親像台灣人愛台灣 kāng-khoán，是熱情、單純、tiâu-tit kap 血紅 ê 心肝。台灣俗諺語講：「番薯落土 m̄ 驚爛，只求枝葉代代湠。」陳潤明 tī 1965 年發表 ê〈庄頭牌樓〉(Cổng làng) 看會出 i 對故鄉越南 ê 疼惜：

頭 chit-pái 我意識 tiòh 祖國 ê 所在
遠遠 ê 地平線 lóng 是白雲 hām 日光
鬧熱 ê 歌聲 ká-ná thián-khui ê khoe-sìⁿ
Tek-phō-ńg hō͘ kha-pô͘ 感覺涼意

喜樂會 tòe 年歲增加 ê 所在
Chhut-bí ê 芳氣，cheng-khū ê cheng 聲
暗時 hiông-hiông 驚醒 ê chhèng-siaⁿ
老牛磨竹仔門，牛犁 tī 月光下閃閃 sih

Chia 有 gōa-chē 代 ê 愛 hām 恨
庄頭少年人衝鋒做兵 ê 跤印
囡仔 ê 跤印踏 tī 老爸 ê 跤印面頂
老母 sa-bui sa-bui ǹg-bāng 光明 ê 未來

我行過五穀芳味 ê 庄頭牌樓
行過結婚季節 ê 庄頭牌樓
Kán-ná 老母疼囝 ê 庄頭牌樓
Chhiâ chhiâ ê 大炮 hām 烏白飛 ê chhèng-chí

Tiòh-sǹg nǹg 過樹林流過溪
我看 tiòh 庄頭牌樓 iáu teh 金金 siòng...

　　Tī 抗美戰爭結束了後，越南 koh 經歷十 tang 類似中國人民公社計劃經濟 ê「包級制度」(bao cấp) 時期 (1976~1986 年)。Tī 包級制度時期，越南經濟蕭條、階級矛盾鬥爭 kap 人民互相猜疑。陳潤明 tī 這首詩〈想 tiòh 土地改革彼陣 ê chit-ê 黨員〉(Nhớ một đảng viên trong cải cách ruộng đất) 內底描述：

Tú hō͘ i 解放 ê 做穡人
已經 kā i 拖去石灰桶 hia
對 i khui-chhèng，m̄-koh siòng bē 準
In ê 手 kan-taⁿ 慣勢 giàh 鋤頭 niâ

Kút tē it ē，面 sûi phùn 血
Tī 危險 ê 時陣，i iáu 相信革命
I 用食奶 ê 氣力 teh hán-hoah
同志 ah...
　　Ah...

／古芝樹林內 hō͘ 越軍拍落 ê 美軍戰車。

　　越南共產黨 tī 1986 年底通過改革開放 (Đổi Mới) ê 決議，開始進行改革 kap 對外開放。開放初期，越南人心惶惶、社會

混亂 kap 經濟繼續蕭條，chē 年過後 chiah táuh-táuh-á 恢復平穩發展。公元 2000 年以後到 taⁿ 繼續穩健來成長。Chia-ê 過程，lóng 記錄 tī 陳潤明 ê 詩作內面。譬如，i 1988 年 ê 作品〈路邊〉(Bên đường) 反映出革新初期 ê 社會狀況：

碳工提糧票去市場
我有三萬，有 siáⁿ beh 出價
政府 ê 米，liân 欠四個月
阮 tau ê 囡仔今仔日 ài koh iau 腹肚 ...

I iáu 有一份工業飯 thang 食
骨力 ke ó͘--kóa thang that 囡仔 ê chhùi-khang
Ke 出來 ê 工資算 lòe 糧票
我有三萬，有人 beh 出價無？

舊 àu 舊臭 ê 藍衫，紅色 ê 印仔
工人 ê 面容真古意
像草仔 khoàiⁿ tiòh 樹枝 mā 會歹勢
人驚 hō͘ i 騙去
　　Ē-sái 閃 tō 閃過

碳工看 hia ê 人群，心酸酸
像針 oe，hiông-hiông hoah
Bián 一萬 mā 無要緊
人群 lú 閃 lú 遠

碳工 m̄-chai koh 會當 chhòng-siáⁿ
I 手 gīm he 有 tǹg 紅色印仔 ê 糧票
市場 ê 人 lú 來 lú 少
　　Chhun i 孤單 chit-khó͘ 人
Ká-ná 祖國某時期 ê 銅像

食老 ê 陳潤明對人生有深刻 ê 反省 kap 覺悟。I 2003 年 ê 作品〈戰火人生〉(Đi ngang thế gian) án-ne 反省：

日時有暗暝 ê 影
　　暗暝有日時 ê kng-iāⁿ
花草經過 gōa-chē 風雨
我 chhiau-chhōe 真久
　　我宣布
我 m̄-sī 原來 ê 我。我 siáⁿ-mih lóng m̄-sī...

Chit-má ê 雲，千年前 tō 飛草仔
所有 ê 計較搶奪路尾 lóng 是空
He kng-iāⁿ ê 月娘
　　khàm 過所有 ê 天星
Che 地球 ê 翠青
　　lóng 是 chù-tok--ê niâ

　　Chù-tok 出世 tio̍h 我
Hām 我 ê 詩歌 mā 是 chù-tok--ê
　　Chhiūⁿ 蛇鱗 kâng-khoán 閃 sih
金字塔 bē-tín-bē-tāng，m̄-koh 名聲透世界
Gâu chhò 樹仔 ê 人 lóng bián gia̍h 斧頭 ....

Ta̍k-hāng 變化 lóng 真 kín
　　Sui-bóng 時間 kāng-khoán ùi 透早到透暗

我 chit-sut-á to 無變
　　Lú 新 tō lú 舊
Liâu 過戰火人生
　　kui 面 liâu-hûn
我 kan-taⁿ siang-kha gia̍p chit-ê 金庫
　　內底 lóng 是月娘 ê 光

頂 koân　／　下龍灣 ê sio-phah 雞仔景點。
下 kha　　／　下龍灣 ê sio-phah 雞仔變魚仔。

　　陳潤明 ê 詩 m̄-nā 越南人聽了會感動，台灣讀者看了應該 mā 真有感覺！I 這首作品〈無人信táu〉mā 適用 tī 台灣 ê 政治界！

無人信 táu，sui-bóng in lóng 知
人民 ê 聲音是天公伯仔 ê siaⁿ-sàu
Tng 權力入層
　　真理 tō hông tàn tī hō·-tēng 外
一世人 kā 家己講

歹事 m̄-thang 做
路 lìn 看 tiȯh 釘仔 tiȯh khioh
　　M̄-thang o·-pȯh áu 樹 íⁿ
偉大 ê 日子是白賊七仔無 tī leh
Mā bē liȧh tng teh pū-nn̄g ê 鳥仔母

　　陳潤明 ê 作品充滿對故鄉越南 ê 愛、人生 ê 哲理 kap 戰爭 ê 反省。Án-ne 優質 ê 作品絕對值得台灣讀者 tȧuh-tȧuh 來欣賞。台越文化協會、台文筆會、台灣羅馬字協會 kap 國立成功大學越南研究中心等單位共同合作 kéng i ê 詩作，koh 翻譯做台文 kap 中文版用《戰火人生》冊名 tī 台灣出版。這本冊 tī 今年 (2018)10 月 27 kap 28 分別 tī 台南 kap 台北辦理新冊發表 kap 台越文學交流會。

 ● 蔣為文、蔡氏清水 (編譯) 2018《戰火人生：越南詩人陳潤明詩選》(越、台、中三語版) 台南：亞細亞國際傳播社。

Ūi-siáⁿ-mih 越南中秋變做 囡仔鼓仔燈節

／ 河內市 2001 年中秋活動一景。

中秋節 m̄ 是中國人 ê 專利，是東亞漢字文化圈內底共同 ê 文化風俗。雖然中秋節 tī 舊曆 8 月 15，但是各國、各地方慶祝中秋節 ê 方式 lóng 無 siáⁿ kāng 款。Tiòh 算是 kāng chit-ê 所在，無 kāng 時代 ê 中秋風俗 mā 會因為時間來轉變。像講 chit-má 越南中秋節 tiòh 演變做以囡仔為主 ê 節日。現在越南中秋節 ê 風俗大概是囡仔 giáh 鼓仔燈 sèh 街、做 chhit-thô mih-á、弄麒麟 (iáh-sī 弄獅)、唱「鼓軍調」(Hát trống quân)、送小禮物、食月餅 kap 欣賞月娘等。

越南 ê 中秋節 siōng 早大約源自 11 世紀 ê 李朝，歷經各朝代 ê 演變了 chiah 形成今仔日 ê 模樣。古代 ê 越南是以水稻農業為主 ê 社會。Piān-nā 到中秋通常 tiòh 是夏季水稻豐收了後 hioh-khùn ê 時陣。所以 ták-ke tiòh 會利用中秋節慶祝豐收，感謝大地 ê chhiân 養 ê 恩情。因為農業社會 ê 作息是以月娘週期做計算基準，所以月娘 tiòh 變成豐收祭拜 ê 主神。因為古代中國南方 mā 是以水稻為主 ê 農業社會，為 tiòh beh 突顯越南特色 kap 中國 ê 無 kāng，歷代越南人 táuh-táuh-á 調整中秋風俗 ê 內容，hō͘ 越南中秋節 lú 來 lú 有越南文化 ê 主體性。

越南人將中秋節定位做囡仔節實在是充滿創意 kap
對國家未來主人 ê 重視。台語俗諺語講：「初三、四，
月眉意；十五、六，月 tng 圓。」Tī 中秋節 hit-àm，
月娘正是 siōng 圓 siōng 光 ê 時陣，真 chē 囡仔會
kōaⁿ 家己親手做 iáh 是買來 ê 鼓仔燈去 sèh 街。鼓
仔燈 ê mā tòe 時代 teh 行。早前 tiāⁿ 流行用越南國旗
星形造型為主 ê 鼓仔燈，近年像 Doraemon kap 粉紅豬
小妹等 ê bàng-gah 造型 mā lóng 真 hang。

倒 pêng‧正 pêng ／傳統 ê 越南星形鼓仔燈。
下 kha　　　　／Tī 胡志明市梁如鵠街 ê 鼓仔燈專賣店。

　　唱「鼓軍調」mā 是越南中秋 ê 特色之一。唱鼓
軍調民謠是清華省以北越南北部 chiah 有 ê 特色。
演唱時會分做兩組人互相對唱，kòng 軍鼓做音樂。

目前 chit-ê 風俗已經 hō͘ 越南政府列做國家級文化資產。有關唱鼓軍調 ê 起始年代 kap 起源有真 chē 無 kāng 款 ê 講法。有 ê 講源自 13 世紀陳朝對抗蒙古國（元朝）軍隊時越南軍隊發展出 ê 戰時娛樂節目；有 ê 講是源自 18 世紀對抗清國軍隊 ê 越南西山朝阮惠皇帝。無論 án-chóaⁿ 講，ùi「鼓軍調」ê 名稱 tio̍h 會當發現 lóng kap 抗中軍隊有關係。

╱ 興安省 ê 唱鼓軍調。
（圖片來源：翻拍自「興安電視台」）

越南人 ê 傳統月餅分做二種，分別是 bánh nướng kap bánh dẻo。Bánh nướng 字面 ê 意思是「燒餅」，因為餅皮烘過了會變 kah 金黃；內餡照個人 ê 口味無 kāng，通常有 nn̄g-jîn kap 各種穀類。Bánh dẻo 字面 ê 意思是軟 khiū，通常是白色 ia̍h 是青色，內餡通常是 nn̄g-jîn、綠豆沙 kap 蓮子。這二十年來，越南市場上 mā 有賣廣東式月餅。有 bē 少人誤會廣式月餅 tio̍h 是越南傳統月餅。其實，he 是因為商業行銷造成 ê 誤解。原來二十外 tang 前越南胡志明市一對廣東移民第二代，陳氏兄弟開一間京都 (Kinh Đô) 食品公司賣廣式月餅。因為陳氏兄弟 gâu 經營，食品 lóng 真受歡迎，所以公司生意 mā 真好。廣式月餅原本 kan-taⁿ tī 胡志明市流行，因為京都食品公司行銷網絡 ê 拓展，也漸漸拓展到越南全國。

倒 pêng ╱ 越南中秋燒餅 bánh nướng。
正 pêng ╱ 越南中秋軟 khiū 餅 bánh dẻo。

越南有關中秋節 ê 民間傳說 mā kap 中國 kap 台灣無 kāng 款。越南各地方對傳說故事內容加減有一 kóa 加油添醋 ê 現象。M̄-koh，大概 lóng 是以行醫救人 ê 阿貴 kap 神藥樹 ê 故事做主旋律。下底是其中 chit-ê khah 普遍 ê 版本來紹介：

古早時陣有一位少年家名號做「阿貴」。有一 kang，阿貴到深山林內 phut 柴。Hiông-hiông 看 tiȯh 幾隻小虎 tī pōng-khang 口 teh sńg。阿貴因為驚 hō͘ 虎咬，tiȯh 先落手為強，thȯh 起身軀邊 ê 斧頭趁小虎無注意 ê 時陣將 in phut 死。虎媽媽轉來 pōng-khang 了後發現心愛 ê 小虎已經死 ah。虎媽媽 tiȯh 趕緊 cháu 到一欉大樹邊挽樹葉，將樹葉 pō͘ 爛了飼 hō͘ 小虎食。想 bē 到小虎食過樹葉了後竟然全部 lóng 活過來。Bih tī pōng-khang 後壁 ê 阿貴一看 soah 驚一 tiô，想講 che 應該 tiȯh 是傳說中會當治百病 ê 神藥樹。阿貴 tiȯh 趁老虎出去 chhōe 物件食 ê 時將這欉神藥樹 liân 根 koah 葉 kui 欉挖起來準備 chah 轉去種。

轉去 ê 路 lih，阿貴 tú tiȯh 一位 beh 死 ê 老乞食。阿貴好心用神藥樹 kā 伊救活。離開告別 ê 時，神仙扮演 ê 老乞食提醒阿貴講：「你 tiȯh ài 好好仔照顧這欉會當醫治百病 ê 神藥樹，會記得 m̄-thang 用 lah-sap 水 kā ak，iah 無伊會飛上天去。」阿貴答應伊了後 tiȯh 回鄉里協助真 chē 人醫好 in ê 百年老症頭。有一 pái，阿貴治好一位有錢 ê 員外，員外 tiȯh 將伊 ê cha-bó͘ 囝準 hō͘ 阿貴。阿貴 kap 員外 ê cha-bó͘ 囝結婚後了，阿貴 iû-goân 四界替人看病治病。有一 kang，鄉裡一位有錢有勢 ê 惡霸迫阿貴將神藥樹賣 hō͘ 伊。因為阿貴無 ài 賣，這位惡霸 tiȯh 懷恨在心，四界放送對阿貴不利 ê 謠言。謠言傳到阿貴 in bó͘ 耳空內講阿貴其實 lóng 藉口出外治病，但是

其實伊 lóng 去花天酒地。阿貴 in bó͘ tio̍h 半信半 giâu 疑，一直 kā 質疑。但是不管阿貴按怎解釋，in bó͘ m̄-nā 是 m̄ 相信，甚至 koh-khah siū 氣。有一 kang，一氣之下，阿貴 in bó͘ 就順手 kā 一盆 lah-sap 水潑 tī 神藥樹頂 koân。Bak tio̍h lah-sap 水 ê 神藥樹竟然開始振動，kui 欉 beh 向天頂飛。阿貴一看趕緊 cháu 過去 lám tiâu 樹身想 beh 阻止神藥樹飛上天。但這神藥樹沖天 ê 力 siuⁿ 過強，阿貴 m̄-nā 無法度阻擋，liân 伊 ka-tī mā 去 hông chhōa 到天頂。後來這欉樹仔 kap 阿貴 tio̍h 一直飛到月宮 chiah 停落來。後人 tī 月圓時看 tio̍h ê 黑影 tio̍h 是阿貴 khû tī 神藥樹下底思念凡間 ê 形影。

● 蔣為文（主編譯）、陳玉添原著 2019《探索越南文化本色》台南：亞細亞國際傳播社。

延伸閱讀

Chia-ê 台灣人
bat chhap 過越南獨立運動

／ 吳連義 tī 厝內底 ê 冊房。

　　公元 1945 年 9 月初 2，聯軍統帥麥克阿瑟發布第一號命令 hit-kang，越南獨立同盟（簡稱越盟）領袖胡志明選擇 kāng 日 tī 河內巴亭廣場宣布越南獨立建國，hit-kang mā 是 chit-má 越南 ê 國慶日。Tiȯh 算是胡志明 tī 1945 年宣布越南獨立，mā 是一直到 1950 年 chiah 開始有中華人民共和國 kap 蘇聯等國承認越南民主共和國。Tī 越南獨立建國運動當中，除了有大批越南革命志士 ê 犧牲奮鬥以外，竟然 mā 有少數 ê 台灣人參與越南 ê 建國事業，譬如陳篡地 kap 吳連義等人。

　　根據二七部隊隊長鍾逸人 ê 著作《此心不沉 - 陳篡地與二戰末期台灣人醫生》，陳篡地 kap 其他醫師 kap 軍伕等 chiâⁿ 百人坐貨輪「神靖丸」前往東南亞參加大東亞戰爭。1945 年 1 月 12 神靖丸 tī 越南頭頓港口避難 soah tú tiȯh 美國戰機 ê 襲擊來沉船。船頂有真 chē 人因為 án-ne 來過身，陳篡地 kap 幾 ê 台灣人幸運來閃過一劫。伊上岸了後去 tú tiȯh 越盟成員 koh 協助 in 醫好越南名將武元甲部下 ê 傷勢，因為 án-ne 得 tiȯh 重視。陳篡地人 tī 越南知影台灣 1947 年爆發二二八起義了，

伊 sûi 召集 tī 越南 ê 台灣友人轉去台灣對付當時 tng-teh 屠殺台灣人 ê 中國國民黨軍隊。胡志明深受陳篡地愛國情操 ê 感動所以 tī 陳篡地 beh 轉去進前送伊一批簡單 ê 武器對付敵人。

　　除了陳篡地以外，來自台灣嘉義 ê「吳連義」koh-khah 是將伊 ê 後半世人 lóng 獻 hō͘ 越南 ê 獨立建國運動。當時 ùi「臺南州立嘉義農林學校」畢業 ê 嘉義竹崎人吳連義 (1923-2006) tng tī 台灣拓殖株式會社 khang-khòe。伊 tī 1944 年 hông 派到越南北部負責指導當地農民種棉花 kap 黃麻，siāng 時暗中監控運送軍需米 ê 船隻 kap 擔任線民。戰爭結束了後，駐越日軍 hông 遣送轉去日本。吳連義 kap 其他少數台灣同胞因為已經 m̄ 是日本籍 kap 其他種種原因失去轉去台灣 ê 機會，因為 án-ne tiȯh 一直 tiàm 越南留落來。當時 ê 吳連義加入越共部隊，協助越南獨立建國 ê 大業。伊後來娶越籍太太 Ninh Thị Bé (寧氏細)，bih tī 庄腳做稺過日。吳連義 tòa ê 所在雖然無大，但是 mā 有一冊櫥用日文書寫、關於台灣 ê 冊，譬如《台灣　前途》、《台灣の政治》、《激動のなかの台灣》、《李登輝學校の教え》、《台灣がめざす未來》、《台灣に革命が起きる日》。Ùi chia ê 冊會當看出吳連義對台灣思鄉 ê 感情。

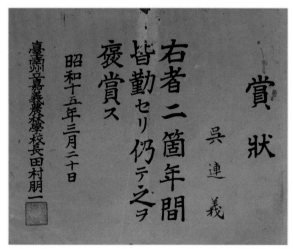

倒 pêng／吳連義讀嘉義農林學校時 ê 獎狀。
正 pêng／吳連義收藏 kap 台灣有關 ê 冊。

　　根據吳連義在生進前 tī 2005 年 9 月接受越南《安寧報》記者訪問 ê 內容，1944 年伊 tī m̄ 知影目的地 ê 情形下 hông

派到海外執行任務。一直到船已經駛到外海，伊 chiah 知影家己 beh 去越南，目的地是海防港。Tng in ê 船 tú 行過菲律賓外海，hiông-hiông 受 tiòh 美國潛水艦襲擊，因為 án-ne 無法度直接入港，ài sèh 到新加坡海灣，過馬來西亞半島到泰國，然後 chiah koh 行路到柬埔寨。In hit 批技師 koh ùi 柬埔寨行到西貢，然後坐火車到北部。

到越南北部了，這批技師 hông 分做真 chē 小隊，執行無 kāng 款 ê 任務。吳連義所屬 ê 小隊負責 tī「清化省」種棉花、麥仔、黃麻、蕃薯 kap 其它農作物。日軍 tī 1945 年 3 月發動三九事變了後，以昭和通商 ê 名義，進行特務動員，吳連義因為 án-ne 受分派，監視 ùi 越南南部出發運送軍需米 ê 船隻。Tī 前一年，因為天災、氣候異常，造成稻米無法度收成。北越原本 tiòh 糧食不足，加上田園被迫轉種軍需作物 kap 運送南部稻米 chiūⁿ 北 ê 鐵枝路斷去，後來蔣介石 koh 派二十萬大軍來越南搶糧食，造成北部大飢荒，大約二百萬越南人民 iau 死 tī 這場天災人禍。

根據 1995 年朝日新聞報導，1945 年 10 月 tī 越南聚集預計回國 ê 4029 人當中，1400 人是台灣人 kap 朝鮮人。因為日本戰敗，無法度照日本人辦理，chia-ê 人 lóng hông ùi 回國 ê 名單踢掉。有 kóa 人 bat 試過 beh 家己回國，有 kóa 人散落各地，mā 有真 chē 人行蹤不明。若照朝日新聞 tī 當年由「林廷發」擔任會長 ê 台灣同鄉會會員名冊 chhōe 會 tiòh ê chit-kóa 線索，1946 年 tī 河內 ê 台灣人，包括吳連義在內，20 幾歲 ê 少年人有 300 外 ê。

蔣介石根據麥克阿瑟 ê 第一號命令派二十萬大軍進駐越南北部了後，由中國國民黨接收日本軍 ê 野戰病院。比吳連義早二 tang 先來到越南 ê「林廷發」

hông 提名擔任病院 ê 紹介 kap 翻譯 ê khang-khòe。因為 bat 親目睭看過台籍日本兵去 hō͘ 中國軍隊判刑，bat 做過日本憲兵隊翻譯 ê 林廷發，難免會驚惶。但是，因為中國國民黨 ê 士官計畫將野戰病院 ê 藥品非法變賣，因為語言 bē 通 kap chhōe 無管道。所以會曉中文、越語 kap 日語 koh 有藥學智識 ê 林廷發變做 siōng 好 ê 利用對象。因為林廷發協助中國士官賣藥品，所以生活 iáu 會得過。林廷發 tī 當時成立台灣同鄉會，tī 河內生活困苦 ê 台灣人 tiāⁿ-tiāⁿ tī in tau ê 一樓聚會。

　　吳連義 ê 情形 kap 林廷發完全無 kāng，因為驚中國國民黨 ê 追殺來走亡。Tī 日本戰敗了後，吳連義 ùi 原本 khang-khòe ê 台拓工廠，chah 走 chit-kóa 璇石 kap 值錢 ê 物件，先交 hō͘ 伊 ê 越南女朋友保管。想 bē 到女朋友將伊全部東西變賣去，koh 另結新歡愛 tiòh chit-ê 中國國民黨 ê 士官。吳連義原本想 beh 去警察局控告 in 女朋友，想 bē 到 soah tñg tiòh hit ê 士官。伊感覺 tiòh 家己有性命 ê 危險，tiòh ùi 警察局 ê 二樓跳落去逃走。為 tiòh beh 逃避蔣軍 ê 追殺，吳連義 cháu 到青化省。伊 tī hia tú tiòh 原籍「寧平省」金山人，tī 青化省 khang-khòe ê 越南共產黨員「范尹應」(Phạm Doãn Ứng)。兩 ê 人真 kín tiòh 變做知己朋友，結拜做兄弟。范尹應替吳連義號 chit-ê 新越南名，號做「范尹俅」(Phạm Doãn Cầu)，koh 教伊越南語、種田 kap 共產主義 ê 革命思想。後來吳連義 tòe 范尹應轉去到寧平省。吳連義 kā 當時家己唯一所 chhun ê 財產，chit-chiah Perge 402 ê 轎車送 hō͘ 寧平省政府，來得 tiòh 當局 ê 信任，留 tī 寧平省政府工作。吳連義受過軍事訓練，教育程度 koh koân，所以 hông 指派做負責擔任民兵遊擊隊 ê 軍事教練。

　　公元 1948 年，吳連義 hông 調到寧平省政府 ê 經濟局負責提 koân 人民生活水平 ê 任務。伊 tī 經濟局 khang-khòe 三年外了後 hiông-hiông tiòh ma-lá-lí-á，面肉消瘦、皮膚變黃、腹肚大 kah 像有 sin kāng 款，伊 tiòh kā khang-khòe 辭掉。Hit 時義兄范尹應 chhōa 伊轉去寧平省金山治病，替伊 chhōe 一 ê 鄉村 cha-bó͘ 囡仔做 bó͘。因為無任何 ê 財產 kap 厝，吳連

義必須住 tī 第一任 bó͘ 厝內。後來 in bó͘ 無法度忍受一 ê 消瘦 koh 破病 ê 翁婿，tiȯh kā 伊趕走。Hit 時 ê 吳連義只好四界流浪。為 tiȯh 生存，他做赤 kha 醫生，用伊所有 ê 西醫智識替人治病。因為伊來歷不明，koh 是四界流浪 ê 外國人，所以當局管 kah 真嚴，禁止伊 khang-khòe。然後，因為伊確實醫好 bē 少病人，所以得 tiȯh bē 少人 ê 肯定 kap 尊重。

Tiȯh tī 越南拍贏「滇邊府戰役」前一 tang ê 1953 年，吳連義 kap 伊現任 ê bó͘ 寧氏細熟似。當時吳連義手 kōaⁿ 藥包，行 tī「儒管縣」ê chit-ê 田 --lìn。Hiông-hiông 落一陣大雨，伊 tiȯh 趕緊 cháu 到田 --lìn 一間拋荒 ê 農舍 bih 雨。比吳連義小 10 歲 ê 寧氏細，因為 ùi-kôaⁿ phih-phih-chhoah 所以 mā bih tī 農舍內底。寧氏細 3 歲 ê 時，老母 tiȯh 來過身，12 歲老爸 mā 破病離開。爸母早死，厝內 sàn-chhiah，寧氏細 koh 生了水，所以 in 阿兄 tī 伊 15 歲 ê 時陣 tiȯh kā 伊嫁 hō͘ 村內 ê 好額人。因為無愛情，伊 tiāⁿ-tiāⁿ 會反抗，ta-ke-koaⁿ mā 因為 chit-ê 理由討厭伊，tiāⁿ-tiāⁿ kā 拍，koh kā 伊當做下跤手人對待。19 歲 hit tang，因為無法度 koh 忍受 kap 下跤手人 kāng 款 ê 生活，伊決定離開，四界趁食。後來，伊 tiāⁿ-tiāⁿ 出現 tī 儒管縣替人種田。

因為 kāng 款是艱苦人，兩個人 lóng 感覺互相心真接近，所以 chiah 來行出愛情，決定結婚。結婚了後吳連義繼續替人看病，寧氏細 tiȯh tī 廣樂教堂替人種田做穡。一年後，兩人 khiām 一條小錢，到「永姜」附近起一間小厝，做伙種田過日。然後，好日子過無 gōa 久，當時 iáu koh 是越南游擊隊 kap 法軍對抗 ê 時代。

／吳連義 kap 越南 bó͘ 寧氏細合影。

有一 kang 法軍攻入庄頭，in ê 厝 hông 燒去，為 tio̍h beh 保命，in 向深山林內走。厝無 --ah，in 只好 koh 轉去故鄉「燕模」生活，koh 到「燕慶」khang-khòe。Siōng 落尾 tī「嘉慶縣」「寧一村」ê 庄腳起厝一直 tòa 到 chit-má。

／吳連義 kap in 家屬 tī 厝頭前合影。

　　公元 1954 年越南贏「滇邊府戰役」了，法國殖民政權正式退出越南。為 tio̍h 會當 hō͘ koh 留 tī 越盟支配地區 ê 日本人回國，越日兩國 ê 民間團體互相協調 hō͘ in 會使有回國 ê 機會。Tī 越南寧平省生活 ê 吳連義，mā 接 tio̍h 公所通知伊有會當回國 ê 機會。越南政府安排回國進前 ê「政治學習」課程。學習課程有半 tang 久，到 11 月 beh 轉去，準備 beh 出發 ê 時陣，in chiah 發現吳連義台灣人 ê 身分拒絕伊上船。1958 年 koh 有一 pái 遣返日僑 ê 作業，吳連義 mā 是 kāng 款因為台灣籍 ê 身分來 hông 拒絕受理。

　　吳連義，kap 其他 ê 台籍老兵 kāng 款，lóng 是近代台灣人苦難 ê chit-ê 縮影。

　　日本統治台灣時期，台灣人被迫加入日本籍。中國國民黨統治台灣時，台灣人 koh 被迫改做中華民國籍。戰後 chia-ê

台籍日本兵，有人留 tī 海外，有人去 hō͘ 中國國民黨欺騙加入國共內戰，有人 koh 去 hō͘ 中國共產黨 liàh 去，送到東北戰場，iàh 是死 tī 二二八人民起義 ê 槍聲內底。因為 in ê 身分特殊，無 lâi 得 bē tiòh 任何紅、藍、綠政府 ê 重視 kap 補償。莫怪台籍老兵許昭榮選擇 tī 馬英九上任 hit-kang 來自焚抗議！

吳連義，chit-ê 出身 kap 成長 tī 台灣 ê 台灣人，雖然伊最後選擇 tī 越南釘根生湠，iû-goân 是值得咱台灣人 ê siàu 念！台語俗諺語講：「Chiah 人一口，hêng 人一斗」，tiòh 是 teh 講 ài 知影人 ê 恩情，hō͘ 人回報。吳連義一方面無放 bē 記得對台灣 ê 情感，一方面 mā 無辜負 chhiân 養伊超過半世紀 ê 越南土地 koh 對伊做出貢獻。Tī 台越婚姻文化交流 lú 來 lú chē ê 今仔日，伊 ê 典範值得真 chē 台越聯婚家庭參考，koh-khah 值得 hō͘ hit-kóa 戰後 ùi 中國逃難來台政治難民深思！

／ 河內巴亭廣場。

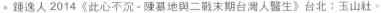

● 蔣為文 2017《越南魂：語言、文字與反霸權》台南：亞細亞國際傳播社。
● 蔣為文 2010〈留 Tiàm tī 越南 ê 農技人員吳連義 ê 案例研究〉，《台灣風物》期刊，60 (2)，63-86 頁。
● 鍾逸人 2014《此心不沉 - 陳篡地與二戰末期台灣人醫生》台北：玉山社。

拍敗中國 siōng chē pái ê 竟然是 chit-ê 民族

倒 pêng ／ Tī 奠邊府 ê「決戰決勝」雕像。
正 pêng ／ 越南國慶日前街頭 ê 紀念旗。

　　長期以來，中華人民共和國對台灣 kap 中華民國 ê 打壓無所不在。特別是 tī 民進黨執政期間，中國用盡所有 àu 步封鎖台灣外交 kap 用惡質 ê 手法以商迫降等等。有 bē 少 tī 台灣 ê 親中政治團體 koh-khah 是「食碗內，洗碗外」tiau-kang 幫贊邪惡霸權中國，唱衰台灣、打擊國人民心士氣。事實上，ē-tàng 以小拍大得 tioh 勝利 ê 案例並 m̄ 是無。像講，歷史上拍敗中國 siōng chē pái ê 民族不是蒙古人、滿人 iah 是日本人，竟然是看起來細漢細漢 ê 越南人！

　　現此時越南 ê 國號是「越南社會主義共和國」(Cộng hòa Xã hội Chủ nghĩa Việt Nam)，國慶日訂做 tak-tang ê 9 月初 2，源自 1945 年 9 月初 2 胡志明主席 tī 巴亭廣場 (Quảng trường Ba Đình) 宣布越南獨立建國。彼 tang ê 9 月初 2 mā 是聯軍統帥麥克阿瑟發布一般命令第一號 (General Order

No.1) ê 日子。這份命令要求蔣介石代表聯軍負責中國戰區、台灣 kap 越南北部 ê 日軍投降業務。

胡志明掌握 9 月初 2 時機宣布越南獨立是有 i ê 政治考量。Siōng 重要 ê 一點 tiȯh 是 hō͘ 國際社會明確了解越南人獨立建國、反對殖民政權 ê 決心，並提醒蔣介石 mài 借用對日本投降 ê 機會來佔領越南。藉 tiȯh 一般命令第一號 ê 要求，蔣介石 koh 真正指派盧漢 chhōa 領二十萬大軍進入越南北部。原本想 beh 賴 tī 越南無 ài 走 ê 中國軍隊，tī 越南利用法國力量介入 ê 狀況下只好 tī 1946 年熱 -- 人 ùi 越南撤退。Che 是近代越南抵抗蔣介石政權 chhōa 頭中國惡勢力 ê 成功案例。

雖然胡志明 tī 1945 年 9 月初 2 宣布越南獨立，但是法國 iû-goân iáu-sī m̄ 放棄重新殖民統治越南 ê 任何可能性，sòa 落來越南 kap 法國開始 9 年長 ê 戰爭。一直到 1954 年「奠邊府」(Điện Biên Phủ) 戰役中法軍徹底戰敗，以胡志明為領導人 ê 越盟政府 chiah 得 tiȯh 關鍵性 ê 勝利，迫法國同意撤出越南。

Tī 法國以後，美國介入越南內政 koh 支持南越政權來對抗胡志明 ê 北越政權。美國介入越南內戰有十幾年長 ê 時間，soah 一直 lóng 無法度拍敗北越政權，最後選擇 tī 1973 年撤出越南。失去美國支持 ê 南越政權真 kín tiȯh tī 1975 年崩盤，由北越政權統一全國。

越南統一了後，越共 kap 中共 ê 關係交惡。中共為 tiȯh beh 修理越南，藉口越南部隊 hāⁿ 過邊界攪吵中國居民，所以只好進行反擊自衛戰，tī 1979 年 2 月 17 對越南出動 10 萬軍隊。中國原本 liȧh 準講 kúi-kang 內 tiȯh 會當拍敗越南，結果兩 pêng sio

戰一個月，中國軍隊死傷真重（大約 chiân 萬人）不得已 chiah 來撤出越南。

看起來 nńg-chián ê 越南，soah 會當 tī 30 kúi-tang 內 sio 連續拍敗中國國民黨、中國共產黨、法國 kap 美國，真正是「小卒仔做英雄」siōng 好 ê 案例，thèng-hó hō͘ 台灣借鏡學習！

越南會當拍敗帝國主義絕對 m̄ 是 tú 好，是有 i 歷史上 ê 必然！越南自古以來 tiȯh bat 真 chē pái 成功拍敗 ùi 中國來 ê 武力侵占。下底舉例說明：

越南 bat 有一千 gōa tang 久去 hō͘ 古代中國統治 ê 歷史。中國 tī 越南 ê 北 pêng，而且古早時陣並無「中國」chit-ê 國號，因為 án-ne，越南史學家 lóng 以「北屬」時期來稱呼古代中國統治越南 ê 時期。確定古代越南結束北屬時期，開始越南封建王朝 ê 開創者是「吳權」(Ngô Quyền)。吳權 tī 公元 938 年白藤江之戰拍敗 ùi 北方來 ê 南漢政權（五代十國時期），tī keh tang 自立做王、定都古螺城。

倒 pêng ／ 1979 年越中邊界戰爭中 hō͘ 越南 liȧh--tiȯh ê 中國砲。
正 pêng ／ 古早越南開國英雄吳權 ê 墓。

頂 koân ／ 胡志明市陳興道殿內 ê 陳興道雕像。
下 kha ／ 河內 ê 阮惠紀念廣場。

宋朝統一五代十國了後 phah-sñg tī 1075 年攻拍越南，結果 soah tú-tiòh 越南李朝 ê 名將「李常傑」(Lý Thường Kiệt) 先發制人來潰敗。當時 ê 李常傑 chhōa 領越南部隊攻陷廣西欽州、廉州 kap 邕州並屠城報復，造成廣西十幾萬人死亡。李常傑有名 ê 詩作《南國山河》án-ne 寫：「南國山河南帝居，截然定分在天書。如何逆虜來侵犯？汝等行看取敗虛。」李常傑 ê 英勇善戰，koh chit-pái 確保越南建立 bô-kâng 北方 ê 獨立王朝。

蒙古人滅掉宋朝建立元朝統治中國了後，tī 13 世紀 bat 有 3 pái 派軍侵略越南，結果 lóng 無功來轉去。其中抵抗元朝軍隊 siōng 有名 ê 將領 tiòh 是「陳興道」(Trần Hưng Đạo)。陳興道真 gâu 拍水戰，利用越南 chin-chē 溪流、樹林 ê 地形拍敗當時 gâu 騎馬 ê 蒙古帝國，koh chit-pái 確保越南維持做獨立王朝。

大明國滅元朝後，明成祖利用越南內亂 ê 時陣派兵攻拍越南，tī 1407 年占領越南。越南英雄黎利 (Lê Lợi) 發動藍山起義對抗外來 ê 大明政權，最後 tī 1428 年得 tiòh 勝利建立後黎朝，登基做黎太祖。Tī 二十 tang ê 征戰過程中，明朝軍隊死傷 chiâ 十萬人，國力大損、只好承認越南獨立王朝 ê 地位。

滿清滅大明國了後 koh 興起攻拍越南 ê 邪念。大清國乾隆帝 tī 1788 年出兵攻拍越南，想 bē 到 koh 去踢 tiòh 鐵板，tú-tiòh 勇 koh gâu 戰 ê 越南西山王朝英雄阮惠 (Nguyễn Huệ)，造成清軍潰敗死傷 kúi 萬人。最後乾隆帝只好承認阮惠，

封 i 做安南國王。當今河內市 ê「楝多郡」(Quận Đống Đa) ê 阮惠紀念廣場 tio̍h 是當初埋陣亡清國兵仔 ê 萬人塚之一。

　　Ùi téng-koân 所講 tio̍h ê 案例咱 ē-ēng-tit 得 tio̍h 啟發：雖然越南 ê 人口 kap 土地 m̄ 比中國，但憑越南決戰決勝、m̄ 向外來政權妥協 ê 精神 kap 發揮本身地形優勢 ê 戰略下 mā 是會當抵抗來自中國 ê 侵略。越南 ē-tàng，台灣 kám 無法度？台語俗諺語講：「草蜢仔 lāng 雞公，雞公 phi̍t-phok 跳」，意思 tio̍h 是 nā 知運用智慧，koh-khah 小 chiah ê 草蜢仔 mā 會 kā 雞公 lāng khah 氣身惱命。

倒 pêng ／ 阮惠紀念廣場前 ê 萬人塚。
正 pêng ／ 阮惠所寫 ê 抗清 ê 字喃詩。

● 蔣為文 2017《越南魂：語言、文字與反霸權》台南：亞細亞國際傳播社。
● 小倉貞男著、林巍翰譯 2020《半島之龍》台北：八旗文化。

延伸
閱讀

307

是 siáⁿ-mih 文化基因 hō͘ 越南 ē-tàng 抵抗中國霸權二千 tang？ ★

是 siáⁿ-mih 文化基因 hō͘ 越南 ē-tàng 抵抗中國霸權二千 tang？

╱ 西貢 ê 美食 hủ tiếu。

　　越南 bat hō͘ 古早中國直接統治過千外 tang（公元前 111 年到公元 938 年），到公元 939 年「吳權」拍敗南漢軍隊自立為王了後 chiah 確立日後越南建立獨立王朝 ê 開始。了後，中國歷代每 chit-ê 朝代 lóng bat 出兵拍過越南，但是除了少數幾 pái hông 短期佔領以外，越南 lóng 會當發揮抵抗外來者 ê 實力將中國軍隊趕出越南。 M̄-nā án-ne，tī 二十世紀 ê 時，越南甚至成功抵抗法國 kap 美國 ê 攻擊來避免 koh 淪做殖民地。咱 beh 問 ê 是，是 siáⁿ-mih 文化基因 hō͘ 越南會當抵抗中國霸權二千 tang？

　　中國 ê 世界觀表現 tī 伊「五服制」ê 觀念頂懸，以皇帝做中心，將厝邊 ê 民族 lóng 看做是落後野蠻 ê「東夷」、「南蠻」、「西戎」kap「北狄」。因為越南 tī 中國南方 siōng 遠 ê 邊境外口，tiỏh án-ne hông 看做是南蠻。

　　越南是 tī 東南亞 ê 多族群文明古國。越南傳說中第一 ê 國家名號號做「文郎」(Văng Lang)，he 是屬於越南 ê「鴻龐時代」

(Hồng Bàng)，大約是公元前 2879 到前 258 年。Sòa--lâi ê 公元前 257 到前 207 年是由「安陽王」建立「甌貉」國 (Âu Lạc)。秦始皇 tī 公元前 221 年吞食六國、統一中原了，伊 koh 繼續出兵征討「嶺南」，而且 tī 公元前 214 年吞併嶺南地區。秦帝國 tī 公元前 207 年崩盤了，伊進前 ê 將領「趙佗」(越南話號做 Triệu Đà) 趁機會佔領嶺南，tī 公元前 204 年建立「南越國」、用「番禺」(當今中國廣州) 做首都。公元前 111 年中國漢朝 ê「漢武帝」出兵消滅「南越國」，koh tī 當地設「交趾部」分做九郡。其中三郡「交趾」、「九真」kap「日南」相當 chit-má 越南 ê 北部 kap 中北部地區。Ùi hit-chām 開始越南第一 pái hō͘ 古代中國納入版圖；這段歷史 tī 現此時越南主流史觀 lìn kā 號做第一 pái「北屬時期」。

　　Tī 北屬時期，中國將漢字傳入越南。Hit 當時 ê 漢字主要是用 tī 行政 kap 官員 ê 文教訓練。Hit 當時推行漢字文教 siōng 有名 ê 是交趾太守「士燮」(Sĩ Nhiếp)。Tī 北屬頭仔 hit 200 外 tang 時期，越南人 tióh 算 bat koh-khah chē 漢字、koh-khah gâu 讀冊 mā 無法度做官、分享統治權力。Ḿ-nā án-ne，tī 中國統治時期，越南 mā 是「三年一小反，五年一大亂」。歷史上有記載 siōng 早起義 ê 是「徵側」(Trưng Trắc)、「徵貳」(Trưng Nhị) 二姊妹á。In 2 人推翻漢朝駐「交趾」ê 太守「蘇定」，得 tióh 短暫獨立 (公元後 40-43)。一直到吳權成功拍敗南漢軍隊頭一 pái 北屬時期 chiah 結束。

／交趾太守「士燮」tī 越南 ê 墓。

Tī 北屬時期 kap 封建王朝時期越南受 tiòh 中國
ê 影響真大，莫怪越南有名 ê 歷史學家「陳重金」
(Trần Trọng Kim 1882-1953) bat 感慨 hit-ê 時期講：
「無論大人 iàh 是囡仔，去學校 lóng 無學 tiòh 越南
史，kan-taⁿ 學中國史。詩賦文章 mā 需要取材中國、
受 tiòh 中國 ê 價值觀左右 ...。」看 tiòh án-ne ê 情形，
歷代 ê 越南人 mā ùi hō͘ 中國統治 ê 教示內底學 tiòh
beh 按怎應對。「建立越南本土 ê 文化 kap 思想價
值觀」tiòh 是其中一 ê 重要 ê 反省 kap 作為。譬如，
越南人內底 ê 有心人士 ùi 十世紀起 tiòh 開始研發「字
喃」期待取代漢字。雖然 siōng 尾越南是以羅馬字
取代漢字，但字喃 mā 是有無 ài 向漢字跪落去 ê 民
族精神。雖然越南人 hông 迫使用漢字大約有二千
tang ê 歷史，到 taⁿ 越南人 mā 是認為漢字是中國
字 m̄ 是越南字。因為越南人有強烈 ê 越南民族認同，
chiah 會當堅持伊 ê 母語 kap 文化到 taⁿ，無來受
tiòh 中國同化。有關 koh-khah chē 越南民族精神特
色 ê 探討，讀者會當參考蔣為文寫 ê《越南魂：語言、
文字與反霸權》。

Chiū 歷史發展順序來看，越南文化 ùi 北向南
拓展，主要依附 tī 三條河流流域，分別是紅河、香
江 kap 九龍江（湄公河）。紅河是越南主體民族京族
(Kinh mā 叫做越族) ê 民族發源地，歷代真 chē 重
要 ê 王朝 lóng 建都 tī chia。香江是越南最後一 ê 封
建王朝阮朝 ê 護城河。九龍江 tī 越南 ê 南部，chit-ê
區域本來是 tòa 柬埔寨人，大約 tī 十七世紀以後越
南人 chiah 漸漸大量移居到 chia 開墾，來形成 chit-
má ê 現況。因為發展 ê 歷史文化背景無仝，當今 ê
越南北、中、南三地 lóng 有無仝 ê 區域文化特色。
讀者 nā beh 了解 koh-khah chē 越南文化發展，
ē-tàng 參閱蔣為文編《越南文化：從紅河到九龍江
流域》。

越南 ê 文化有伊源自內在本土 ê 成分，mā 有外來經過吸收過 ê 新興文化，所以呈現出豐富多元又 koh 有民族主體性 ê 特色。越南文化 ê 特色之一 tio̍h 是將外來文化吸收消化了後轉換做有本土色彩 ê 文化。譬如，越南 ê 十二生肖概念雖然源自中國，但是來到越南後 soah 用貓仔取代兔仔。中秋節來到越南了後，mā ùi 全家團圓 ê 節日變成囡仔 ê 鼓仔燈節。

Siōng 經典 ê 案例會當算是河粉 ê 越南本土化。廣東人 ê 河粉傳到越南後變成越南式 ê phở，潮州人 ê 粿仔條傳到越南南部後變成越南南部 ê 美食 hủ tiếu。雖然廣東河粉 kap 潮州粿仔條源頭 lóng 來自中國廣東，但是經過越南本土化了後，煮食方式 kap 口味已經 kap 原鄉無全，形成有越南特色 ê 國民經典美食。越南河粉 tī 越南 mā 發展出南北 ê 差異：北部以河內為主 ê 河粉條 khah 軟，無加豆菜，慣勢 kap 牛肉 ia̍h 是雞肉做伙食；南部 ê 河粉條食起來 khah khiū，慣勢配豆菜 kap 九層塔等 hia-ê 香菜做伙食，koh 無限定 tī 牛肉 ia̍h 是雞肉，有 kóa 所在 mā 有豬肉 ia̍h 是海產口味 ê 河粉。Tī 台灣，pian-nā 講 tio̍h 河粉 ta̍k-ke lóng 會聯想 tio̍h 越南美食。因為移民來台 ê 越南人以越南南部人占大多數，台灣 ê 越式河粉多數比較 khah 像越南南部河粉 ê 口味。Tī 法語內底甚至 mā 直接用 **pho** 來稱呼越式河粉。Che 表示河粉 ê 越南化已經深受越南以外 ê 國家認同 kap 肯定。Án-ne 以外，油食粿傳到越南以後，mā 徹底改頭換面。越南油食粿 m̄-nā 寸尺 khah 小，koh chhiāⁿ kap 河粉 ia̍h 是其他湯類粉條 chham 做伙食，m̄ 是「燒餅 kauh 油食粿」ê 食法。

Ùi 越南 ê 案例來看，越南是 chi̍t-ê 有文化主體性 kap 自信 ê 民族！Hoān-sè che tio̍h 是當前台灣人 siōng 欠缺 ê 民族精神。有文化主體性 ê 民族 tio̍h bē chhìn-chhái 相信膨風 ê「發大財」口號，mā bē 天真去認為 kap 土匪簽和平協議 tio̍h 真正會當確保性命財產 ê 安全。台灣 kap 越南 lóng bat 經歷過外來政權 ê 殖民統治。台越之間 ê 文化有伊真 chē 相全 ê 所在 mā 有伊 ê 差異性。台語俗諺語講：「番薯 m̄ 驚落 thô͘ 爛，只

求枝葉代代 thòaⁿ。」這種骨力拍拼 ê 精神 kap 毅力是台越文化共通 ê 特點。台灣人 nā 會當像越南人仝款加強文化主體性 kap 自信，一定會當抵抗所有外來霸權 ê 侵略！

倒 pêng ／ 河內 ê 牛肉河粉。
正 pêng ／ 西貢 ê 牛肉河粉。
下 kha ／ 越南油食粿 tiāⁿ kap 河粉 iáh 是其他湯類粉條做伙食。

• 蔣為文（主編譯）、陳玉添原著 2019《探索越南文化本色》台南：亞細亞國際傳播社。
• 蔣為文（編）2019《越南文化：從紅河到九龍江流域》台北：五南圖書。
• 蔣為文 2017《越南魂：語言、文字與反霸權》台南：亞細亞國際傳播社。
• 小倉貞男著、林巍翰譯 2020《半島之龍》台北：八旗文化。

鄭成功差 chit-sut-á
歸化做越南人

／ 會安福建會館關於明鄉人開疆拓土 ê 壁畫。

　　鄭成功算是佗一國人？中國人講伊收復失土，算是中華民族英雄。日本人講鄭成功 ê 媽媽是日本人，而且伊 tī 日本長崎平戶市出世，所以鄭成功 mā 算是日本人。台灣人講伊 ê 家族來台經營二十幾年，所以算是台灣人。其實，iáu 有 chit-ê khah 少人知影 ê 歷史是鄭成功差 chit-sut-á 歸化做越南人。

　　公元 1644 年農民軍領袖「李自成」攻入北京，崇禎皇帝自殺，大明帝國滅亡。過無 jōa 久清軍拍敗農民軍，遷都北京，開始滿族人外來殖民統治中國 ê 歷史。大明帝國滅亡了，chhun-ê 宗室 kap 遺將各自四散。這 kóa 四散 ê 皇族宗室、官員、遺將 kap 難民等分別遷徙到台灣、越南 kap 東南亞各地。

　　Hit 時，荷蘭人 tng teh 統治台灣。鄭成功 tī 南京之役大敗 hō͘ 清軍了，開始思考以海外據點來做反清復明 ê 基地。除了台灣以外，伊原本考慮 ê 所在 koh 包括越南 kap 菲律賓等。後來，鄭成功採納「何斌」ê 建議用奪取台灣做首要目標。公元 1661 年 5 月鄭成功 chhōa 兵二萬五千名攻拍佔領台灣 ê 荷蘭人。1662 年 2 月荷蘭人投降，台灣自 án-ne 開始來 hō͘ 鄭成功家族統治到 1683 年「施琅」率領清軍攻佔台灣為止。

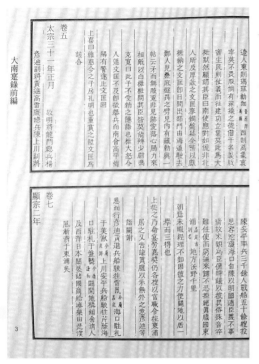

鄭成功拍敗荷蘭了無到半 tang ê 時間 tiòh 破病過身。後來,鄭成功 ê 舊屬「楊彥迪」kap「陳上川」等人實現鄭成功 bat 有過 ê 念頭,chhōa 兵投靠越南阮主,tī 越南落地生根。

根據越南阮朝官史《大南寔 》前編卷五之記載,龍門總兵「楊彥迪」(Dương Ngạn Địch)、高雷廉總兵「陳上川」(Trần Thượng Xuyên) 等人 tī 1679 年 (無 kāng 文獻有無 kāng 年代記載。知名學者陳荊和認為是 tī 1682 年底至 1683 年之間) chhōa 兵三千 gōa 人 ùi 峴港 (Đà Nẵng) 上岸投靠當時越南 ê 阮氏政權。阮主授封陳上川等人官職,koh 令 in 負責往南方開墾,包括現今越南南部 ê「嘉定」、「定祥」、「邊和」等地。Tī 阮主授意下,陳上川 chhōa 領部隊進駐「盤轔」,tī 同奈河邊 ê 大舖洲闢地建市。歷經十 gōa tang ê 建設,大舖 táuh-táuh-á 變做當時各國商船往來貿易 ê 重要港口之一,mā 因為 án-ne 變做越南南部 ê 新興城市。因為陳上川協助阮主 ùi 柬埔寨手頭搶來土地,拓展南 pêng 領土,所以深受後來 ê 阮朝皇帝明命、紹治、嗣德等肯定,受封做「上等神」。

Án-ne 以外,明朝遺臣後代、廣東雷州莫府城人「鄚玖」(Mạc Cửu) tī 1671 年 chhōa 四百 gōa 人前往柬埔寨南方蠻荒之地開墾。後來鄚玖 tī 公元 1708 年歸順越南阮氏政權,koh 將開墾 ê 土地送給越南顯宗孝明皇帝,因此來受封「河仙鎮大總兵」。

頂 koân /大南寔錄 lāi-té 有關陳上川等人入越 ê 記載。
下 kha /鄚玖 tī 河仙鎮 ê 雕像。

這 kóa m̄ 願 hō͘ 滿清統治 ê 明朝遺民最後釘根 tī 越南，大多數人 kap 當地越南女性通婚 tàuh-tàuh-á 來本土化，形成目前越南俗稱 ê「明鄉人」(người Minh Hương)。這種情形類似第二次大戰了蔣介石 ùi 中國 chhōa 百萬軍眷到台灣 kāng 款，多數未婚男性軍人 kap 台灣當地女性通婚，in ê 後代俗稱「芋仔番薯」。越南明鄉人 tiòh 親像明鄭時期流亡到台灣 ê 漢人一樣，經由通婚 kap 各種本土化過程，已經建立起強烈 ê 在地認同。基本上，明鄉人 lóng 使用越南話，mā 完全融入越南當地文化，身分證件 ê 民族類別 mā 登記做「京族」(Kinh 越南主體民族)。

越南阮主 hō͘ hia 按算 tī 越南落地生根 ê 明人特典，tiòh 是設立特別 ê 村社組織，號做「明香社」(Minh Hương xã)。「明香」ê 原義是「維持明朝香火」。明香社 ê 男性大多數是明人 iàh 是明越透 lām，女性大多數是當地越南人。公元 1802 年阮世祖統一越南，以越南中部「順化」做首都，建立越南最後 ê 王朝「阮朝」。阮世祖 tī 1807 年下令 tī 全國設立明香社用來管理明人 ê 後代 koh 編入戶籍。到阮聖祖上位了，1827 年起將「明香」改做「明鄉」，kā「明鄉人」(người Minh Hương) 看做是已經入籍 ê 越南人。

頂 koân ／ 河仙鎮 ê 鄭玖古墓。
下 kha ／ 收藏 tī 會安福建會館 ê 船隻模型。

是按怎鄭成功 kap 陳上川等人會考慮到越南？原來鄭氏家族長期 tī 日本、台灣 kap 東南亞這帶從事海盜 kap 貿易，所以 in 對越南 ê 事物會使講是真 sek-sāi。

自 16 世紀中葉到 18 世紀尾期，當時 ê 越南屬南北分裂，鄭、阮紛爭時期。北方 ê 鄭氏政權 (iàh 號做鄭主) 以「舖憲」

(Phố Hiến) 為主，南方 ê 阮氏政權 (iàh 號做阮主) 以「會安」(Hội An) 做國際貿易。越南中部 ê 海港會安 tī 占城時期 tiòh 已經是東南亞重要 ê 國際貿易港口之一。Chia-ê 生理人包括來自葡萄牙、大明帝國、日本、台灣、荷蘭等地。當時 ê 明人多數 tòe 冬季東北季風南下到會安，koh 利用夏季吹西南季風時回國，所以 mā 去 hō 當地越南人號做 người Tàu (越南喃字寫做「人艚」) ，意思是「坐船來 ê 人」。

早期會安 ê 大明商人聚集 ê 所在號做「大明客庸」，後來 mā 叫做「大唐街」，lóng 屬於臨時性 ê 僑居地。當大明帝國亡國了，lú 來 lú chē 明人為 tiòh beh 閃避戰亂 iàh 是因為不願臣服滿清遷徙到會安來。當時北方 ê 鄭主雖然是無拒絕明人入境，但是採嚴格 ê 入籍同化政策來避免滿清藉故干涉。比較之下，阮主 ê 廣南國離滿清 khah 遠，khah 無清軍入侵 ê 壓力。所以阮主採取歡迎 ê 態度，期待利用明人 ê 資源來對抗鄭主 kap 促進南疆 ê 開拓。當時 tī 會安 ê 明人大約有五千 gōa 人 chē，其中，大約有 170 gōa 名鄭成功舊屬 ùi 台灣流亡到會安海關任職。

倒 pêng ／ 胡志明市明鄉嘉盛堂 ê 外表。
正 pêng ／ 明鄉嘉盛堂 ê 前管理員指出當初 khǹg 鄭成功神位 ê 位置。

因為有頂 koân 講 tiòh ê 歷史背景，所以明鄉人大部分分布 lóng tī chit-má ê 越南中部 kap 南部。

目前 tī 越南 iáu koh 有一 kóa 建物保留 khah 好 ê 明鄉會館，像講，中部會安古城 ê「明鄉萃先堂」、南部邊和市 ê「新鄰亭」kap 胡志明市的「明鄉嘉盛堂」、「福安會館」、「義潤會館」kap「富義會館」等。其中，明鄉嘉盛堂 tī 1975 年南北越統一進前 koh bat tī 會館內底奉待鄭成功 ê 神位。

台語俗諺語講：「仙拚仙，拚死猴齊天。」當初鄭成功 nā 選擇到越南 m̄ 是台灣，hoān-sè 伊 tiȯh bē 來早死。甚至，伊當時 nā 放棄反清復明，選擇到 chit-má ê 越南南部建國，hoān-sè 伊早 tiȯh 已經變做是嘉定國 iȧh 是河仙國 ê 開國英雄。Iȧh 是，伊 nā 選擇歸化做越南明鄉人，至少伊 mā 會 hông 封做上等神 chiah tiȯh。

頂 koân ／ 胡志明市明鄉嘉盛堂 ê 牌匾。
中央　　／ 會安古城明鄉萃先堂 ê 外表。
下 kha　／ 邊和市新鄰亭 ê 外表。

● 蔣為文 2015〈越南會安市當代明鄉人、華人及越南人之互動關係與文化接觸〉，《亞太研究論壇》61 期，頁 131-156。台北，中央研究院。
● 蔣為文 2013〈越南的明鄉人與華人移民的族群認同與本土化差異〉，《台灣國際研究季刊》期刊，9(4)，63-90 頁。
● Chiung, Wi-vun. 2020. "Cultural identity change of Minh Huong people in Vietnam: case studies of "Long Phi" era name," Journal of Viet Nam Hoc, 1(2), 74-101.

延伸閱讀

鄭成功部屬陳上川移民越南竟然變上等神

／ 邊和市新鄰亭 ê 漢字碑文。

　　當代有 bē 少越南人嫁到台灣，變成越鄉人 tī 台灣定居。其實，tī 幾百 tang 前 mā 有 bē 少大明國 iah 是東寧王國 ê 人民離開故鄉移民到越南、東南亞其他國家 ê 案例。其中，鄭成功 ê 舊屬陳上川 chhōa 兵三千人移民到越南，後來 koh hō͘ 越南皇帝 o-ló，受封做上等神 ê 案例有影值得咱探討。

　　陳上川 (mā 有文獻寫陳尚川)，字勝才，大明國廣東省高州府吳川縣南三都五甲田頭村出世。陳上川 ê 生卒年 tī 中文文獻 kap 越文獻內 ê 紀錄有 kóa 無 kāng。中文文獻內底有關陳上川 ê 生卒年 lóng 記載生 1626 年、死 1715 年。但是越南文獻 ê 紀錄 soah 無一致：平陽省博物館文件資料紀錄生卒年分別是 1655-1725 年；新鄰亭紀錄是 1655-1720 年；陳上川古墓 ê 漢文碑文紀錄是 1600-1720 年。

　　公元 17 世紀大明國滅亡了，陳上川加入反清復明 ê 陣營，tī 1663 年 hō͘ 鄭成功政權任命做高雷廉總兵，負責巡視東南亞

海域來保障鄭成功 ê 海上貿易。大約 tī 東寧王國降清滅亡 ê 時，鄭成功 ê 舊屬，高雷廉總兵「陳上川」kap 龍門總兵「楊彥迪」等人大約 tī 1679 年 chhōa 兵三千 gōa 人投靠當時越南 ê 阮氏政權。阮主授封 in 官職，負責開墾南方，包括 chit-má 越南南部 ê「嘉定」、「定祥」、「邊和」等地。陳上川 chhōa 領部隊 tī 同奈河邊 ê 大舖洲關地建市。歷經十 gōa tang ê 建設，大舖 tàuh-tàuh 變做當時各國商船往來貿易 ê 重要港口之一，chiân-chò 當時越南南部 ê 新興城市。因為陳上川協助阮主拓展南邊領土，所以深受後來 ê 阮朝皇帝明命、紹治、嗣德等肯定來受封做「上等神」（Thượng đẳng thần）。

目前邊和市 ê「新鄰亭」kap 陳上川建立 ê 七府古廟（關公廟）lóng 祭拜陳上川。Án-ne 以外，胡志明市 ê「明鄉嘉盛堂」mā 祭拜陳上川。新鄰亭 tī tak-tang 舊曆 10 月 22 到 24 定期辦理大型 ê 祈安典禮活動，內容包括各式祭拜儀式 kap 陳上川出巡遊行。陳上川神像出巡時沿路真 chē 信徒會準備牲禮祭拜，盛況親像台灣媽祖 ê 出巡活動。可見，陳上川 tī 當代邊和市 kap 胡志明市當地民眾心內 iáu koh 有一定 ê 份量 kap 影響力。

／新鄰亭 ê 陳上川神像 kap 牌位。

主祀陳上川 ê「新鄰亭」tī 同奈省邊和市 ê「阮文治」路。根據新鄰亭內部流通手冊 ê 記載，原底新鄰亭是 tī 喇叭城 ê 一間小廟。Tī 越南明命帝（Minh Mạng 1820-1840）時期，附近 ê 人民立這座廟以表示對陳上川將軍開墾同奈 - 嘉定地區荒地有功 ê 尊敬。經過兩 pái 遷徙了（1861 & 1906）chiah 遷到目前 ê 位置。因為新鄰亭有歷史文化 ê 意義 kap 價值，tī 1991 年得 tiòh 越南文化資訊 kap 體育旅遊部認定是國家級歷史文化古蹟。

邊和市新鄰亭 ta̍k tang 舊曆 10 月 23 kap 24 lóng
會盛大辦理祈安廟會活動（lễ hội kỳ yên）以感謝
陳上川 ê 功德，祈求伊為地方百姓 chah 來平安
幸福。廟會儀式 kap 活動全部用越南語進行。當地
居民 tiāⁿ 尊稱陳上川是「德翁」（Đức Ông）。祈安
廟會通常 tī 正式開幕前一暗 tio̍h 會開始準備。其中
siōng 大場 ê 重頭戲 tio̍h 屬於陳上川神像出巡 ê 遶境
遊行活動。

　　新鄰亭 ê 祈安廟會活動 ùi 準備到結束前後三
kang 大約吸引至少幾千人以上 ê 直接 ia̍h 是間接
參與。參與者包括在地居民 kap 外地（譬如平陽省
kap 西貢）來 ê 進香團、陣頭 kap 表演團等。

　　「入壇儀式」 tī 開幕典禮致詞了後開始進行，
主要 hō͘ 各地來 ê 零散香客 kap 進香團前來謁拜陳上川
神位。進香團有純越南京族人 ê 團體，mā 有 ùi 西貢
(chit-má 叫胡志明市) 來 ê 明鄉人 ia̍h 是華人 ê 團體。
譬如，本研究觀察 tio̍h ê 進香團有邊和化安魚市場
協會、廣東西樂隊、邊和潮州僑思堂父母會、西貢
明鄉嘉盛堂等。入壇儀式完成了 tio̍h 開始準備德翁
出巡遶境。

／ 德翁出巡前 ê 鬧熱陣。

「德翁出巡遶境」 tio̍h 是將陳上川 ê 神像恭請到神轎頂，了後 tī 進香團 kap 信眾 ê 陪伴下 se̍h 邊和市區以驅邪、保祐百姓、平安發大財。遶境全程大約二點鐘左右。德翁出巡遶境 ê 團體隊伍人員大概有五六百人以上，nā 加上沿途自由加入遶境 ê 信眾，tio̍h 將近有千 gōa 人參與。規模雖然不如台灣 ê 媽祖出巡 hiah 大，但是 mā 算是相當鬧熱。德翁出巡遶境時沿路 ê 店家有 kóa 會準備祭品來祭拜德翁。遶境團隊 mā 有 lāng 龍、lāng 獅、lāng 麟表演。lāng 麟團隊通常二人一組，機動性 khah koân，會主動到有排祭品 ê 店家前獻舞來祝福生意興隆。店家 mā 通常會以紅包 ia̍h 是現金紙票回送 hō͘ lāng 麟者。

Tī 出巡遶境進前，管理委員會主委 kap 相關代表 lóng 會先行禮，chiah koh 將陳上川神像 kap「敕封盒」khǹg 入神轎。M̄-nā án-ne，mā 會 chah 一隻雞 kap 一碗火炭。根據主委林文郎 ê 講法，火炭代表 hō͘ 伊會當煮食，食熟 ê 料理。筆者認為，這種解釋可能 kan-taⁿ 是當代越南人 ê 理解方式之一。原始意義有可能是源自福建人 ê「木火表示生湠、傳宗接代、生生不息 ê 意思」。Tī 福建話 kap 台語內底，「炭」ê 發音是 thòaⁿ，kap 生湠 ê thòaⁿ kāng 音。當初明鄉人大部分 lóng ùi 福建 ia̍h 是廣東來，所以真有可能 in 將 chit-ê 風俗 chah 到邊和，透過禮俗 ê 方式傳承落來。

「淨牲儀式」主要是準備祭品來祭拜陳上川。祭品有糯米飯、甜點、花果 kap siōng 重要 ê 一隻大豬公。祭拜用 ê 豬公必須 ài 是烏色 ê 大隻

頂 koân ／德翁準備出巡遶境。
下 kha ／Tī 路邊祭拜 ê 信眾。

豬公，當場 thâi 死了 koh 除烏毛。祭拜 soah ê 大豬公會 tī 隔 kang 煮一頓 chheⁿ-chhau 來 hō͘ 參與廟會 ê 人食，表示德翁對大家 ê 恩惠。Té 豬血 kap 豬毛 ê khoeh-á 會 hông 埋 tī 亭後 ê 空地，象徵除去汙穢 kap 不幸 koh 帶來重生 ê 意義。Ūi-siáⁿ-mih beh 強調必須 ài 烏色 ê 豬公？現場負責 thâi 豬 ê 人講：「Che 表示無欺騙神明 ê 意思。早前當地 bat 流傳 chit-ê 故事，有一戶 sàn-chiah 人來祭拜 ê 時陣 bat 落願講 nā 會當發大財 tio̍h 一定用一隻烏豬來回報神明。結果，hit 戶人發財有錢以後 m̄ 願用烏豬回報，竟然 hang 一粒烏番薯假做是烏豬來祭拜神明。結果 hit 家伙 tio̍h tú tio̍h bē 少厄運來傾家蕩產。」

「先謁儀式」是祭祀陳上川 ê 盛大儀式。廟方會先準備祭品，以 lòng 鐘、拍鼓、kòng 木鼓 ê 方式來輔佐禮儀 ê 進行。先謁儀式中 ê「展敕」（Trải sắc） kap 「唸疏文」是重點。「展敕」是由新鄰亭 ê 耆老爬到神桌頂將 khǹg tī 陳上川神像邊仔 ê「敕封盒」提出來。耆老進一步將「敕封」ùi khoeh-á 內底 the̍h 出來，擺放 tī 神像邊提供信眾膜拜。先謁儀式過程中會唸用漢字 kap 越南羅馬字對照書寫 ê 疏文。

「唱朝演劇」（Lễ xây chầu đại bội）包括「唱朝歌」（xây chầu）kap「演劇」（đại bội）兩部分，che 是越南南部廟會活動真 tiāⁿ 看 tio̍h ê 儀式之一。「朝歌」（chầu）是一種 tī 神明面頭前表演 ê 歌謠。「唱朝演劇」先 ùi 唱朝歌開始，了後是表演越南傳統戲劇「㗰劇」（tuồng）。「㗰劇」mā 號做 hát bộ iah 是 hát bội，通常是以封建時期越南皇宮貴族故事題材演出 ê 傳統戲劇。越南㗰劇有點仔 sêng 是台灣歌仔戲 kap 中國京劇 ê 綜合。

　　Tī 新鄰亭祈安廟會中所安排 ê 劇 lóng 有特別 ê 意義。其中，李常傑（Lý Thường Kiệt 1019-1105）一劇 koh-khah 是有伊歷史 ê 意義。李常傑是越南李朝 ê 名將，bat 拍敗占婆人 kap 來犯 ê 中國宋朝軍隊。李常傑為 beh 報復宋軍侵略，甚至揮軍攻陷廣西邕欽廉三州 koh 進行大屠殺。李常傑 ê 知名詩作《南國山河》寫講：「南國山河南帝居，截然定分在天書。如何逆虜來侵犯？汝等行看取敗虛。」

／ 越南傳統戲劇「嘥劇」演出。

　　陳上川 ê 古墓 tī 邊和市隔壁省，tióh 是平陽省 ê 北新淵縣新美社。Chit-ê 古墓區是透過地方耆老 ê 傳說 kap 協助之下 chiah tī 1993 年 chhōe tióh，lóng 總有四座墓。經過真 chē 年整建了 chiah 形成 chit-má ê 陳上川古墓區 ê 規模。平陽省政府 tī 2005 年 7 月初 4 通過認定陳上川古墓區是省級 ê 歷史古蹟。

　　陳上川原本 tī 明鄭 kan-taⁿ 是一位無名 ê 小將，到越南了 soah 受 tióh 越南阮朝皇帝賞識，來追封做上等神。Ùi 陳上川 ê 案例 mā 會當 hō͘ 台灣一 kóa 啟發。公元 1945 年二次大戰結束了 mā 有 bē 少中國軍民 tòe 蔣介石政權來到台灣。這種情景 kap 當初陳上川 chhōa 領三千士兵投靠越南阮主有淡薄仔類似。台語俗諺語講：「食果子拜樹頭，lim 泉水思源頭。」

陳上川 kap 伊 ê 部屬選擇釘根越南，認同越南做新故鄉 kap 新祖國。陳上川 ê 做法 m̄-nā 促進越族 kap 華族之間 ê 合作共存，mā 促使伊 hō͘ 越南人神格化做上等神來祭拜。Che hoān-sè 會當看做是越、華雙贏 siōng 好 ê 典範！

／陳上川 ê 古墓。

● 蔣為文 2019〈明鄉人陳上川的越南化與神格化信仰研究〉台灣的東南亞區域研究年度研討會，6 月 21 日~22 日，淡水，淡江大學。
● 蔣為文 2018〈越南明鄉人陳上川生卒年考察〉，《亞太研究論壇》65 期，頁 37-54。台北，中央研究院。

延伸
閱讀

孫文 hām 越南 ê 緣份

／高台教三聖現象傳說 lāi-té 孫文 hām　Hugo lóng 是越南阮秉謙 ê 弟子。

　　孫文是 19 世紀尾期主張用武力推翻滿清革命團體 ê 領導者之一。Tio̍h 算 chit-má 藍綠紅陣營對孫文 ê 評價 lóng 無一致，目前中華民國政府 iáu 是 kā 孫文看做是開國 ê 國父。Ta̍k-ke lóng 知影，tī 彼當時孫文 ūi-tio̍h beh 推翻滿清，各國四界走 chông ǹg 望會當透過外國 ê 支持幫贊推翻腐敗 ê 大清帝國。孫文 bat 到日本、越南、台灣 kap 東南亞過 kúi-nā pái，尋求當地 ê 華僑 kap 政府 ê 支持，甚至 tī 1904 年用假 ê Hawaii 出世證明得 tio̍h 美國護照，方便 tī 美國來做革命活動。

　　孫文 kap 越南 ê 關係比台灣 koh-khah 大。根據越南史學家 Chương Thâu ê 研究，tī 1900 年到 1907 年間，孫文 lóng 總 bat 去過越南 6 pái，tòa tī 越南 ê 期間合計超過兩年。孫文 1905 年 tī 東京成立中國革命同盟會了後 tio̍h 隨到越南西貢堤岸 (chit-má 胡志明市第五郡趙光復路 91 號) tī 仝年 10 月成立頭一 ê 海外分會進行募款。了後，孫文以河內 ê 粵東會館 (今仔日

河內市行船街 22 號;taⁿ 已改做幼稚園)做根據地,
分別策畫潮州黃岡起義、惠州七女湖起義、安慶起
義 kap 鎮南關起義等等。孫文 1907 年 tī 河內設立
中國同盟會總部(今仔日河內市陳興道路 61 號;taⁿ
已改做餐廳)。後來滿清政府對 tī 越南 ê 法國殖民政
府 ê 抗議下,法國殖民政府 chiah 將孫文趕出境。

倒 pêng ／ 中國革命同盟會西貢堤岸分會舊址現況。
中央　　／ 中國革命同盟會河內總部舊址現況。
正 pêng ／ 河內粵東會館舊址現況。

　　孫文 mā kap 越南人 tī 日本結緣。公元 1905 年
孫文 tī 日本 kap 來自越南 ê 革命領袖「潘佩珠」見
面。越南當時是法國 ê 殖民地。潘佩珠秘密組織「維
新會」,主張以武力暴動推翻法國政權來建立君主
立憲 ê 越南國。孫文批評潘佩珠 ê 君主立憲觀念
siuⁿ 過保守,建議伊建立民主共和國。孫文主張亞洲
弱小民族像越南、朝鮮 kap 台灣等等,應該 ài 互相
tàu-saⁿ-kāng 來達成各民族 ê 獨立。孫文進一步建議
潘佩珠鼓勵越南人先加入中國 ê 革命運動,等中國
革命成功了後 chiah-koh 回頭協助越南獨立建國。
潘佩珠顛倒頭來建議孫文應該是先協助越南獨立,
成功了後中國革命人士 tióh 會當用越南來做反清 ê
基地。

　　Nā 講 tióh 潘佩珠,一定 ài 講 tióh 伊 kap 梁啟超
ê 故事。潘佩珠第一 pái 拜訪日本 tióh tú-tióh 流亡
日本 ê 梁啟超。梁啟超勸潘佩珠放棄用武力對抗

法國殖民政權，改以啟發民智 ê 教育來深化政治、文化抵抗 ê 力量。經過深入思考，潘佩珠確信教育民眾來宣揚民族意識 kap 愛國精神 ê 重要，tiòh 動手寫一本《越南亡國史》（Việt Nam vong quốc sử）koh 請梁啟超協助 tī 日本出版。潘佩珠 tī 1905 年 6 月 chah 一寡《越南亡國史》轉去到越南開始運作鼓催越南青年到日本留學 ê「東遊運動」（Phong trào Đông Du）。後來伊感受 tiòh 福澤諭吉 (Fukuzawa Yukichi) 創辦「慶應義塾」ê 影響力，潘佩珠 kap 潘周楨等人 tiòh 模仿慶應義塾 tī 1907 年 3 月 tī 河內成立「東京義塾」用來做文化抵抗 ê 根據地。Tī chia ê「東京」是指越南胡朝首都「昇龍」ê 名稱。

倒 pêng・正 pêng ／河內粵東會館舊址門口 khǹg ê 孫文事蹟說明。
下 kha ／河內粵東會館舊址保存 ê 重建碑文。

孫文 ê 中國革命同盟會主張：「驅除韃虜，恢復中華，創立民國」。孫文認為，tiòh 算是外來 ê 滿清人殖民統治漢人已經超過二百 tang，滿清 iû-goân 是外來政權，應該 ài kā 推翻掉。孫文無認為外來政權會當因為統治久長 tiòh 在地合法化。所以 i 支持包含越南在內 ê 亞洲各弱小民族應該 ài 獨立！

根據越南史學家 Chương Thâu ê 研究，潘佩珠 kap 越南國父胡志明等 ê 革命領導人 mā 有受 tiòh 孫文三民主義思想真深 ê 影響。甚至越南 ê 本土宗教「高台教」mā kā 孫文列做三聖賢之一來祭拜。高台教 ê 三聖現象傳說 lìn kā 越南人「阮秉謙」hām 伊 ê 弟子法國文學家「雨果」

(Victor Hugo) kap 孫文 (孫逸仙) 並列做三聖人。
M̄-koh 從來無人講過胡志明 iah 是潘佩珠支持越南
屬於中國 ê 一部分！雖然孫文 kap 越南 ê 關係超過
台灣。但是越南政府從來 m̄-bat 將孫文認定做越南
ê 國父，mā 無 ūi i chhāi 雕像，甚至 i tòa 過、去過
ê 所在 mā 無改建做紀念館。

原來，tī 彼 ê 殖民地時行 ê 年代，各亞洲弱小
民族 ê 革命志士互相交流、連絡 kap 支援是真 sù 常
ê 代誌。法國統治越南時期，中國因為地緣 kap 歷
史 ê 關係，tiāⁿ-tiāⁿ 是越南抗法運動者 ê 活動場所之
一。Khah 有名 ê 親像是潘周楨、潘佩珠、阮海臣、
胡志明等等 lóng kap 中國有 chih-chiap。其中阮海
臣出身黃埔軍校，kap 中國國民黨 ê 關係真好。阮
海臣長期 tòa tī 中國，tī 1945 年 tòe 中國「盧漢」ê
軍隊進入越南，koh tī 中國國民黨 ê 支持下擔任越南
聯合政府 ê 副主席，最後流亡中國。

台灣 mā 無例外！日本統治台灣時期，少
部分 ê 台灣人 mā bat 試過尋求中國 ê 力量協
助台灣獨立。以蔣渭水做例，伊參與中國同盟
會不過是 beh 實踐亞洲弱小民族互相協助合作 ê
理想 niā-niā，並 m̄ 是 beh 支持台灣 koh hō͘ 中國
統治。總講一句，爭取國際 ê o͘-ián 來達成民族
國家 ê 獨立是真正常 mā 是真普遍 ê 代誌。台語
俗諺語講：「家己 chai 一欉，khah 贏看別人」。
「Nā beh tī hia 欣羨別人 ê 國家，不如建立家己
新 koh 獨立 ê 祖國」，che 應該是所有殖民地
人民 ê 心聲 chiah tióh！

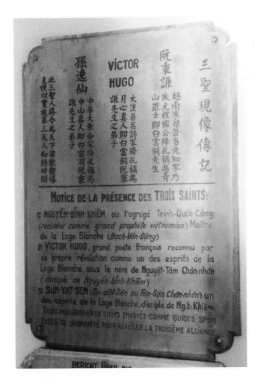

／ 越南高台教 ê 三聖現象傳說。

太平島挖石油
kan-taⁿ 會爆發國際爭議

／越南各單位近年出版 bē 少有關西沙 kap 南沙主權 ê 專冊。

　　最近某位中國黨總統候選人公開否認伊 bat 講過 beh 開挖太平島石油。Tiòh 算伊本來講話 tiòh lóng 反起反倒，無人 teh kā 信 táu，咱 iáu 是 ài chiū 國際現實面來探討太平島挖石油這件代誌 kám 有可能。

　　筆者先 chiū「南海」這一稱呼來釐清。Tī 台灣、菲律賓、馬來西亞、越南 kap 中國海南島所包圍 ê 這一大片海域，tī 中文內底傳統上號做「南海」iah 是「南中國海」。但是 tī 無 kāng 國家內底，像講越南稱呼伊是東海 (Biển Đông)，菲律賓稱呼伊是西菲律賓海。筆者建議台灣應該代先將南海正名做「東南亞海」(Southeast Asian Sea)，用來做和平解決東南亞海主權爭議 ê 頭一步。

　　東南亞海海域大約有三百五十幾萬平方公里，有二百五十外 ê 岩礁 kap 島嶼，其中大部分 lóng 無 tòa 人 mā 無 chiáⁿ 水，而且是會 tòe 海水漲潮退流出現 iah 是藏入去水內底 ê 礁石。Ùi 歷史來看，二十世紀進前太平島 kap 東南亞海 ê 諸島、礁

lóng 無人定居，極 ke 是各國漁民 iáh 是海賊有時陣 hioh-khùn ê 所在。因為越南 tī 地理上離 chia--ê 島礁 siōng 近，所以有 siōng chē 越南漁民 tī chia ê 島礁頂活動。目前 tī 東南亞海域 mā 是越南實質占領 siōng chē 粒島礁。

因為東南亞海是東亞通往中東 kap 非洲真重要 ê 海運航線，而且近年來發現海底可能藏有豐富 ê 石油 kap 天然氣，所以鄰近 ê 國家紛紛跳出來主張家己有東南亞海 ê 主權。Che 其中以中華人民共和國 siōng 壓霸，主張 kui-ê 東南亞海 ê 主權 lóng 屬於中國，koh tī 2012 年 tī 海南省下底設「三沙市」，片面宣布將西沙、中沙 kap 南沙群島 lóng 歸三沙市管轄。

中華人民共和國對東南亞海 ê 主權根據是建立 tī 繼承中華民國 ê 領土。中華民國 tī 二次大戰結束前原本並無擁有東南亞海 ê 任何島嶼。戰後，中華民國會當佔領東南亞海 lih ê 太平島 kap 一 kóa 岩礁，是根據聯軍統帥麥克阿瑟 ê 委託。麥克阿瑟於一九四五年九月初二正式發布第一號命令，其中第一條 項指出「Tī 中國（滿州除外），台灣 kap 北緯十六度以上法屬印度支那境內 ê 日本高級將領 kap 所有陸海空軍附屬部隊應向蔣介石將軍投降。」當時 ê 法屬印度支那 tióh 是 chit-

Hoàng triều trực tỉnh địa dư toàn đồ
Nhà Thanh, năm 1904
Trên bản đồ có ghi điểm cực Nam của lãnh thổ Trung Quốc lúc đó chỉ đến đảo Hải Nam. Bản đồ không đề cập đến hai quần đảo Tây Sa và Nam Sa - tức là hai quần đảo Hoàng Sa và Trường Sa của Việt Nam.
Nguồn: Bảo tàng Lịch sử Việt Nam
Map of Hoang trieu truc tinh dia du toan do
Under the Qing Dynasty, 1904
"Hoang trieu truc tinh dia du toan do" is China's oldest map in contemporary times. The map reflects China's perception of its territory during the Qing Dynasty. This shows that by the early 20th century the southernmost point in China's territory is Hainan island and there is no mention on whatsoever of Xisha and Nansha archipelagoes, which in fact are Vietnam's Hoang Sa (Paracel) and Truong Sa (Spratly) archipelagoes.
Source: Vietnam History Museum
皇朝直省地輿全圖
中国清朝，上海出版社，于1904年
中国清朝《皇朝直省地舆全图》证明了中国的疆域观念，其中明确中国最南端只到海南岛。这意味着越南黄沙和长沙群岛并不属于中国领土（中国分别称为西沙和南沙群岛）。
来源：越南历史博物馆

má ê 越南。蔣介石 tiỏh 是用這條命令代表聯軍接受 tī 台灣 kap 越南北部日軍 ê 投降。

／越南 ê 博物館展示東南亞海內底越南擁有 ê 島礁。

　　戰前，一九三九年日軍 bat 攻占包括太平島在內 ê 南沙群島（越南號做「Trường Sa」長沙群島），將 in 號名做新南群島，納入高雄州 (chit-má ê 高雄市) 管理。當時 ê 西沙（越南語號做 Hoàng Sa) kap 南沙因為是日軍占領地，所以 mā 去 hō͘ 蔣介石藉機派軍占領，納入去中華民國管轄。為 tiỏh beh 合理化佔領新南群島，中華民國 tī 一九四七虛構十一段線，將 kui-ê 東南亞海劃入中華民國版圖。Chiū 法理來講，負責接受日軍投降並無代表佔領國 tiỏh 擁有該地 ê 主權。所以，日軍 tī 北越投降了後，蔣介石只好 tī 一九四六 ùi 越南北部撤軍。但是因為當時越南 tú 宣布獨立，無力 thang 管轄東南亞海，所以蔣介石 tiỏh 繼續佔領東南亞海部分島礁。

　　Chiū 歷史來看，十一段線、九段線 iáh 是 U 形線 lóng 是二戰了後 chiah 陸續虛構 ê 講法，lóng 無國際法源 iáh 是歷史根據。中華人民共和國 tī 一九四九年建國了後，tī 一九五三年修改十一段線做九段線。該國進一步用繼承中華民國 ê 立場宣布擁有台灣 kap 東南亞海諸島、礁 ê 主權。海牙仲裁庭已經 tī 2016 年判決中華人民共和國 ê 九段線違反聯合國海洋公約。Chit-ê 判決其實對台灣相當有利！Nā 仲裁庭判決九段線存在，tiỏh 無疑 mā 表示同意台灣 kap 東南亞海諸島、礁全部屬於中華人民共和國。

　　近年來中國積極 tī 南沙群島 ê 永暑礁填土造島
以做軍事基地，koh 利用海洋石油 981 平台積極 tī
西沙開採石油 kap 天然氣，已經造成周邊國家嚴重
ê 抗議。其中，越南 koh-khah 是 chē pái kap 中國
tī 海頂發生船隻衝 lòng ê 事件。越南 m̄-nā tī 外交、
國際場合繼續表達反對中國擁有東南亞海 ê 主權，tī
內政頂 koân mā 加強對國民主權意識 ê 宣傳。像講
tī 各學校、博物館、公共場合等宣傳西沙 kap 南沙
群島主權是屬於越南。

／越南胡志明市街仔路有關西沙及南沙主權 ê 宣傳壁畫。

　　Nā chiū 現實狀況來講，東南亞海 ê 眾島、礁
是由真 chē 周邊國家分別佔領，無單一國家掌控全
部島、礁。台灣應該棄 sak 中華民國十一段線 ê 講
法，避免 hō͘ 國際認為台灣 kap 中國 khiā tī kāng 一
陣線，來換取東南亞國家 ê 支持。以太平島做中心
劃二百海里經濟領域對台灣無一定有利，顛倒會引
起各國比照辦理來失去享有公海 koh-khah 大 ê 空
間。軍事上擁有太平島並無代表擁有 kui-ê 東南亞海
ê 主權。東南亞海應該 ài 非軍事化、避免東南亞海
爭議 ê 升溫，用和平解決 kap 共同合作做處理原則。
Nā beh tī 太平島開挖石油，不如將伊設置做國際自
然生態區 kap 漁民緊急醫療中心，用來凸顯台灣 ê
人道主義 kap 無意爭奪東南亞海資源。

一場武漢肺炎疫情
竟然看出越南 ê 實力

／ 越南真罕得看會 tiȯh 無人 ê 街仔路。

　　最近中國武漢肺炎疫情嚴重而且不斷向世界各國擴散，台灣 kap 越南 mā lóng 受 tiȯh 影響。這 pái 疫情 m̄-nā hō͘ 全世界看 tiȯh 台灣一流 ê 醫療品質 kap 防疫措施，mā hō͘ 人看 tiȯh 越南人驚人 ê 實力表現。

　　台灣 ê 醫療品質踏 tī 早期傳教士發展貢獻 ê 基礎。譬如，台灣 siōng 早 ê 西醫診所「看西街醫館」由馬雅各醫師 (James Laidlaw Maxwell) 1865 年 tī 台南創辦。看西街醫館後來發展成 chit-má ê 新樓病院。台灣北部 siōng 早 ê 西醫診所「偕醫館」mā 由馬偕博士 (George Leslie MacKay) 1879 年 tī 淡水成立，tiȯh 是 chit-má 馬偕病院 ê 前身。Hoān-sè 讀者對看西街醫館 kap 偕醫館 lóng 無生份，但是對當時 ê 台語醫學教材 tiȯh 無一定有熟似。像講 bat tī 新樓醫院 ê 戴仁壽醫生 (George Gushue-Taylor) tī 1917 年用台語白話字（羅馬字）出版一本內外科看護學。各位想看 māi，一百 gōa tang 前 ê 台灣 tiȯh 有以台語出版 ê 醫學護理課本！Hit 陣 ê 中國 iáu-koh tī 分裂狀態、軍閥割據、民不聊生 ê 時期！Tong 時台灣會當來出版台語醫學教材，是源自巴克禮牧師推廣白話字 ê 功勞。

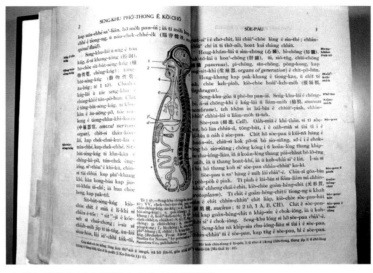

╱ 戴仁壽醫生用台語撰寫 ê 內外科看護學。

　　中國爆發武漢肺炎疫情了，越南 kap 台灣 kāng 款 tī 第一時間受 tio̍h 影響，sûi 來啟動防疫措施。越南 tī 第一時間管制中越邊境，避免武漢肺炎疫情燒到國內。因為邊境管制，致使原本真 chē 越南 beh 運送到中國賣 ê 水果 lóng 停銷。越南政府 mā 取消真 chē 場大型活動，像講原定二月初舉辦 ê 越南詩人節國際吟詩交流活動 mā 臨時 hoah 停。原本越南路上有真 chē 汽機車 sio 搶道路、混亂 ê 情景 mā 因為這 pái 疫情 ê 影響車輛減少真 chē，ke 真好駛。有真 chē 間學校 lóng 宣布至少停課到三月底。藥局 ê 醫療 chhùi-am mā lóng hông 搶了了。越南醫療部為 tio̍h 提醒越南人注意防範武漢病毒，koh 用越南流行歌 Ghen（原意是忌妒）改編一首防疫歌曲 Ghen Cô Vy。

歌曲連結
https://www.youtube.com/watch?v=BtuIL3oArQw

　　Ghen 原來是 Youtube 點閱率破億 ê 一首 MV，由 KHẮC HƯNG、MIN、ERIK 三人合作演出，內容是三角戀情 ê 怨妒。改編 ê Ghen Cô Vy tī 今年 2 月

23 正式公布，已經累計 chiaⁿ 億 ê 點閱率，mā 得 tio̍h 國際媒體相爭報導，譬如美國 ê HBO、Billboard、韓國 SBS、法國 BFMTV 等等。Che 表示越南 ê 音樂創作能力 kap 防範疫情 ê 創意受 tio̍h 國際肯定。

Ghen Cô Vy ê「Cô」是姑娘 ia̍h 是小姐 ê 意思，Vy 是指人名，全文意思是指「使人怨妒 iū-koh 討厭 ê Vy 小姐」。Vy 這 ê 名稱 tī 越南南部是真普遍 ê 菜市仔名。會用 Vy 來號做歌名主要是中國 kā 武漢肺炎病毒號名做 COVID-19。COVID ê 發音 kap 越南語 ê Cô Vy 真 sêng。中國烏白號名，m̄-nā 害 tio̍h 一間 kāng 名 ê 美國企業 COVID，mā 害慘越南 chiaⁿ 千萬 ê Vy 小姐。中國明明是武漢肺炎 ê 發源地，soah lōa 講是美軍將病毒 chah 到武漢，莫怪美國總統 Donald Trump beh 正名武漢病毒是 Chinese Virus。台語俗諺語講：「人若衰，種匏仔生菜瓜。」有這 khoán 歹厝邊，總是會受 tio̍h 拖累，tú tio̍h 衰 siâu ê 代誌。

Tī 越南 koh-khah 大條 ê 新聞是越南太平洋集團 (IPP) ê 董事長阮幸 (Johnathan Hạnh Nguyễn) 為 tio̍h beh 救感染武漢肺炎 ê cha-bó͘-kiáⁿ 阮仙 (Nguyễn Tiên) 回國，開千 gōa 萬台幣包機 kā cha-bó͘-kiáⁿ ùi 英國倫敦專工送轉來越南胡志明市。Che 表示越南改革開放了後，經濟得 tio̍h 成長，已經創造出 bē 少世界級 ê 好額人。像講，越南 ê 第一好額人 Vingroup 集團董事長范日旺 ê 身價已經超越郭台銘；越南廉價航空公司越捷 ê 市值 mā 已經超過華航 kap 長榮。

1951 年，阮幸 tī 越南出名 ê 海景勝地芽莊出世，1974 年移民到菲律賓，了後 koh 入籍美國，bat tī 波音公司擔任財政調查員。越南改革開放了，阮幸是頭一批回國投資 ê 越僑，經營 ê 企業主要是代理各種名牌產品。阮幸 ê 第一任牽手是菲律賓人，第二任牽手是越南出名 ê 女演員黎紅水仙 (Lê Hồng Thủy Tiên)。阮仙 tio̍h 是黎紅水仙 kap 阮幸所生 ê cha-bó͘-kiáⁿ。根據越南勞動報 siōng 新 ê 報導，阮仙轉越南隔離治療了，病情

已經好起來，初步檢驗已經是陰性反應。根據越南醫療部 ê 統計，到 2020 年 3 月 18 為止，越南確診案例 lóng 總是 76 例，已經好起來 ê 有 16 例，無死亡案例。因為歐洲 tī 中國肺炎 tú 開始 teh thòaⁿ ê 時無注意防範預防，致使 chit-má 災情真嚴重、醫療體系 kiōng-beh 崩盤。Tng 醫療資源非常有限之下，各國 lóng 以本國人做優先考量時，阮仙 nā 繼續留 tiàm 英國確實存在非常大 ê 性命風險。阮幸果然發揮伊企業家決斷 koh 準確 ê 本色，選擇開錢救命，目前 ê 結果 mā 證明伊 ê 選擇是對 --ê。

／勞動報有關阮仙恢復狀況 ê 報導。（圖片來源：越南勞動報）

Chit pún chheh ùi Tâi-Oa̍t pí-kàu ê kak-tō͘ thàm-thó Oa̍t-lâm ê le̍k-sú pì-bi̍t hām bûn-hòa te̍k-sek

這本冊ùi台越比較ê角度
探討越南ê歷史祕密hām文化特色

Nam Quốc Văn bat liû-ha̍k Bí-kok hām Oa̍t-lâm, sī Tâi-oân kok-lāi chió-sò͘ bat Oa̍t-lâm-ōe ê Oa̍t-lâm-siáu. Bo̍k-chiân sī Kok-li̍p Sêng-kong Tāi-ha̍k Oa̍t-lâm Gián-kiù Tiong-sim ê gián-kiù-oân kiam Siūⁿ Siūⁿ Oa̍t-lâm ê choan-nôa chok-ka.

Nam Quốc Văn，漢字爲「南國文」，曾留學美國與越南，是國內極少數懂越南文的越南瘋。現爲國立成功大學越南研究中心研究員及「越南想想」專欄作者。

Tác giả **Nam Quốc Văn** (Tưởng Vi Văn) là Giáo sư Khoa Văn học Đài Loan kiêm giám đốc Trung tâm Nghiên cứu Việt Nam, Đại học Quốc gia Thành Công, Đài Loan.